ACCESO GRATIS *a la Lectura en la Nube*

Para visualizar el libro electrónico en la nube de lectura envíe junto a su nombre y apellidos una fotografía del código de barras situado en la contraportada del libro y otra del ticket de compra a la dirección:

ebooktirant@tirant.com

En un máximo de 72 horas laborables le enviaremos el código de acceso con sus instrucciones.

EMPRESAS Y EMPRESARIOS EJEMPLARES EN SOSTENIBILIDAD:

ESTRATEGIAS, PRÁCTICAS Y RESULTADOS DE ÉXITO A PARTIR DE UN ESTUDIO DE CASOS

Libro del Instructor

EMPRESAS Y EMPRESARIOS EJEMPLARES EN SOSTENIBILIDAD:

ESTRATEGIAS, PRÁCTICAS Y RESULTADOS DE ÉXITO A PARTIR DE UN ESTUDIO DE CASOS

Libro del Instructor

Director:
CÉSAR CAMISÓN ZORNOZA
Universitat de València

tirant lo blanch
Valencia, 2024

Colección dirigida por:

ANA BELÉN CAMPUZANO
(Catedrática de Derecho Mercantil)

ENRIQUE SANJUÁN Y MUÑOZ
(Magistrado)

EDITA: TIRANT LO BLANCH
C/ Artes Gráficas, 14 - 46010 - Valencia
TELFS.: 96/361 00 48 - 50
FAX: 96/369 41 51
Email: tlb@tirant.com
www.tirant.com
Librería virtual: www.tirant.es
DEPÓSITO LEGAL: V-3783-2024
ISBN: 978-84-1071-960-6

Si tiene alguna queja o sugerencia, envíenos un mail a: *atencioncliente@tirant.com*. En caso de no ser atendida su sugerencia, por favor, lea en *www.tirant.net/index.php/empresa/politicas-de-empresa* nuestro procedimiento de quejas.

Responsabilidad Social Corporativa: http://www.tirant.net/Docs/RSCTirant.pdf

Listado de autores

César Camisón Zornoza
Sergio Camisón-Haba
Melanie Grueso Gala
María López-Trigo
José María Fernández Yáñez
Beatriz Forés Julián
Silvia Doñate Hernández
Montserrat Boronat Navarro
Alba Puig Denia
Carles Camisón-Haba
Olga Broto Ruiz
Mª Carmen Lacuesta Sobrino
Irina Celades López

Índice

Prólogo

El Estado del Bienestar construido tras la segunda guerra mundial ayudó a forjar un estado de ánimo optimista en que éramos capaces de gobernar el mundo, dando esperanzas a la mayoría de que podía progresar con su esfuerzo, y creando confianza en un modelo que durante varias generaciones hizo pensar en el triunfo definitivo sobre la escasez y la pobreza. La crisis financiera global, los escándalos corporativos, la corrupción política e incluso los desastres naturales han roto bruscamente la fe y la confianza en el modelo dominante en Occidente durante la segunda mitad del siglo XX, originando el crecimiento de la desmotivación, la desesperanza y el sufrimiento en amplias capas de la población. A esta desestabilización del andamiaje socio-económico se ha unido otra ola de pesimismo mesiánico y milenarista, presidido por la obsesión por un Armagedón medioambiental auspiciado por el cambio climático y por el temor al fin del mundo que la pandemia del coronavirus ha traído consigo.

El descorazonador periodo vivido a caballo de las dos primeras décadas de este siglo no debiera hacernos olvidar las fuerzas positivas que laten en la evolución de la humanidad. Aunque persisten demasiadas sombras y excesivas cortapisas al progreso, es innegable que el pasado cuarto de siglo ha sido cuando más personas han logrado vivir con más ingresos, más tiempo y más pacíficamente, en un planeta cada vez más democrático, libre y desarrollado científica y tecnológicamente. La batalla contra la pobreza, la ignorancia y la enfermedad, así como el avance en el bienestar humano, han dado pasos gigantescos, como atestiguan los estudios publicados por la Oxford University (2013) y la ONU (2013). Pero este avance general de la calidad de vida en la Tierra parece importar poco a los acomodados ciudadanos de Occidente, España incluida.

La siniestra sensación de decadencia se ha instalado en los mega-concienciados europeos y norteamericanos, que tienen la sensación de estar viviendo la peor crisis de la historia, debido al débil pulso de la actividad económica y a las dificultades para la supervivencia. Son múltiples los estudios que lo confirman. Un estudio realizado por YouGov indica que el 65% de los europeos y estadounidenses piensan que el mundo va a peor y que las nuevas generaciones serán más pobres que las anteriores, frente a sólo un 6% que piensa lo contrario. En el pasado, esta falta de fe en el futuro se traducía en apatía política y abstencionismo. En cambio, ahora ha sido el desánimo, la desazón, el pesimismo y la indignación de la gente, unidos al descrédito de la clase política, lo que ha dado alas a los movimientos políticos populistas de distinto cuño dispuesto a a capitalizar el pesimismo social para movilizar votos, en unos casos vendiendo la promesa de un futuro utópico mejor y en otros casos enarbolando el recurso de la nostalgia y el regreso a un pasado mejor.

Es innegable que las formas en que se organizaron la financiación, la producción, el trabajo y el consumo durante el ciclo expansivo vivido por la economía mundial durante el siglo XX sembraron ya las raíces del mal. Las responsabilidades de diseño son amplias y no escapan a ellas ni financieros, ni productores, ni consumidores, ni trabajadores, ni reguladores, ni políticos. Pero la natural pulsión del ser humano a buscar culpables de todas las desgracias que le afligen, combinada con el rechazo del optimismo y del ideal racional de progreso, ha encontrado, en este teatro de la culpa, un chivo expiatorio con un gran poder para atraer críticas, odios y resquemores: el libre mercado, la empresa privada y el dinero, o si le damos rostro los empresarios, los directivos y los banqueros. La empresa como institución mollar de una economía de mercado y el mercado como escenario donde opera libremente se enfrentan ahora a una serie de desafíos ideológicos, algunos de ellos de gran calado.

Elena Herrero-Beaumont, miembro del comité ejecutivo de Transparencia Internacional, se declaraba no hace mucho sorprendida del espíritu anti-empresa que hay en España, y añadía: "*su demonización no ayuda a crear valor y refleja una sociedad muy maniquea, falta de espíritu crítico. Las empresas no son organizaciones que quieran hacer el mal, defienden sus intereses. La solución no es menos empresa, sino más rendición de cuentas a la sociedad*". Pero la sensatez de estas palabras no es el sentir general. Hasta José Antonio Marina[1] entremezcla en un mismo párrafo la condena del crimen económico y otra "criminalidad de baja intensidad, que envisca el mundo económico como otra invasión de chapapote", añadiendo: "esta falta de escrúpulos ha provocado una desconfianza generalizada hacia la economía de mercado (...) La corrupción está distorsionando el mundo de los negocios". Cerraba su alegato con el testimonio de Klaus Schwab, entonces presidente del World Economic Forum, quien en un número especial de Newsweek para el año 2003 decía: "mucha gente piensa que el mundo de los negocios se ha distanciado de la sociedad, que los intereses de las empresas no coinciden con los intereses sociales". Algunos productores cinematográficos (como J.C. Chandor) han puesto otra piedra en el camino con películas, como Margin Call (2011) y El año más violento (2014), que relatan los dilemas éticos del empresario, y que inducen a preguntarse si es posible dedicarse a los negocios y ser honesto.

No es así sorprendente la atribución a la empresa de responsabilidad en remediar todos los males de nuestra sociedad, como si a través de ella pudiesen enfrentarse y resolverse todos los desafíos y contradicciones que las sociedades capitalistas avanzadas encierran. Peter Drucker (1993: 106), apostillado por *Harvard Business Review* como el teórico de la gestión empresarial más importante de nuestro tiempo, se pregunta: "*¿quién más hay que pueda cuidar de la sociedad, sus problemas y sus males? Estas organizaciones colectiva-*

---

[1] En su artículo "El crimen de baja intensidad" publicado en *El Mundo Semanal, 22 de diciembre de 2002, pp. 10.*

mente son la sociedad (...) El rendimiento económico no es la única responsabilidad de una empresa, como tampoco el rendimiento académico es la única responsabilidad de una escuela ni los resultados en atención sanitaria la única responsabilidad de un hospital. El poder debe equilibrarse siempre con la responsabilidad; de lo contrario es tiranía, pero además, sin responsabilidad el poder también degenera en falta de resultados, y las organizaciones tienen poder, aunque sólo sea poder social".

Por ello, desde múltiples frentes se ha abierto una carrera desenfrenada por establecer nuevos desafíos para justificar su supervivencia como forma de organización económica. El proteico escenario que la empresa ha debido vivir durante las últimas décadas la ha enfrentado a un entorno cada vez más turbulento. Todas estas tendencias de cambio están auspiciando nuevos retos a la dirección de empresas, modificando de raíz la forma de competir de la empresa durante el siglo XXI (Hamel & Prahalad, 1994). Cuando habíamos aprendido a gestionar los activos intangibles y los recursos financieros, se le demandó aprender a gestionar las tecnologías, luego las personas, y en la última década los intangibles. En esta espiral de exigencias, ahora se ha dado un paso más y se exige a la empresa que se comprometa en el bienestar humano y en los problemas sociales y medioambientales que pesan sobre la humanidad. La consolidación de la ética empresarial y la responsabilidad social de la empresa (RSE) en el primer plano de actualidad en el mundo de los negocios es indudable.

La percepción pública del papel que la empresa debe jugar dentro del sistema está cambiando pues de raíz. Las presiones de los distintos grupos de interés, pero especialmente de los activistas políticos y ecológicos, se han convertido en referencias obligadas de la agenda de la empresa del siglo XXI y han ayudado a los directivos a comprender que una transformación fundamental con efectos profundos y duraderos sobre los negocios está teniendo lugar, y que deberán aprender la mejor forma de lidiar con ella porque nada hace pensar que sean modas efímeras, sino mareas de fondo cuyas manifestaciones apenas han empezado a intuirse pues sólo han asomado a la superficie. Un estudio del *Center for Corporate Citizenship* del Boston College (Blowfield & Googins, 2006: 1), para trazar la agenda de la empresa en el siglo XXI, cifraba en el 71% los ejecutivos entrevistados que estaban de acuerdo con esta idea, y apuntaba tres mensajes que habían calado en este colectivo: (1) la percepción pública del papel de la empresa ha cambiado desde los años 70; (2) nuevas responsabilidades están siendo confiadas a las compañías; (3) el modelo de negocio actual está en curso de colisión a menos que las organizaciones reconozcan que los retos sociales están impactando, tanto positiva como negativamente, sobre el éxito a largo plazo de la empresa.

Paradójicamente, los movimientos en pro de la responsabilidad social organizativa, la ética en los negocios, la sostenibilidad empresarial y la ciudadanía organizativa, que en principio eran críticos con la función empresarial tradicional, han contribuido a elevar a la empresa como el actor clave de la sociedad en este umbral del nuevo siglo. Hoy en día, la empresa constituye el más importante motor de cambio y progreso en las sociedades capitalistas avanzadas, hasta el punto de que muchas de las funciones que el Estado había desempeñado tradicionalmente están empezando a ser asumidas por las compañías privadas. La orfandad de pautas utópicas de referencia, de nuevos proyectos de cambio político, económico y social, ha dejado a la empresa como la institución clave de la sociedad. La economía moderna es un sistema de organizaciones, que desempeñan los roles esenciales para la organización de la producción y la satisfacción de las necesidades económicas y sociales.

Con todos los avances que la empresa ha ido consiguiendo asimilar, y sin ser seriamente discutible su capacidad de crear riqueza, de innovar y de adaptarse al paso de los tiempos, fuerzas oscuras siguen maniobrando para imputarle todos los males que al mundo aquejan. Según los principios morales acuñados en estos enfoques de lo que sería un comportamiento justo de la empresa, la misma debe devolver a la sociedad se supone que todo aquello que "le ha robado", así como resarcir a la naturaleza por todo el daño que le ha causado. El Exsecretario General de la ONU Kofi Anan dijo en cierta ocasión: "*en un momento en que las empresas dedican gran parte de su tiempo a luchar contra la percepción de que son responsables por muchos de los males del mundo, el desempeño de un papel más protagonista en la lucha contra la pobreza demostrará que las empresas son parte de la solución*". Las empresas están pues emplazadas a demostrar que son más la solución que el problema.

Para conseguir demostrar que son más parte de la solución que del problema, la empresa moderna ha debido desarrollar nuevas competencias y poner en circulación prácticas innovadoras, todas ellas adecuadas a los retos a enfrentar en los mercados y en la sociedad. Muchas de las modas, ideas y técnicas que la profesión ha incorporado en los últimos tiempos responden a este movimiento.

El *Estudio Delphi sobre los Factores de Cambio para la Empresa Española en el Umbral del siglo XXI* (Camisón, 2007, 2008) ha trazado las coordenadas hacia las que debería navegar la empresa del siglo XXI, que se han plasmado en una agenda de temas esenciales difícilmente prescindibles (si se quiere garantizar la supervivencia y el crecimiento de la compañía), entre los que cabe remarcar las siguientes notas a modo de decálogo:

1. Desarrollar la capacidad de adaptación de la empresa a todos estos nuevos retos y los que puedan suceder, a través de la implantación de sistemas y estructuras flexibles. Para ello, es esencial potenciar las competencias prospectivas de la dirección, que en el caso de la empresa española están especialmente desguarnecidas a causa de su deficiente percepción de muchos desafíos que tiene planteados, en especial de aquellos referidos a la responsabilidad social de la empresa y la ética en los negocios.
2. Crear modelos de negocio abiertos, competitivos, creativos e innovadores que exploren los límites de lo que una empresa gestionada por valores puede alcanzar, y transformando los problemas en oportunidades. Por ejemplo, enfocándose a segmentos de mercado en eclosión (demanda de productos verdes o socialmente responsables, productos que respondan a necesidades sociales, negocios que contribuyan al ahorro energético y a la ecoeficiencia, productos para los consumidores situados en la base de la pirámide que suelen ser colectivos desfavorecidos, etc.).

3. Trabajar con clientes, proveedores y competidores para el desarrollo de estrategias conjuntas y compartidas para beneficio mutuo, rehuyendo comportamientos oportunistas y rentas fáciles a corto plazo que suelen castigar la cuenta de resultados a largo plazo.
4. Explorar nuevas oportunidades para aumentar la eficiencia de la empresa, que no sean a costa del capital humano, sino aprovechando sus potencialidades e introduciendo innovaciones que mejoren la organización del trabajo, para lo que se precisa crear entornos de trabajo humanos y atractivos para el personal con talento.
5. Desarrollar el capital intelectual y la dotación de intangibles de la empresa (diseño, marca, reputación, calidad), maximizando la captación de la inteligencia y la experiencia de las personas, y distribuyéndola por la organización en aras a apalancar el aprendizaje y la innovación.
6. Buscar activamente nuevas estrategias que permitan maximizar la función de creación de riqueza, así como los medios para distribuirla con el máximo apoyo y consenso social, manteniendo el contrato fiduciario con la propiedad, el contrato social y el contrato con la naturaleza que le darán la máxima legitimidad.
7. Fomentar el comportamiento ético de todos los miembros de la organización (incluyendo la exclusión de cualquier conducta discriminatoria, represiva o lesiva de derechos humanos), así como la colaboración de la empresa asumiendo responsabilidades en materia social y medioambiental hasta donde sus competencias alcancen, pero sin que dicho compromiso interfiera seriamente en su capacidad para realizar su principal misión.
8. Construir estrategias para comprender, medir y comunicar el impacto que las acciones de comportamientos responsables, comprometidos y sostenibles tienen sobre la creación de valor de la empresa.
9. Construir una perspectiva de resultados a largo plazo para los inversores y los mercados de capitales, en el marco de un modelo de gobierno corporativo que asegure la participación de todos los accionistas.
10. Potenciar las competencias directivas y organizativas, introduciendo todas aquellas innovaciones y sistemas de gestión (como los estándares certificables, memorias de sostenibilidad o códigos éticos) que ayuden a la empresa en dar respuesta competente a todos los retos anteriores.

Este libro recopila 11 casos de empresas que han desarrollado estrategias y prácticas con resultados sobresalientes en estos campos, pertenecientes a distintas industrias y de distintos tamaños. La elaboración de estos casos fue una de las partes del ***Proyecto CaSOS. Identificación y difusión de casos de excelencia en prácticas de sostenibilidad***, promovido por la Asociación de Empresas del Polígono Industrial Fuente del Jarro (ASIVALCO) en el año 2021 y que contó con una financiación de la Consellería de

Economía Sostenible, Sectores Productivos, Comercio y Trabajo de la Generalitat Valenciana. Los primeros resultados de este proyecto fueron entregados ese mismo año, pero la publicación definitiva de los casos redactados se ha demorado tres años más mientras sus autores pulían y completaban las historias que relatan.

El fin general ha sido la búsqueda de casos de empresas que pueden servir de acicate para muchas otras que siguen dudando de la verdad de la afirmación de que se puede alcanzar la triple sostenibilidad económica, social y medioambiental con compromisos valientes en defensa del entorno natural y del resto de valores consustanciales a la RSE.

Dos objetivos específicos han sido:

1. Incrementar el convencimiento de las empresas en los beneficios y las ventajas que les pueden reportar las prácticas ejemplares de sostenibilidad, incentivando así su disposición a introducir innovaciones en sus productos y procesos para hacerlos más eficientes social y medioambientalmente al tiempo que más rentables, así como su trabajo de transparencia en materia no financiera.
2. Difundir las mejores prácticas de sostenibilidad, RSE y transparencia no financiera de manos de sus responsables, para favorecer procesos de aprendizaje y de compartición de conocimiento y empujar a la adopción por empresas más reacias o atrasadas de las mejores prácticas encontradas en los líderes de su entorno.

La temática abordada en este conjunto de casos se extiende sobre 21 tópicos distintos, que incluyen desde aspectos vinculados a la estrategia de empresa a problemas vinculados a las operaciones en diferentes áreas funcionales, así como a los componentes del ciclo completo de diseño e implantación de prácticas de sostenibilidad social, medioambiental y económica. En el cuadro 1 de este prólogo se detallan los aspectos tocados en cada caso.

El material ofrecido en el libro se espera que tenga un alto valor práctico para las empresas comprometidas en avanzar en sostenibilidad. El grupo de investigación GRECO de la Universitat de València y la Universitat Jaume I ha recogido en los últimos años una evidencia amplia de la forma en que las empresas perciben los retos de la sostenibilidad y las prácticas que han introducido para responder a ellos. Las conclusiones alcanzadas, tanto entre las empresas localizadas en polígonos industriales donde la necesidad de mejorar el desempeño social y medioambiental es evidente (Camisón et al., 2020; Camisón, Forés & Fernández, 2020), como entre las empresas situadas en parques tecnológicos y por tanto limpias en procesos y avanzadas en innovación (Camisón et al., 2021), son coincidentes. En ambas poblaciones, se detectó una percepción completamente polarizada en cuanto a la utilidad de este tipo de prácticas, y por tanto un compromiso con las mismas de una intensidad extremadamente heterogénea. No obstante, aún persiste una gran cantidad de empresas con una política de sostenibilidad inexistente o, en su defecto, opaca y por tanto no comunicada. Incluso entre aquellas empresas obligadas por la normativa actual a comunicar sus acciones en materia de sostenibilidad, el estudio apreció un porcentaje muy elevado de organizaciones que parecían no cumplir con sus obligaciones legislativas. El cambio hacia la sostenibilidad de estas organizaciones escépticas o reacias al mensaje de la RSE se nutre sobre todo de comportamientos miméticos, es decir, de observar lo que hacen otras empresas a las que admiran. Por ello, la difusión de las experiencias de estas empresas admirables puede ser el punto de arranque de cambios organizativos y tecnológicos decisivos entre las compañías retrasadas en el camino hacia un mayor compromiso social y medioambiental.

Los casos incluidos en esta publicación tienen también un alto potencial como material didáctico a manejar en acciones formativas en materia de sostenibilidad de todos los niveles, desde iniciativas de reciclaje a cursos superiores universitarios. Su conjunto brinda a los docentes experiencias actuales, completas y avanzadas para conseguir un aprendizaje real, aplicado y útil de sus alumnos en todas las facetas que la estrategia de sostenibilidad obliga a abordar.

La utilidad de este libro no se limita al conocimiento de estas experiencias ejemplares en sostenibilidad, sino al desvelado de las claves de los resultados sobresalientes conseguidos por las empresas estudiadas en esta materia. Los autores de los casos han hecho un notable esfuerzo por extraer lecciones y claves de los casos, que revelan los puntos críticos explicativos de las decisiones tomadas por los responsables de las empresas estudiadas. La caja negra de la dirección se hace así más transparente, aproximando a los lectores a un aprendizaje profundo de las claves del éxito en materia de sostenibilidad. Los directivos podrán con este material mejorar sus procesos decisorios y su conducción de procesos de mejora en sostenibilidad; y los alumnos podrán acceder a metodologías y formas de analizar la información ofrecida por los cursos que les serán de gran valor para sus tareas.

Este *Libro del Instructor*, que se ofrece como un volumen independiente y complementario, constituye una innovación señalada que acrecienta considerablemente el interés de este libro. En este volumen, los autores plantean su "solución" a la decisión o al problema que lo motiva, con todo el análisis de la información que la justifica. Se espera que este trabajo aporte a los lectores conocimientos y desarrolle experiencias que mejoren su comprensión del problema estudiado y su competencia para enfrentarlo y tomar decisiones excelentes en situaciones similares.

Referencias

Blowfield, M., Googins, B.K. (2006), *Step up: A call for business leadership in society. CEOs examine role of business in the 21*st century. Boston College, Center for Corporate Citizenship, Chestnut Hill MA

Camisón, C. (2007), "Quo vadis la empresa industrial española?: Fortalezas y debilidades ante los factores clave de éxito". Universia Business Review, primer trimestre, nº 13, pp. 42-61.

Camisón, C. (2008), Los desafíos de la empresa del siglo XXI y las respuestas de las teorías de la gestión". En Granda, G., Camisón, C. (dirs.), El modelo de empresa del siglo XXI: hacia una estrategia competitiva y sostenible. Ediciones Cinca / Forética, Madrid, pp. 17-38.

Camisón, C. et al. (2019), Guía práctica para la implementación del Reporting No Financiero. Cuadernos de trabajo de la Cátedra de Empresa y Humanismo, Universidad de Valencia, Valencia

Camisón, C. et al. (2020). Reporting No Financiero: una demostración empírica de los efectos de la transparencia informativa sobre el desempeño organizativo. Cuadernos de trabajo de la Cátedra de Empresa y Humanismo, Universidad de Valencia, Valencia.

Camisón, C.; Forés-Julián, B., Fernández-Yañez, J.M. (2020). La innovación en las áreas empresariales concentradas. Tirant lo Blanch, Valencia.

Camisón, C., Forés-Julián, B., Camisón-Haba, S., Fernández-Yañez, J.M. (2021), Difusión de las prácticas de responsabilidad social empresarial, sostenibilidad y transparencia informativa. Un estudio del caso del Parque Tecnológico de Paterna. Tirant lo Blanch, Valencia.

Drucker, P.F. (1993), La sociedad poscapitalista. Ediciones Apóstrofe, Barcelona

Hamel, G., Prahalad, C.K. (1994), Competing for the future. Harvard Business School Press, Cambridge.

ONU (2013), Human Development Report 2013. The rise of the south: Human progress in a diverse world. ONU, Nueva York.

Oxford University (2013), The end of the Third World? New study shows world poverty could be eradicated in 20 years. Oxford University Press, Oxford.

Cuadro 1. Temáticas abordadas en los casos.

Temática de los casos	1	2	3	4	5	6	7	8	9	10	11
	Vicky Foods	**Inditex-Mercadona**	**Closca**	**Grefusa**	**DAM**	**Unión Mutuas**	**Gourmet**	**Happydonia**	**Robotnik**	**Itine-rantur**	**ITC**
1. Gestión responsable de los RRHH		X		X		X		X			X
2. Empresarios y RSE		X									
3. Gestión medioambiental	X				X					X	X
4. Economía circular y simbiosis industrial					X						X
5. Compromiso social	X	X		X			X				
6. Código ético	X					X					
7. Modelo de negocio basado en la sostenibilidad	X		X							X	
8. Productos ecosalu-dables y sostenibles	X						X			X	X
9. Cadena de suministro sostenible							X				
10. Estrategia y política de sostenibilidad	X	X							X	X	X

Temática de los casos	1	2	3	4	5	6	7	8	9	10	11
	Vicky Foods	**Inditex-Mercadona**	**Closca**	**Grefusa**	**DAM**	**Unión Mutuas**	**Gourmet**	**Happydonia**	**Robotnik**	**Itinerantur**	**ITC**
11. Innovación social	X								X		
12. Informe de soste-ni-bilidad. Transparencia informativa	X							X			
13. Sostenibilidad, marca y reputación		X	X				X				
14. Mecenazgo		X							X		
15. Sostenibilidad y TIC			X						X		
16. Sostenibilidad e innovación tecnológica					X				X		
17. Sostenibilidad energética	X								X		X
18. Reestructuración de industrias maduras							X			X	X
19. Sellos y marcas de sostenibilidad	X										
20. Auditorías y certificaciones de sostenibilidad					X						
21. Sostenibilidad y gobierno corporativo	X										

CASO 1. NOTA PEDAGÓGICA

Vicky Foods: el compromiso de una familia con un modelo de empresa 3S (saludable, sostenible y solidaria)

César Camisón Zornoza
(Universitat de València)

Cuestiones para el debate

1. (a) ¿Cuáles son las decisiones más importantes planteadas en este caso?; (b) ¿Qué tipo de decisiones son?; (c) Explique cómo debería enfocarse su adopción, cómo cree que Vicky Foods las adoptó, por qué y los riesgos en que incurrió por ello; (d) Identifique la información externa e interna que cree necesaria y valore su importancia para decisiones de este género. Razone sus respuestas en base al relato del caso y a las recomendaciones extraídas de la teoría de la dirección estratégica.
2. Analice el atractivo de la actividad panadera para las panaderías instaladas en Villalonga durante la primera mitad del siglo XX, distinguiendo entre el periodo previo a la guerra civil y la fase abierta con el conflicto militar y la inmediata postguerra hasta la creación de *Juan, Moratal y Cía*. En especial, responda a las siguientes cuestiones:
   - Cómo evolucionó el consumo per cápita de pan y cuáles fueron los factores determinantes de su trayectoria.
   - Cómo evolucionaron los márgenes de beneficio en la panadería y qué factores explicarían su evolución.
   - Qué relación guarda el margen de beneficio en la panadería con la distribución de valor entre los agentes presentes en la cadena de producción y comercialización del pan (dibújela y analícela con cuidado).
   - Cómo encaja la evolución del consumo per cápita de pan en la transformación de la dieta dominante en la sociedad española y cuáles fueron los motores sociales y económicos de este cambio del modelo alimenticio.

Apoye el análisis con datos (precios, costes, producción, consumo) y con el uso de las herramientas de análisis estratégico que sean oportunas para analizar el atractivo del entorno general y de la propia estructura de la industria para el desarrollo de la panadería en el territorio y tiempo indicados.

3. ¿Cuáles cree que fueron las razones de los problemas sufridos por la panificadora entre 1952 y 1964? ¿Qué importancia atribuye a factores externos como la regulación, la competencia y la tendencia del consumo de pan, y a otros factores vinculados a los fundadores de la nueva compañía? ¿Cuál cree que debió ser la estrategia adoptada para superar la crisis?

4. ¿Cree que el abandono de la panadería por *Juan y Juan, SRC* en 1964 fue una decisión estratégicamente correcta a la luz de la información disponible entonces? ¿Cuáles fueron los costes de salida? ¿Cómo se explica esta decisión en un momento en el que lo habitual era precisamente lo contrario, es decir, la entrada creciente de competidores en esta industria? ¿Realmente tenía acceso a mercados masivos considerando su localización y sus principios de inversión? ¿Podría cuantificar el volumen de su mercado potencial con la tecnología de producción de que disponía?

   Desarrolle sus respuestas con un análisis minucioso del atractivo de las distintas industrias de productos horneados a partir de la evolución de la demanda per cápita y agregadade los cambios en las preferencias alimenticias, de las expectativas de rentabilidad y crecimiento de cada industria y de las propias políticas y valores de la compañía.

5. ¿Tenía *Juan y Juan, SRC* en 1964 otras alternativas para permanecer en la industria panadera? ¿Cuáles cree que fueron las causas de que no fuesen consideradas? ¿Juzga estas causas como suficientes para la decisión de salida de la panadería?

6. ¿Cómo interpreta la decisión de Grupo Dulcesol de regresar al mercado del pan en 2003? ¿Cuáles cree que fueron sus motivos? ¿Seguían siendo válidos los argumentos que llevaron a abandonar la panadería 40 años atrás? ¿Pudieron surgir otras barreras a la entrada? ¿Cree que la elección del pan de molde y para hambruguesas y *hot dogs* como ámbito para ampliar el catálogo de productos fue la mejor en aquellos momentos?

   Apoye sus argumentos en el máximo uso posible de los datos que el caso ofrece sobre la magnitud y tendencias de los mercados de panadería y bollería-pastelería, la transformación de las relaciones de poder en la cadena de distribución y la evolución del grupo en ambas industrias, así como sus dinámicas de rentabilidad y crecimiento.

7. ¿Cómo definiría la estrategia competitiva de Vicky Foods desde sus inicios y los cambios que aprecie en su definición a lo largo del tiempo? Explique sus características, con qué arquetipo de estrategia se identificó en cada momento, los recursos y capacidades sobre los que se construyó, y su consistencia con las fortalezas y debilidades con que contaba y con las amenazas y oportunidades existentes o vislumbrables en cada momento.

   A la hora de examinar la estrategia competitiva que adoptó desde que el crecimiento de la MDD se aceleró, deténgase especialmente en identificar cómo se diferenció del resto de fabricantes, las exigencias de recursos y capacidades que suponía, las ventajas que ello le supuso y los riesgos que entraña su mantenimiento a la luz de sus impactos negativos.

8. ¿Cuál ha sido la estrategia corporativa seguida por Vicky Foods a lo largo de su historia ? Si ha cambiado en el tiempo, indique la estrategia de desarrollo (por dirección y método) seguida en cada fase temporal, con qué arquetipo de estrategia se identificó (indicando con precisión qué tipos de estrategias de expansión y/o diversificación se han seguido) y proponga una explicación de las causas del rediseño de esta estrategia corporativa en cada momento y sus consecuencias.

   Analice especialmente el impacto que tuvo la decisión de convertirse o no en interproveedor de Mercadona en el segmento de bollería y pastelería industrial sobre la estrategia corporativa del grupo. Indique las principales amenazas y oportunidades que pendían sobre Dulcesol en 2008 y cómo condicionaban esta decisión, los riesgos y ventajas que suponían las dos alternativas (aceptar o no aceptar) y su alineación con el perfil que tenía Grupo Dulcesol en el momento en que se planteó.

Estudie igualmente de forma específica el rediseño de la estrategia corporativa en todos sus componentes que fue abordado al adoptar la nueva denominación Vicky Foods. Delimite el campo de actividad, dibuje las macroindustrias en que está presente en el plano de Abell, proponga una segmentación estratégica de la cartera de negocios del grupo y elabore una matriz de la cartera de negocios. Aporte un juicio crítico de la idoneidad del enfoque dado a su estrategia de desarrollo a partir de estos análisis.

9. Explique la redefinición de los propósitos corporativos del grupo a raíz de la creación de Vicky Foods y examine si responden a los consejos de la teoría estratégica. Explique igualmente el papel que conceden a la sostenibilidad y a la RSE en la estrategia y en la gestión de los productos, los procesos y las personas.

   Valore cómo ha cambiado el modelo de sostenibilidad de Vicky Foods desde la creación de la compañía, teniendo en cuenta su alcance, sus acciones, sus recursos y los resultados alcanzados. ¿Cree que este modelo será suficiente para responder a las tendencias del consumo alimentario y del cambio nutricional esperable y para hacer realidad su misión y visión? Valore singularmente su alineamiento a lo largo de los ejes necesidad-conveniencia/placer-salud.

   ¿Cree que la intensificación de su condición de fabricante de MDD y el posible desplazamiento de Vicky Foods hacia una estrategia de desarrollo externo pueden comprometer sus objetivos de sostenibilidad? ¿Cuáles cree que son los principales riesgos que las exigencias de sostenibilidad y RSE plantearán a Vicky Foods en el próximo futuro?

10. Tras la lectura y análisis del caso proponga cómo redefiniría los propósitos corporativos y cómo enfocaría las estrategias competitivas y corporativa de Vicky Foods para potenciar su capacidad de crecimiento, su creación de valor y su alineamiento con los retos derivados de la sostenibilidad y la RSE en su triple vertiente.

1. (a) ¿Cuáles son las decisiones más importantes planteadas en este caso?; (b)¿Qué tipo de decisiones son? (c) Explique cómo debería enfocarse su adopción, cómo cree que Vicky Foods las adoptó, por qué y los riesgos en que incurrió por ello?; (d) Identifique la información externa e interna que cree necesaria y valore su importancia para decisiones de este género. Razone sus respuestas en base al relato del caso y a las recomendaciones extraídas de la teoría de la dirección estratégica.

(a) Tipo de decisión

El caso plantea un amplio número de decisiones críticas:

1. La decisión en 1952 de entrar en la industria de la panadería y bollería-pastelería.
2. La decisión en 1964 de abandonar la industria de la panadería y renunciar implícitamente a la diversificación.
3. Las decisiones de desarrollo entre 1964 y 2002 basadas en el desarrollo de productos, el desarrollo de mercados y la integración vertical hacia atrás.
4. La decisión en 2003 de reingresar en la industria de la panadería y de volver explícitamente a la diversificación.
5. Las decisiones tomadas desde 2013 de aumentar la diversificación (horizontal y concéntrica).
6. La redefinición en 2008 de la misión y la visión de la empresa y los cambios a introducir en la cartera de productos y su campo de actividad para hacer realidad estos propósitos corporativos.
7. La decisión desde los años 90 de cambiar el método de su estrategia de desarrollo complementando el desarrollo interno con el desarrollo externo.
8. La decisión desde los años 90 de complementar el desarrollo interno y externo con las alianzas con las redes de distribución al hilo del avance de las MDD y la decisión en 2008 de renunciar a la alianza con Mercadona para convertirse en interproveedor exclusivo de bollería y perfumería.
9. La decisión de cómo orientar las estrategias competitivas en los distintos negocios y su enfoque en precios y diferenciación.
10. La decisión de adoptar un modelo de negocio con un enfoque ESG y de elevar la sostenibilidad a prioridad estratégica.

(b) Tipo de decisión

El primer punto que conviene aclarar es la naturaleza de las decisiones indicadas. Se trata sin duda de decisiones estratégicas completamente distintas a las decisiones tácticas que cualquier empresa debe afrontar cotidianamente y que obliga a un planteamiento específico.

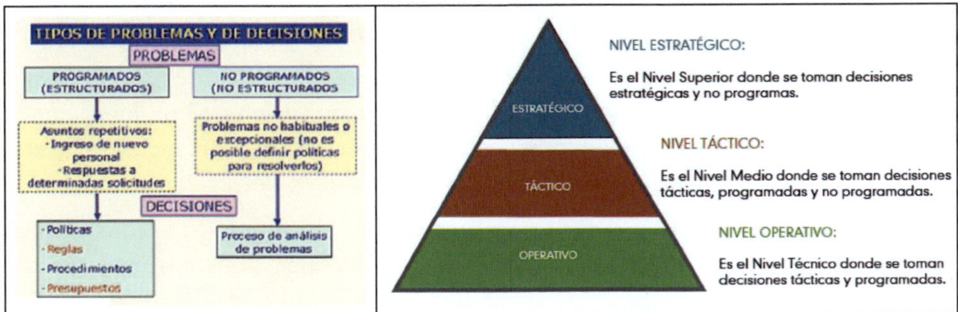

Las <u>decisiones estratégicas</u> tienen las siguientes características que podemos reconocer en todas las antes señaladas:

1. Problemas complejos y no programables. El dilema de si aceptar o no esta propuesta es un problema complejo porque depende de muchas variables y porque no puede resolverse de forma programada.
2. Problemas nuevos, esporádicos, no estructurados. Se trata de un problema nuevo, distinto a los usuales, que surge de forma esporádica (es decir, con poca frecuencia) y que es difícil de perfilar por no presentar una estructura conocida.
3. Problemas de la relación empresa-entorno. Las decisiones estratégicas como la contemplada en el caso suelen tener una dimensión externa, es decir, cambios originados por stakeholders vinculados con la organización, pero externos a ella.
4. Tienen carácter proactivo. Los riesgos que comporta la detección tardía de los retos que motivan las decisiones estratégicas obligan a la dirección a vigilar su contexto para conocer con antelación sus consecuencias y desplegar proactivamente estrategias que reconduzcan las desviaciones surgidas.
5. Incertidumbre. Las dificultades para resolverlo crecen considerablemente por disponer de información incierta y parcial sobre las variables determinantes.
6. Decisiones basadas en juicio, reflexión y prospectiva. Al ser un problema no programable y desestructurado, del cual se carece de información segura y completa, no puede afrontarse con un enfoque de optimización basado en métodos cuantitativos, sino que debe estudiarse con métodos cualitativos. El problema del juicio y la reflexión, así como de la prospectiva, es que son enfoques satisfacientes que no necesariamente conducen a la mejor solución, aunque sí a una aceptable para todos los stakeholders clave.

7. Cambios fundamentales y globales. La importancia de esta decisión, como estratégica que es, reside en que origina cambios en cascada de calado en el resto de la organización, y a veces incluso en el entorno.
8. Implicaciones a largo plazo. Los cambios suelen ser estructurales y por ello para afrontarlos las decisiones estratégicas se plantean en periodos prolongados durante los cuales se van introduciendo cambios difícilmente reversibles-
9. Conllevan invertir una cantidad importante de recursos. Los efectos sinérgicos y en cascada que las decisiones estratégicas entrañan, así como su prolongación en el tiempo, unidos al reto de competitividad que llevan asociado, fuerzan a invertir en el desarrollo de recursos y capacidades abundantes y diversificados.

Una vez reconocidas como decisiones estratégicas, el segundo paso consistiría en señalar qué tipo de decisiones estratégicas son. Para esta tarea, podemos ayudarnos del concepto de jerarquía estratégica, representado en el *gráfico 1 de esta nota*. Este concepto ayuda a distinguir los distintos niveles en que se toman las decisiones directivas, según sean de naturaleza estratégica, táctica u operativa, y cómo estos distintos niveles de responsabilidad organizativa se relacionan entre sí a la hora de tomar decisiones formando una jerarquía en el proceso de elaboración de las distintas estrategias y planes de la empresa.

Gráfico 1. Jerarquía estratégica y tipos de decisiones estratégicas.

Las ocho primeras decisiones antes identificadas son elecciones ante un mismo problema: escoger en qué negocio o negocios una empresa debe estar, cuándo es aconsejable entrar o salir de ellos y las estrategias de desarrollo seguidas para entrar y crecer en ellos. Son pues decisiones que corresponden a la estrategia corporativa o de nivel 1, en la que se definen los negocios en que la empresa sea competir (campo de actividad), las estrategias de desarrollo a seguir para llegar a ellos y cómo gestionar ese conjunto de actividades para maximizar el desempeño global de la empresa.

En cambio, la novena decisión corresponde al enfoque de la estrategia competitiva y recae en el nivel 2, que distingue las estrategias diseñadas para cada negocio o unidad estratégica de negocio en las que se determina el plan de acción para cada negocio / UEN, es decir, el enfoque que debe aplicarse para construir una posición competitiva singular en una industria y cómo conducir un negocio, teniendo presentes la estrategia corporativa, los recursos y capacidades y las condiciones del mercado.

Por último, la décima decisión está relacionada tanto con la estrategia corporativa como con la competitiva. La definición de la sostenibilidad como prioridad estratégica condiciona en gran medida la elección de las actividades a desarrollar. La sostenibilidad condiciona igualmente la elección de las formas de diferenciación en este segundo nivel estratégico, influyendo en su uso en la construcción de la imagen corporativa y en las acciones de generación de recursos y capacidades que soporten ventajas competitivas sostenibles financiera, social y medioambientalmente. La sostenibilidad también preside la elaboración de los planes funcionales y operativos en ámbitos como la gestión de recursos humanos, la política de nuevos productos, la innovación y organización de los procesos. Por tanto, es un aspecto determinante de muchas decisiones tácticas y operativas de los niveles tres y cuatro.

(c) Forma de tomar las decisiones descritas en el caso, riesgos y enfoque recomendado

Las decisiones tomadas por Vicky Foods siguieron probablemente enfoques muy distintos. La causa principal de las diferencias estriba en los decisores: unas de ellas fueron adoptadas por los fundadores mientras que otras fueron asumidas por la nueva generación, aunque algunas (la cuarta sobre todo) se perfilaron en el tiempo de cambio intergeneracional.

Las tres primeras decisiones (la decisión inicial de entrar en el negocio panadero y pastelero, la posterior en 1964 de abandonar la actividad de bollería y pastelería, y la decisión de la estrategia de desarrollo seguida entre 1964 y 2002) se asentaron sobre análisis exclusivamente cualitativos. No hubo ningún estudio formal que se preocupara de estudiar las implicaciones técnicas y económicas del paso y de cuantificar su repercusión sobre la rentabilidad y el crecimiento de la empresa. Como empresarios formados a partir de la práctica, su método de dirección y decisión partía de procedimientos de prueba y error, y fiaba las elecciones a la propia experiencia y a su intuición / percepción.

En la decisión de inicio del negocio se atendió sobre todo a la percepción basada en la experiencia y la observación directa del interés que podía tener la panadería y la pastelería industrial para explotar economías de escala suministrando un mercado más amplio que el local. La decisión de salir de la panadería estuvo igualmente basada en impresiones personales, entre ellas, la prevención frente al endeudamiento, consideraciones comerciales respecto al producto y su comercialización, y las limitaciones en el dominio de las tecnologías más eficientes en panadería nacidas de la falta de personal técnico cualificado.

A la decisión le faltó igualmente un análisis de inteligencia más amplio, que perfilara no sólo el problema sino también las soluciones alternativas (estrategias) que cabía pensar para resolverlo. En cuanto a la decisión de la estrategia de desarrollo elegida, Victoria siguió un enfoque intuitivo atendiendo además a las restricciones de recursos financieros y respondiendo reactivamente a las amenazas y oportunidades que iban surgiendo. Por ejemplo, el desarrollo externo se intensificó a raíz de las oportunidades de adquisición de distribuidoras que aparecieron al cerrar algunos de sus competidores.

Como personas de mentalidad práctica que eran, sin formación gerencial alguna, Victoria y Antonio debieron tomar las decisiones de elegir entre las dos actividades y cómo crecer en ellas de modo intuitivo, con la escasa información que directamente podían reunir. Evidentemente, las carencias informativas que entonces sufrían los empresarios a la hora de tomar decisiones también condicionaban su perspectiva. La información estadística públicamente disponible era muy escasa y disponible en círculos de especialistas que los empresarios desconocían en su mayoría. Más teniendo en cuenta que la identificación de las fuerzas determinantes de los cambios que se estaban produciendo en las industrias de alimentos horneados precisaba de poner la mirada en la experiencia internacional, es decir, en lo que había ocurrido y en lo que estaba sucediendo en los países más desarrollados y hacia los que previsiblemente España iba a asemejarse. E incluso entre los empresarios con acceso a la mejor información, predominaba la escasez de capacidades de análisis estadístico y de conocimiento histórico suficiente para desvelar los profundos cambios sociales y económicos que latían tras la transformación de la alimentación. El recurso a especialistas externos tampoco era una práctica extendida para estos fines.

A pesar de los riesgos que entraña la toma de decisiones basándose únicamente en la propia experiencia y en la intuición, en el caso de Vicky Foods puede percibirse ya la visión estratégica de Victoria, que en lugar de seguir la inveterada tradición de los artesanos de mantenerse fieles a un oficio fuesen cuales fuesen las circunstancias comerciales, adoptó una perspectiva empresarial en la que la elección del negocio era una decisión sujeta a criterios de lógica económica.

La existencia de importantes áreas de mejora en los sistemas de gestión y control no oscurece un ápice la habilidad que Victoria demostró para impulsar un negocio con notorios déficits de capacidades en algunas áreas. Es sorprendente saber que la empresa no armó una estrategia formal hasta 2004, como reconoce el propio Rafa Juan (2021: 123), quien señala que durante los años 80 y 90 la empresa "*no tenía una estrategia definida más allá de incrementar las ventas y desarrollar nuevos productos de pastelería y bollería*". Su posicionamiento competitivo durante su nacimiento y despegue estuvo pues guiado por la intuición de Victoria que, sin una preparación formal como directivo, demostró una profunda comprensión del pensamiento estratégico que la llevó a adoptar una serie concatenada de decisiones estratégicas acertadas para definir la misión de la empresa que guio su crecimiento de primera generación.

Es admirable cómo Victoria logró un reto mayúsculo, como es construir una posición ventajosa y defendible en precios bajos y diferenciación por calidad, sin más información que la que obtenía de canales informales y de la relación con sus colaboradores y distribuidores; dedicando la mayor parte de su tiempo a tareas operativas, es decir, en la brega diaria en el barro para resolver problemas que exigían soluciones inmediatas. La inexistencia de un sistema formalizado para la adopción de decisiones estratégicas fue salvada con una dirección adaptativa, que afrontó los retos y respondió a las oportunidades y amenazas que el mercado y la competencia iban planteando con decisiones y diseñando sistemas por un procedimiento de "prueba y error" que la llevó a ella y a su equipo, incluyendo la segunda generación, a un acelerado proceso de aprendizaje "learning by doing".

Victoria y su equipo de colaboradores de entonces (entre los que no se contaba ningún titulado superior hasta la entrada de su primogénito en 1983), en ausencia de preparación especializada formal en dirección, supieron entrever los factores claves de éxito en su industria y trabajarlos con inteligencia y esfuerzo denodado. El toque diferencial que dieron a la estrategia de la empresa, sin saber que estaban desarrollando un proceso estratégico emergente de desarrollo de capacidades, puso el énfasis en la configuración de una cartera de actividades verticalmente integradas y de un diseño de la cadena de valor que se tradujera en ventajas competitivas; el desarrollo constante de nuevos productos con altos estándares de calidad; y el diseño y ejecución de procesos y tecnologías innovadoras que permitieran obtener la máxima calidad de conformidad y conciliarla con el continuo incremento de la escala y variedad de producción.

No obstante, la intuición tiene un alcance limitado ante problemas complejos y puede conducir a decisiones sub-óptimas cuando aspectos esenciales del problema escapan a la percepción directiva. Fue el caso del abandono de la panadería en 1964, que quizás pudo reconducirse de otro modo si se hubiera seguido un análisis estratégico formal.

La valoración de la decisión de regresar a la industria panadera en 2003 plantea incertidumbres sobre el grado en que se basó en información suficientemente completa y métodos formales que facilitasen la objetivación de su análisis. La compañía ya había desarrollado sistemas de información interna de última generación que la facultaban para realizar análisis completos en base a los datos que se recogían con el tratamiento informático integral de las operaciones y los procesos. Sin embargo, el caso nada dice de las prácticas de análisis estratégico externo que se seguían en aquellos momentos por Vicky Foods ni de las metodologías que pudiese manejar. La información que el caso traslada induce a pensar que la práctica de análisis de inteligencia competitiva, de estudios de prospectiva estratégica y de evaluaciones profundas y solventes de los riesgos y resultados esperables al entrar en un nuevo negocio, estaba todavía en una fase embrionaria. Por tanto, en la decisión seguían pesando mucho los factores emocionales y la intuición.

En cambio, las decisiones posteriores se tomaron de una manera mucho más profesional, objetiva y documentada. A la hora de adoptarlas, era ya la nueva generación la responsable de la compañía y su perfil era completamente distinto, pues poseían cualificación universitaria y dominaban herramientas de gestión y la informática. Además, valoraban la importancia de reunir información para calibrar opciones, elaborar previsiones y simular resultados ante las diferentes alternativas. La mejora de la información estadística nacional era una ayuda significativa en este punto. Aunque inicialmente la empresa no poseía todavía un plan estratégico, su dirección ya pensaba en términos estratégicos y razonó las decisiones reflexionando sobre las oportunidades y amenazas que conllevaban, su ajuste con la estrategia y la cultura organizativa, su encaje con las perspectivas de la industria a largo plazo y sus repercusiones financieras. No debe despreciarse la importancia de este planteamiento estratégico en el acierto de las difíciles decisiones tomadas.

(d) Planteamiento del proceso de evaluación y selección de una decisión estratégica

La función principal de la estrategia es alinear la organización y su entorno. Al estudiar una nueva decisión estratégica, la dirección debería ocuparse pues, en primera instancia, de analizar datos, de trazar estructuras, de rastrear tendencias, de husmear intenciones y expectativas en los stakeholders, para delimitar los cambios en el contexto externo e interno que pueden originar y las necesidades de ajuste estratégico y organizativo para corregir las posibles desviaciones estratégicas que hayan provocado tales alteraciones.

Es decir, una decisión estratégica del calado de las indicadas requiere: (a) comprender las fuerzas que guían la coyuntura económica en los mercados en que la empresa trabaja y el contexto del entorno general construido en su ámbito geográfico e institucional; (b) la naturaleza y la dinámica de las industrias entre las que escoger; (c) los recursos y capacidades con que la empresa puede contar para afrontar los retos del entorno general y los entornos competitivos de las industrias en que opera; (d) revisar los propósitos corporativos y su despliegue en objetivos estratégicos para valorar la consistencia de la decisión con tales fines y la posible necesidad de ajustes en los fines y/o en la decisión; (e) preocuparse de las acciones necesarias sobre la organización para llevar a cabo con buenos resultados las estrategias de cambio y de ajuste requeridas; (f) medir los resultados financieros y no financieros que cabría esperar y realmente si se consiguen para valorar el grado de acierto de la elección.

Dicho de otra forma, la decisión debería basarse en un análisis político (entendido en el sentido de identificación de expectativas y necesidades de los grupos de interés clave y de articulación de las políticas para satisfacerlas) y un análisis estratégico que objetivara el grado en que los propósitos perseguidos con cada decisión se hacen realidad.

Gráfico 2. La estrategia como forma de ajuste al contexto externo e interno.

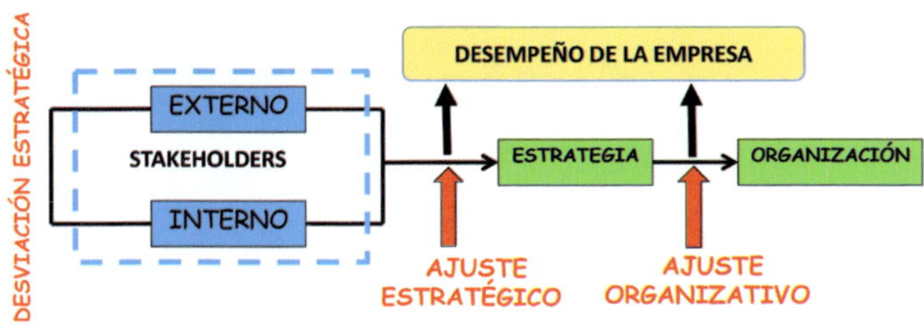

Cualquiera de estas decisiones obligaba a reflexionar sobre las consecuencias que podían derivarse de tal elección sobre el ajuste estratégico de la compañía al cambio de su contexto externo e interno y los desequilibrios (desviaciones estratégicas) que podían causar y sobre las decisiones y acciones que debía emprender para restablecer el equilibrio. Estas medidas incluyen tanto el ajuste estratégico como el ajuste organizativo (*gráfico 2 de esta nota*).

Gráfico 3. Marco general para el diseño e implantación de la estrategia y para el análisis de las decisiones estratégicas.

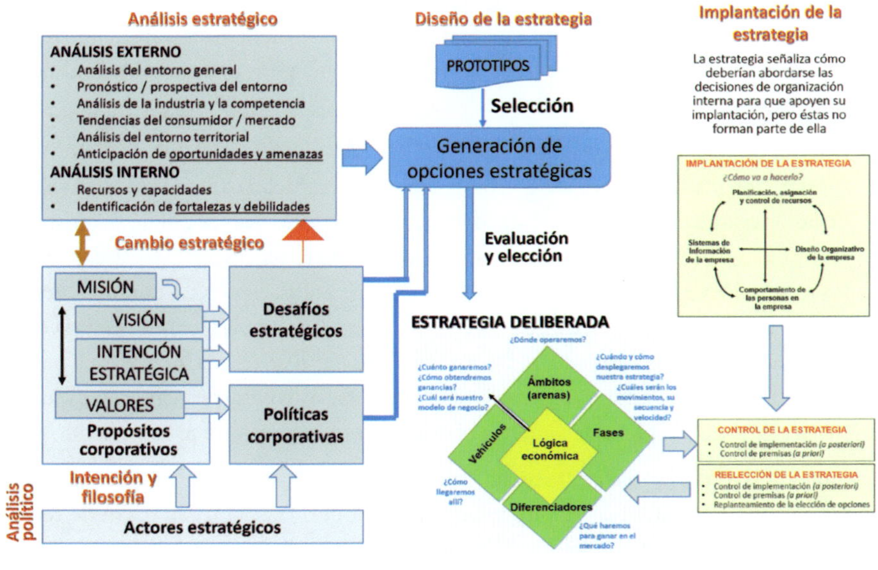

El planteamiento formal y deliberado del proceso estratégico implica una secuencia de fases que conducen al diseño de una estrategia para conseguir ciertos propósitos corporativos y responder a los desafíos estratégicos que nazcan del contexto externo e interno, así como del análisis político (*gráfico 3 de esta nota*). Este esquema de trabajo es válido tanto para la elaboración de la estrategia de una empresa como para establecer el marco del que partir para analizar decisiones estratégicas concretas, como las planteadas en el caso.

Gráfico 4. Metodología para la evaluación y selección de estrategias.

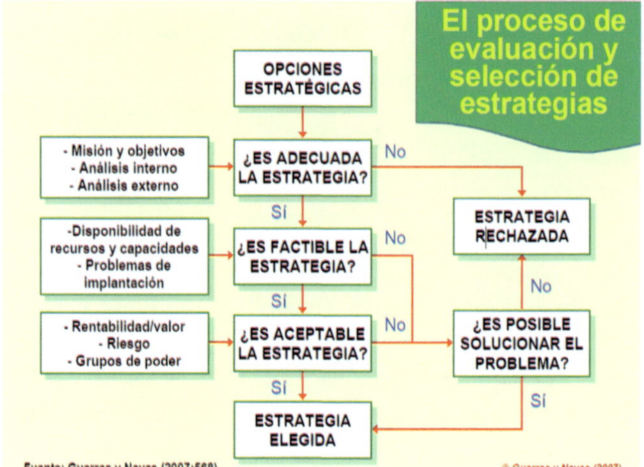

Dentro del proceso estratégico, la etapa de diseño de la estrategia culmina, tras haber elaborado posibles alternativas, en su evaluación y selección. Existe pues un reto de elegir entre ellas racionalmente, debido a la incertidumbre, complejidad y potencial riesgo de conflictos. El *gráfico 4 de esta nota* ofrece una metodología para esta tarea de evaluación y selección estratégicas. Según este enfoque, la evaluación de las opciones estratégicas en una decisión y la elección entre ellas se basará en tres criterios que la opción elegida deberá cumplir:

1. Adecuación (también llamado conveniencia u oportunidad). Consiste en la evaluación de las opciones en términos de su adecuación al contexto, es decir, de su ajuste estratégico. La conveniencia de una opción se contrasta revisando si la misma encaja con los resultados del análisis estratégico y del análisis político previos, con tres preguntas clave: ¿aprovecha las oportunidades del entorno mediante las fortalezas de la empresa?, ¿hace frente a las amenazas del entorno apoyándose en sus fortalezas y paliando las debilidades internas?, ¿permite lograr los propósitos corporativos y responder a los desafíos estratégicos de acuerdo con los valores y las políticas establecidos?

2. Factibilidad o viabilidad. Consiste en evaluar el ajuste organizativo, es decir, si las opciones estratégicas se pueden desarrollar con la actual dotación de recursos y capacidades y con la estructura organizativa instalada. Los recursos financieros suelen constituir la restricción más evidente, pero los recursos intangibles y las capacidades constituyen restricciones más serias.

3. Aceptabilidad. Consiste en evaluar las opciones estratégicas en términos de la aceptabilidad de sus resultados para los diferentes stakeholders. Entraña pues valorar los resultados asociados a las opciones mediante un análisis de impactos, en sopesar los riesgos que entrañan con un análisis del riesgo, y en determinar cómo pueden reaccionar los stakeholders mediante su análisis político.

Para desarrollar este análisis son importantes tanto los datos (mercado, demanda, competencia, precios, etc.) como las intenciones de los actores principales, es decir, información cuantitativa y cualitativa. Son útiles a estos efectos los estudios de prospectiva y las técnicas estadísticas de predicción de tendencias, así como otros métodos más cualitativos (dinámicas de grupo, ejercicios de role-playing, etc.). Un planteamiento estratégico de decisiones de esta envergadura que quiera ser riguroso debe además apoyarse en métodos que objetiven al máximo el análisis y la elección. En el contexto planteado en el caso, serían de gran valor las siguientes técnicas:

— La principal herramienta que puede manejarse para el análisis estratégico de una industria es el modelo de las cinco fuerzas competitivas de Porter. Esta técnica ofrece la posibilidad de desarrollar un análisis completo de las variables y los agentes que condicionan el atractivo de la estructura de una industria.

— Una segunda herramienta de interés es la estructura de la cadena de producción y comercialización, que permite profundizar más en la problemática de las relaciones entre los actores que juegan o influyen sobre una industria, así como en el reparto del valor creado entre ellos.

— A estas dos técnicas pueden añadirse el método PESTEL y el modelo del diamante de la competitividad de Porter para completar el análisis del entorno general (en este caso del entorno nacional español) para identificar las fuerzas globales que pueden incidir sobre el desarrollo y el atractivo de una industria.

— Herramientas de análisis financiero para la disección de las condiciones de costes, precios y márgenes.

(e) Variables determinantes de una decisión estratégica: análisis de su importancia

Como ya se ha explicado en puntos anteriores, la comprensión y la valoración de la racionalidad e idoneidad de decisiones complejas como las planteadas sólo son posibles con un análisis de los factores internos, que determinan su consistencia y alineamiento con la estrategia y la cultura de la empresa; y de los factores externos que actuaron como motores de la situación de las industrias relacionadas con productos horneados, de sus cambios en el pasado y de los que definen hacia dónde pueden transitar en el futuro.

Las industrias en que la compañía ya operaba desde su fundación (panadería y bollería-pastelería) estaban siendo alteradas por cambios importantes en la demanda y la oferta que redibujaban sus estructuras y planteaban nuevos retos. Para decidir racionalmente en cuáles de las actividades era conveniente seguir y en cuáles convenía salir o entrar, la empresa debería recabar información al menos sobre los siguientes aspectos:

— Las circunstancias coyunturales del momento.

- Características y cambios del entorno general que incidan en el atractivo de estas industrias.
- La dinámica previsible del entorno legal y en concreto de la regulación sectorial.
- Composición de la dieta alimentaria distinguiendo los distintos patrones de consumo alimentarios existentes y su evolución temporal. Identificación y análisis de los motores de los cambios nutricionales.
- Demanda de alimentos horneados por categorías (pan, bollos, pasteles, etc.),
- El consumo per cápita de los distintos alimentos horneados, así como su variación temporal.
- El consumo per cápita de otros alimentos incluidos en la dieta de entonces y su tendencia temporal.
- El carácter de los distintos alimentos como bienes complementarios o sustitutivos.
- El tamaño total del mercado alimentario y del mercado de productos horneados medidos por la demanda agregada en volumen (kilos) y valor (pesetas).
- La diferente elasticidad-renta entre los alimentos básicos (pan, patata, leguminosas) y el resto, así como la naturaleza de los distintos alimentos como bienes superiores o inferiores.
- Variables determinantes de la demanda alimentaria en general y de alimentos horneados y de su evolución, tanto per cápita como para el conjunto de un país o área económica. Entre ellas, el poder de compra del consumidor medido por sus salarios reales (descontando la inflación de los salarios nominales), el crecimiento demográfico y factores que puedan influir en las preferencias de compra de alimentos. La teoría de los cambios nutricionales explicada en el *Anexo VII* es una buena base teórica para la selección de indicadores que reflejen los determinantes de la dieta y sus procesos de cambio.
- Retos planteados por los stakeholders clave en cuestiones clave para el consumo de productos horneados y para la propia empresa de *bakery*, como el balance entre placer y salud o la sostenibilidad.
- Atractivo de cada industria en base al grado de rivalidad competitiva en cada segmento; barreras de entrada y amenaza de nuevos competidores; productos sustitutivos; y poder negociador de proveedores y distribuidores / consumidores junto a la configuración de la cadena de producción y comercialización.
- Análisis de los niveles de costes, precios y márgenes a partir de las condiciones de los mercados de factores y productos.

Para desarrollar el análisis del mercado y la industria del pan, pueden utilizarse los datos que ofrece la *Encuesta Industrial de Productos* del INE, los *informes Alimarket* y los *Informes Alimentación en España. Producción, industria, distribución, consumo* de

Mercasa. La primera de estas fuentes resulta de gran interés porque ofrece información del valor de la producción comercializada y de la cantidad de la producción vendida de los productos incluidos en la lista PRODCOM. El valor de las otras dos fuentes reposa en su identificación de los principales productores para cada mercado.

Las perspectivas económicas generales y las propias del sector alimentario son sin duda factores coyunturales que deben tomarse en consideración a la hora de adoptar decisiones importantes, porque pueden obstaculizar o favorecer ciertos cursos de acción, así como aconsejar retoques de planes para ajustarlos a las amenazas y oportunidades percibidas en el momento de la decisión. La contracción coyuntural de la demanda y las dificultades de acceso al crédito pueden ocasionar serios quebrantos financieros a las empresas que no los hubiesen previsto o que careciesen de medios para enfrentarlos. Estos problemas supraempresariales pueden intensificar sus efectos adversos si la empresa se ve debilitada, por ejemplo, por la pérdida de su principal cliente del cual dependía la salud financiera de la compañía en el inmediato pasado como fue el caso de Vicky Foods.

Sin embargo, las decisiones estratégicas han de estar guiadas fundamentalmente por las tendencias de cambios estructurales a largo plazo de los productos, de los mercados y de los negocios que pueden desplegarse en ellos. En este sentido, el sector alimentario, en general, y las industrias de panadería y bollería-panadería, en particular, estaban inmersos en los momentos en que se le plantearon los distintos dilemas a Vicky Foods en una vorágine de cambios. Estas mutaciones provenían de la profunda transformación del comportamiento de los consumidores, de la configuración de los canales de distribución y de las reglas de la competencia, y por ello se estaban convirtiendo en retos estratégicos de primera magnitud. Los retos que iban ganando fuerza también están condicionados por nuevas presiones de los grupos de interés claves para la industria del bakery, de las que se desprendan expectativas que demanden cambios discontinuos en la gestión. En este último sentido, un aspecto estructural merecedor de una previsión cuidadosa era la evolución previsible de la regulación que, en un sector como el alimentario donde la salud y la seguridad nutricional eran activos fundamentales a preservar, adquiría una importancia crítica y podía condicionar en gran medida la autonomía decisoria de las empresas en productos, procesos, tecnologías, gestión de las personas e incluso acceso a los mercados internacionales.

La serie de decisiones que la empresa tuvo que adoptar en relación a la entrada o a la salida en distintas industrias requieren un juicio cuidadoso del atractivo de tales actividades y de las perspectivas de crecimiento y rentabilidad que ofrecen. Comprender la lógica estratégica de una industria demanda a los directivos un análisis de las fuerzas que determinan su atractivo y de los factores que pueden alterarlas.

Por otro lado, el análisis interno de base para las decisiones consideradas debería detenerse en los siguientes puntos:

1. Su consistencia con la estrategia de la empresa.
2. Sus implicaciones estructurales sobre el modelo de negocio de la compañía.

3. Sus efectos de sus decisiones sobre la configuración del campo de actividad de la compañía y por ende sobre el diseño de su estrategia corporativa.
4. Sus efectos sobre la cartera de recursos y capacidades acumulados o en desarrollo.
5. Su alineación con la visión y valores corporativos.
6. Su interés para el nuevo equipo directivo constituido tras el relevo generacional.

2. Analice el atractivo de la actividad panadera para las panaderías instaladas en Villalonga durante la primera mitad del siglo XX, distinguiendo entre el periodo previo a la guerra civil y la fase abierta con el conflicto militar y la inmediata postguerra hasta la creación de *Juan, Moratal y Cía.* En especial, responda a las siguientes cuestiones:

- **Cómo evolucionó el consumo per cápita de pan y cuáles fueron los factores determinantes de su trayectoria.**
- **Cómo evolucionaron los márgenes de beneficio en la panadería y qué factores explicarían su evolución.**
- **Qué relación guarda el margen de beneficio en la panadería con la distribución de valor entre los agentes presentes en la cadena de producción y comercialización del pan (dibújela y analícela con cuidado).**
- **Cómo encaja la evolución del consumo per cápita de pan en la transformación de la dieta dominante en la sociedad española y cuáles fueron los motores sociales y económicos de este cambio del modelo alimenticio.**

  Apoye el análisis con datos (precios, costes, producción, consumo) y con el uso de las herramientas de análisis estratégico que sean oportunas para analizar el atractivo del entorno general y de la propia estructura de la industria para el desarrollo de la panadería en el territorio y tiempo indicados.

La reflexión basada en las herramientas citadas en el punto anterior y en la teoría estratégica subyacente ofrece conclusiones clarificadoras para responder a la cuestión que se plantea, reafirmando además la oportunidad de distinguir los dos escenarios temporales propuestos. El estudio constata que las fuerzas y variables clave difieren sensiblemente entre ambos, por la profundidad de los cambios observados tanto al nivel del entorno general como del entorno específico de la industria panadera.

Análisis del atractivo económico-financiero de la panadería dentro del entorno local de Villalonga durante el siglo XX anterior a la guerra civil

El atractivo de la panadería, dentro del entorno local de Villalonga, cabe calificarlo como alto por una serie de razones que se desprenden del análisis tanto del entorno general como del entorno competitivo de esta industria.

Dentro del entorno general, el análisis PESTEL permite identificar los factores ***más relevantes*** a los efectos del caso, que provinieron de los subsistemas económico y social. Las fuerzas más significativas fueron el proceso de industrialización tardía experimentado por la economía española y sus consecuencias sobre la renta disponible per cápita, la potenciación de la producción y la productividad agrarias y la dieta. Estos cambios fueron a su vez detonantes de mutaciones importantes en los mercados de productos y factores basados en el pan, cuya evolución fue en líneas generales positiva para los panaderos al mejorar el atractivo de su negocio, aumentado las expectativas de rentabilidad y crecimiento. Los impactos más destacados son los siguientes:

— Aumento de la munificencia del entorno al crecer la disponibilidad del principal input para la producción de pan, la harina de trigo. La consolidación de una transformación agraria iniciada en el último tercio del siglo XIX multiplicó la producción de trigo para consumo alimentario y de harina, incrementándose la disponibilidad de ambos factores entre 1891 y 1920 en un 55%. La producción de trigo para consumo alimentario y de harina, tras mantenerse en la década de 1920, volvió a crecer durante la primera mitad de la siguiente, hasta alcanzar los 3.785 y 2.837 miles de toneladas respectivamente (*Anexo I*). La cercanía de molinos harineros, fue un atractivo adicional para la panadería en Villalonga al asegurar un suministro seguro y cercano del principal ingrediente para la elaboración de pan.

— Desarrollo y consolidación del mercado del pan. La producción creciente de trigo y harina fue suficiente para la obtención de unos excedentes con los que alimentar una población en alza y cada vez más urbanizada, que subió en 3,2 millones de personas con un alza de casi el 18% en tres décadas. Entre 1891 y 1920, la masa creciente de consumidores pudo ser satisfecha cada vez en mayor cantidad con la expansión de la producción agraria, como lo prueba el aumento del consumo per cápita tanto de trigo, que pasó de 126,5 a 166 kilos, como de harina que lo hizo de 94,1 a 123,9 kilos. El crecimiento poblacional se aceleró en los 15 años siguientes, aumentando en 3,1 millones, sin que el consumo per cápita de ambos factores se debilitase de forma apreciable (*Anexo I*). La demanda total de pan más que se duplicó entre 1830 y 1900 impulsada por los avances tanto del consumo per cápita como de la población (*Anexo VIII*).

— La demanda de productos alimenticios en el entorno de Villalonga debió ser pues comparativamente alta respecto a otros municipios por el grado de desarrollo en su término de actividades industriales, que debieron traslucirse en una cuota mayor de la población local ocupada en el sector secundario.

- El caso ilustra los procesos de transición nutricional que tuvieron lugar en la España anterior a la guerra civil. El *Anexo VII* explica los fundamentos teóricos de estos procesos.
- Inicio de la primera transición nutricional. El emergente mercado alimentario no sólo crecía en volumen sino en poder de compra, gracias al aumento de los salarios reales de la población, que sólo entre 1913 y 1935 alcanzó el 48,2%. El aumento fue más intenso en la industria, donde el salario medio se multiplicó por 3,2 entre 1914 y 1936, aunque el alza más notable tuvo lugar entre 1914 y 1920 cuando se dobló mientras que entre 1920 y 1936 avanzó otro 60% (*Anexo II*). El aumento del presupuesto disponible para alimentación conseguido durante el último tercio del siglo XIX y primer tercio del siglo XX había despertado en España una primera transición nutricional caracterizada por la reducción acelerada del hambre, llegando la ingesta calórica a cubrir las necesidades nutritivas mínimas fijadas en promedio en unas 2.300 kilocalorías diarias. Aunque la desigualdad haría que la ingesta fuese inferior en los segmentos más pobres de la población, el consumo calórico medio per cápita siguió subiendo espectacularmente hasta los años 30, cuando alcanzó las 2.765 kilocalorías de media diaria, revelando que el hambre se estaba convirtiendo en un mal recuerdo para la gran mayoría de la población española (*gráfico 2 del caso*).
- Cambio del patrón de consumo alimentario. La primera transición nutricional se caracterizó igualmente por el alza del consumo de pan, que entre 1865 y 1900 creció en 48 kilos anuales (un 28%) hasta un máximo de 187 kilos anuales, manteniéndose en niveles por encima de los 160 kilos durante los dos siguientes decenios (*gráfico 1 del caso*). El cambio de la dieta posibilitada por el avance del poder adquisitivo facilitó también un crecimiento del consumo de otros alimentos vegetales, como patatas, hortalizas y frutas; pero también de otros de origen animal. De este modo, el peso del pan y otros cereales dentro del gasto en alimentación, que se había mantenido en el entorno del 40% hasta la década de 1860, empezó a descender quedando por debajo del 30% antes de finalizar el siglo XIX (*Anexo V*).
- Amago de una segunda transición nutricional. El mantenimiento de la mejora de la renta per cápita llevó posteriormente a un descenso del peso del pan en la cesta de la compra alimentaria, que hacia 1914 rondaba el 25%, sustituido progresivamente en la cesta de la compra por otros alimentos más proteínicos y de origen animal como carne, pescado, huevos y derivados lácteos (*Anexo VI*). El consumo per cápita descendió hasta 146 kilos anuales hacia 1930, pero este nivel unido al crecimiento de la población haría que la demanda agregada siguiese creciendo hasta la primera mitad de los años 30 cuando alcanzó los 3,8 millones de toneladas (*Anexo VIII*).

El atractivo de la panadería no residía sólo en la solidez y el avance de la demanda sino también en las condiciones de la estructura de la industria y sus consecuencias sobre precios, costes y márgenes (*Anexo II*). El grado de rivalidad entre los competidores instalados era aún bajo dada la reducida oferta y el limitado riesgo de aparición de nuevos competidores y de productos sustitutivos. Tampoco eran previsibles entonces conflictos estratégicos con los canales de comercialización por ser la distribución directa en el caso de las panaderías artesanales tradicionales. Quizás el principal problema podía provenir del poder negociador de los proveedores. En el caso de los proveedores de factor trabajo, la creciente organización sindical de los trabajadores y el desarrollo de políticas públicas proteccionistas de los derechos laborales incentivaron el aumento de los costes laborales en panadería (medidos por el salario medio diario de un oficial cualificado), que se duplicaron prácticamente entre 1914 y 1920. Los proveedores fueron adquiriendo talla, en especial las empresas trigueras y de molinería, y en consecuencia el coste del trigo y de la harina se más que duplicaría. Sin embargo, este encarecimiento de los factores se redujo y estabilizó a partir de 1920. Los precios del pan siguieron un primer ciclo igualmente alcista hasta 1920 multiplicándose por 2,4 y llevando a un margen interesante de 0,046 pesetas por kilo que representaba una rentabilidad sobre ventas del 5,3%. Tras un periodo de estancamiento económico en la primera mitad de la década de 1920, la panadería recuperó su rentabilidad en el siguiente decenio. Aunque entre 1924 y 1936 los costes laborales siguieron aumentando (un 36%), el precio del trigo apenas subió un 13% y el de la harina quedó estancado, en tanto que el precio del pan creció en ese periodo un 25% permitiendo acrecentar el margen precio-coste de la harina del 2,4% al 10,1%. La regulación tampoco suscitaba preocupaciones importantes.

Análisis del atractivo económico-financiero de la panadería dentro del entorno local de Villalonga durante la guerra civil y la postguerra hasta la creación de la empresa *Juan, Moratal y Cía.*

El estallido de la guerra civil y el curso posterior de la sociedad y la economía españolas cambiaron completamente el dibujo del entorno general y en concreto del entorno específico de la panadería. El hecho de que el pan fuese un alimento básico e imprescindible en crisis de hambre lo hicieron un sector objeto de gran escrutinio y regulación por el primer franquismo, hasta el punto de dejarle oficialmente un margen mínimo para alcanzar ganancias e incluso para sobrevivir, reduciendo sensiblemente su atractivo económico-financiero en diversos aspectos:

— La producción agraria se vio bruscamente recortada por los daños sufridos durante la contienda y por el fracaso de la política autárquica instaurada tras su finalización, que condujeron a un abastecimiento insuficiente de materias primas esenciales como el trigo y la harina. La producción de trigo para consumo alimentario cayó un 36% y la disponibilidad per cápita de harina un 40% entre 1935 y 1940. A pesar de la recuperación de la producción entre 1941 y 1944, las cosechas de 1945, 1949 y 1950 volvieron a ser desastrosas, provocando nuevos episodios de desabastecimiento y de hambre (*Anexo I*). La escasez de producción nacional privó a los panaderos en gran medida de su input básico, constriñéndose la harina disponible al cupo asignado por la Comisaría General de Abastecimientos y Transportes, que se calculaba en función del rendimiento mínimo esperado según el número de empleados y el grado de mecanización del negocio.

— El freno al crecimiento de la producción de pan no provenía sólo de la insuficiente dotación de materia prima, sino también de la minoración de la demanda que quedó por ley racionada en cantidades muy inferiores al consumo promedio previo a la guerra. La ración para un hombre adulto (400 gramos diarios) equivalía exactamente al consumo medio de 1934 (146 kilos al año), pero teniendo en cuenta las raciones inferiores de mujeres y niños y los frecuentes incumplimientos a la baja de todas ellas, no es de extrañar que el consumo per cápita medio anual cayese a 130 kilos entre 1938 y 1943 y siguiese cayendo a lo largo de los años 40 hasta situarse en 1948 por debajo de los 110 kilos y en 102 kilos en 1950 (*gráfico 1 del caso*). La caída del consumo per cápita arrastró la demanda agregada a la baja hasta 1950, cuando quedó en 2,85 millones de toneladas, descendiendo hasta niveles desconocidos de 80 años atrás (*Anexo VIII*).

— La tendencia decreciente de la demanda fue determinada también por la pérdida de capacidad adquisitiva de la población, al crecer los precios de consumo (que sólo entre 1936 y 1942 subieron un 274%) muy por encima de los salarios. Los trabajadores industriales que habían visto incrementados sus salarios nominales en un 50% entre 1936 y 1945 (*Anexo II*), vieron en realidad sensiblemente mermada la renta real disponible, que descendió al 65% del nivel preguerra. En el caso de los obreros agrícolas, los salarios reales llegaron a caer entre un 50% y un 75% entre 1935 y 1954. Esta penalización al poder de compra se intensificó todavía más con el brutal encarecimiento de los alimentos. Así el trigo que constituía la base del principal alimento en la dieta de la época se multiplicó por 3.4 entre 1935 y 1945 y por 7,3 entre 1935 y 1951. El resto de alimentos básicos como las patatas, el aceite, el azúcar, la carne, la leche o los huevos sufrieron igualmente subidas considerables durante la década de 1940 (*Anexo III*). La consecuencia inmediata fue la necesidad de destinar el 90% de los ingresos a alimentación, porcentaje que se reducía al 60% en las clases medias y al 50% en las altas (Gómez y Luque, 2006: 12-13). Sólo la adquisición de un kilo de pan llegó a suponer en 1951 el 20,6% del salario medio diario, triplicando el índice de 1936 (6,9%) (*Anexo II*). En estas condiciones, aunque existiese un mercado de estraperlo en el cual se podía comprar pan con el que complementar las insuficientes raciones oficiales, el acceso a este mercado negro no era fácil para la mayoría de la población con magros ingresos al venderse las mercancías a precios altísimos. El mejor reflejo de los problemas de adquisición de alimentos distintos al pan se ve en la carne, cuyo consumo cayó de

28 a 18 kilos anuales entre 1930 y 1953 y cuyo peso en el gasto por alimentación disminuyó del 26,5% al 17,6% entre 1914 y 1958 (*Anexos V y VI*).

— El atractivo de la panadería se vio igualmente debilitado por el cambio en las condiciones de precios y costes. La libertad de empresa era mínima estando sometido todo el sistema de valor, desde la producción de trigo y otros cereales, hasta las molinerías, harineras y panaderías, a una regulación y una supervisión férreas. La panadería era pues un mercado de producción controlada y demanda segura por el monopolio de venta y el racionamiento, aunque limitado en volumen, en potencial de crecimiento y rentabilidad. Por tanto, la aparente ventaja de escasa competencia instalada y la nula amenaza de nuevos competidores facultada por el régimen de monopolios locales para la venta de pan era anulada en gran medida por las escasas posibilidades de crecimiento del negocio por el racionamiento, tanto de harina como del pan a producir.

— La contención del coste del factor trabajo pudo ser una ayuda importante para rentabilizar el negocio. Los sueldos de los trabajadores de panadería fueron muy bajos (Eiroa, 1995: 150). Entre 1936 y 1945, los salarios nominales por hora para el conjunto de los panaderos cualificados crecieron un 51,5% (*Anexo II*), aunque sus salarios reales seguían en 1948 un 18% por debajo del nivel de 1936 (Paris, 1960: 180, 182), ante la creciente carestía de la vida.

— Sin embargo, el principal problema en costes para las panaderías ubicadas en pueblos pequeños, como era el caso, procedía del precio de la harina, que era su principal input representando el 80% del coste total. El precio de la harina se multiplicó por 2,7 entre 1936 y 1945 (*Anexo II*). Por tanto, la capacidad de ajustar el precio del pan al crecimiento del coste de la harina era esencial para mantener la venta en zona de rentabilidad. Esta capacidad está directamente ligada en condiciones de libre mercado al poder negociador de los agentes en la cadena de producción y comercialización del pan que hemos dibujado en el *gráfico 5 de esta nota pedagógica*. Los tres agentes principales en esta cadena son las empresas agrarias productoras de trigo, las empresas harineras y las panaderías.

Gráfico 5. Estructura de la cadena de distribución y comercialización del pan.

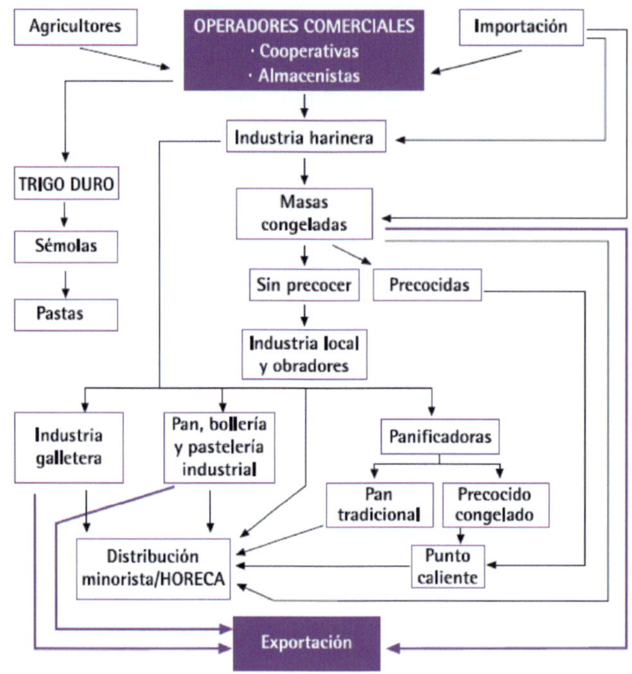

Fuente: Vilas y Rivero (coords., 2010: 19).

Gráfico 6. Precios y márgenes de las empresas cerealistas, molineras y panaderas.

	Precio en cada cosecha de trigo candeal (pesetas por Qm)	**Precio de la harina de trigo en el cupo de abastos o consumo (pesetas por Kg)**	**Margen precio-coste para las empresas molineras (pesetas por Kg)**	**Precio de barra de pan de kilo (pesetas)**	**Margen precio-coste para las panaderías (pesetas por Kg)**
1914	30.52	0,381	0,076	0,36	-0,021
1920	65.50	0,814	0,159	0,86	0,046
1924	43.91	0,628	0,189	0,56	-0,068
1929	50.48	0,615	0,110	0,63	0,015
1936	49.69	0,629	0,132	0,70	0,071
1943	140.00	1,225	-0,175	1,10	-0,125
1945	171.00	1,717	0,007	1,75	0,033
1946	183.00	2.604	0,774	2,63	0,026
1950	335.00	4,115	0,765	3,66	-0,455
1951	362.00	5,231	1,611	5,20	-0,031

1958	506.00	6,252	1,192	7,50	1,248
1963	607.00	7,187	1,117	8,60	1,413
1971	670.00	8,504	1,804	14,00	5,496
1975	954.00	11,082	1,542	26,00	14,918
1979	1541.00	22,154	6,744	52,00	29,846

— Desgraciadamente para los panaderos, la política del primer franquismo fue privilegiar primero a los agricultores y después a los harineros (ya de por sí beneficiados por su mayor tamaño relativo y mayor concentración), dejando siempre en último lugar a los que confeccionaban el pan, mermando así su poder de negociación. El análisis de precios y márgenes entre estos actores de la cadena así lo confirma (*Anexo II y gráfico 6 de esta nota pedagógica*). Entre 1936 y 1943, los precios de venta del trigo candeal se multiplicaron por 2,8, mientras que los precios de la harina y del pan sólo lo hicieron por 1,9 y 1,6 respectivamente, llevando a las empresas de harinería y panadería a pérdidas. Tras sufrir en 1943 y 1944 el impacto del sustancial crecimiento del precio del trigo, los fabricantes de harinas consiguieron el favor oficial desequilibrando la distribución del valor en la cadena más a su favor. A partir de 1945 los precios de la harina consiguieron aumentos mayores a los autorizados al trigo, de modo que en sólo cinco años se multiplicaron por 2,4 mientras que el precio del cereal no llegó a duplicarse. El paralelismo entre los precios de la harina y del pan se rompió igualmente desde mediados de los años 40, pues en la segunda mitad de esta década el precio del pan sólo se multiplicó por 2,1. La política del primer franquismo de privilegiar a los harineros sobre los agricultores y los panaderos permitió a los fabricantes de harina alcanzar hasta 1951 unas ganancias oficiales crecientes y apropiarse de una parte en ascenso del valor creado a costa de los otros dos eslabones de la cadena, mientras que los panaderos se mantuvieron durante la segunda mitad de los años 40 en márgenes mínimos y entraron a principios de los años 50 en márgenes negativos.

— En conclusión, durante la etapa más dura de la postguerra, la regulación impuso unos precios del pan lo más bajos posibles para reducir el coste de las subsistencias aun a costa de una rentabilidad mínima para el panadero. De hecho, la regulación ya introducía como uno de los componentes del precio regulado el beneficio permitido para el panadero que era seriamente restringido: el beneficio máximo del panadero se fijó en 1937 en 0,03 pesetas por kilo de pan, y sólo se actualizó en 1945 cuando se amplió a 0,08 y 0,20 pesetas por kilo de pan de tercera y primera respectivamente. Los márgenes resultantes de los precios de tasa de ambas mercancías se ajustaron entre 1936 y 1945 a estos objetivos de rentabilidad oficial.

— Por último, el atractivo de la industria panadera se vio beneficiado de la baja amenaza de productos sustitutivos por el carácter de bien básico del pan, reforzado con el estancamiento del nivel de renta. El principal riesgo era el efecto búsqueda derivado del desabastecimiento de pan, que incitaba desplazamientos de la demanda hacia otros alimentos ricos en calorías como la patata (*gráfico 7 de esta nota pedagógica*).

Gráfico 7. Atractivo del entorno competitivo de la industria del pan.

El deterioro de la situación económica fue acompañado del retroceso en el proceso de mejora de la dieta que venía progresando desde mediados del siglo XIX. La bajada de la capacidad adquisitiva que redujo el presupuesto disponible para alimentación llevó a que un alimento básico como el pan monopolizase la dieta de un trabajador español. Sin embargo, incluso el consumo de este alimento básico se vio circunscrito a la ración oficial, que se buscó aumentar moliendo y horneando cualquier tipo de cereal (desde centeno a avena, pasando por cebada, mijo, maíz o bellotas) dando con un producto de escasa calidad. Aun así, los efectos del racionamiento y la escasez sobre la evolución del consumo per cápita de pan fueron dramáticos y el consumo medio anual per cápita del alimento básico, el pan, cayó 30 kilos (un 18,8%) en apenas 10 años, entre 1930 y 1940; y 58 kilos (36,3%) en 20 años, entre 1930 y 1950 (*gráfico 1 del caso*). Las reducciones de la ingesta de alimentos llevaron a que, a finales de la década de 1940, el consumo calórico per cápita cayese a 2.180 kilocalorías (*gráfico 2 del caso*) quedando muy por debajo del nivel mínimo requerido por las necesidades cotidianas, es decir, sumiendo a gran parte de la población española en el hambre y en un grave estado de desnutrición.

3. ¿Cuáles cree que fueron las razones de los problemas sufridos por la panificadora entre 1952 y 1964? ¿Qué importancia atribuye a factores externos como la regulación, la competencia y la tendencia del consumo de pan, y a otros factores vinculados a los fundadores de la nueva compañía? ¿Cuál cree que debió ser la estrategia adoptada para superar la crisis?

La evolución de la panificadora debió ser más positiva, pues el monopolio de la venta de pan la facultaba en sus inicios para disfrutar temporalmente de ventaja para explotar el crecimiento de la demanda per cápita y agregada de pan, que estaba eclosionando, tras haber tocado fondo a finales del anterior decenio.

El consumo per cápita de pan se estaba recuperando y se situó en 126 kilos en 1958 lo que significó un aumento del 24% en apenas ocho años, y siguió creciendo en los tres años siguientes hasta quedar en 146 kilos en 1961 (*gráfico 1 del caso*). La recuperación del consumo per cápita de pan obedecía sobre todo a dos factores:

- El cambio de ciclo de la economía española desde principios de la década de 1950, el cual facilitó que los salarios nominales consiguiesen avances significativos más que duplicándose entre 1950 y 1958 y casi quintuplicándose entre 1950 y 1964 (*Anexo II*). Aunque una parte sustancial de la ganancia de capacidad adquisitiva nominal se disipó por el efecto inflacionario general y por el crecimiento del precio del pan que subió un 50% hasta 1958, el salario real logró un aumento sustancial.
- Las disposiciones liberalizadoras de 1952 de la producción y el comercio de trigo y harina, que permitieron recuperar la obtención de excedentes de ambos bienes tras dos décadas deficitarias (*Anexo III*), y su libre disponibilidad por las panaderías. El mercado potencial de la panificadora se vio igualmente incrementado al reducirse las barreras de entrada en otros mercados locales.

La demanda agregada de pan debió crecer aún en mayor medida impulsada no sólo por el aumento del consumo per cápita sino por el crecimiento demográfico (*Anexo I*). La población española empezó a aumentar con mayor rapidez ya en los años 50, cuando se amplió en 2,4 millones de personas (frente a 2,1 en el decenio anterior). El resultado fue un rebrote espectacular del mercado de pan, que se situó en 1958 de nuevo en los 3,8 millones de toneladas, con un aumento del 32% en el decenio. Aún más intenso fue el crecimiento del mercado entre 1958 y 1961 pues alcanzó el récord histórico de 4,5 millones de toneladas tras subir casi un 20% en apenas tres años (*Anexo VIII*).

La industria panadera progresó de forma apreciable empujada por esta creciente demanda y por la mejora adicional de su marco regulatorio. La liberalización de precios, que pasaron de estar regulados a ser autorizados, facilitó que prácticamente se duplicasen en ocho años (1950-58) y que siguiesen actualizándose anualmente avanzando así otro 15% en el siguiente quinquenio (1958-63). A pesar del crecimiento de sus costes salariales directos, las panaderías empezaron a entrar desde principios de los años 50 en zona de beneficios.

El margen precio del pan-coste de la harina, que había sido negativo o prácticamente nulo durante toda la posguerra, trocó en positivo en 1952 y entró en una senda creciente que lo llevó hasta 1,2 y 1,4 pesetas por kilo en 1958 y 1963 respectivamente (*Anexo II*).

La incapacidad de Antonio para reorientar el rumbo de la panificadora recién creada, pese al favorable viento que soplaba de una economía española y una industria liberalizadas y en pleno proceso de expansión, sugería pues que el nuevo negocio tenía problemas específicos que no estaban relacionados con la bonanza del entorno ni con la dinámica competitiva de la industria panadera. Cuando una empresa es incapaz de alcanzar la rentabilidad dentro de una industria que exhibe márgenes de beneficios crecientes, como la sucedía a la panificadora durante la década de 1950, es un serio aviso de que probablemente sufre problemas de capacidad de gestión y/o de modelo de negocio.

El nuevo modelo de negocio desarrollado por la compañía *Juan, Moratal y Cía.* seguía la estela de las panificadoras industriales ya conocidas. Aunque la concentración de la producción debió generar economías de escala en producción y comercialización, el alcance de un volumen de ventas significativamente superior era un factor de mayor complejidad que precisaba de nuevas habilidades que estaban ausentes en el proyecto. La nueva empresa nació con algunas debilidades en su diseño y en su dotación de los recursos y capacidades que exigía una empresa industrial como es una panificadora, y que impidieron explotar las oportunidades que la recuperación económica ofrecía y protegerse de las amenazas que la liberalización trajo consigo.

Los primeros errores de diseño nacieron debido al tiempo que transcurrió desde que Antonio decidió remodelarlo (probablemente durante la segunda mitad de los años 40) hasta que la nueva sociedad se hizo efectiva en 1952. Durante este lapso temporal, muchas cosas cambiaron en los mercados de factores, en el nivel de renta y en las pautas alimentarias de los españoles, así como en la situación de los mercados del pan, que condicionaron la viabilidad del giro estratégico de la nueva panificadora.

En primer lugar, la rentabilidad de la producción industrial de pan depende de lograr unas economías de escala en producción y comercialización asociadas al volumen. Las panificadoras industriales que estaban triunfando en Europa desarrollaron con este fin auténticas plantas productivas equipadas con las tecnologías más avanzadas de la época e instauraron procesos que incorporaban los descubrimientos más recientes en fermentación y horneado. El caso español más exitoso, la Compañía Viguesa de Panificación, siguió la misma estrategia. En cambio, *Juan, Moratal y Cía.* partió con tres primitivos hornos de leña, y aunque añadió pronto otros dos hornos seguían siendo equipos alejados de la última generación tecnológica. La escasez de capital debió ser una restricción clave para frenar la modernización de la producción de la nueva panificadora y el aumento de su volumen hasta alcanzar economías de escala relevantes.

Dada su incipiente mecanización, la panificadora se vio obligada a suplir capital por trabajo para incrementar la producción, lo que la convirtió en una empresa altamente intensiva en factor trabajo. Su eficiencia ya no dependía sólo del volumen, sino de mantener unos bajos costes laborales. Sin embargo, el amplio margen que las panaderías habían disfrutado para extraer rentabilidad de sus trabajadores empezó a estrecharse en 1946 tras la aprobación de la nueva legislación laboral para las empresas de panadería, que ocasionó un crecimiento sustancial de sus costes laborales. El coste salarial medio nominal (incluyendo aportaciones sociales) de los oficiales de panadería se duplicó en un solo año (1946) tras la aprobación del nuevo reglamento del trabajo del sector, y aumentó en otro 52% entre 1946 y 1958. El coste salarial directo por hora en el caso de los trabajadores panaderos cualificados no creció tanto, pero sí se dispararon las cargas sociales sobre el trabajo. El aumento de las retribuciones y las cargas sociales volvió a dar un salto entre 1958 y 1963 aumentando en un 53% (*Anexo II*). Este encarecimiento del factor trabajo repercutiría seriamente sobre la cuenta de resultados de la panificadora, por su mayor intensidad en factor trabajo respecto tanto a las panaderías artesanales tradicionales como frente a las grandes panificadoras industriales totalmente mecanizadas. De hecho, como indica el *Anexo IV*, los costes laborales eran significativamente inferiores en las panaderías totalmente mecanizadas.

La panificadora no sólo se enfrentaba a un importante crecimiento de sus costes directos, sino que también arrostraba problemas relevantes en el comportamiento de la competencia y del consumidor, factores todos ellos que presionaban por recortar aún más su valor añadido. Las nuevas circunstancias surgieron con el fin del racionamiento. La subsiguiente liberalización de la producción y distribución de pan condujo pronto al crecimiento de la competencia de las nuevas panaderías, unas montadas incluso por antiguos operarios de la empresa en su mismo pueblo de nacimiento y otras tahonas nuevas que fueron surgiendo por los pueblos de la comarca, que vendían el pan recién hecho y con una calidad superior al producido industrialmente. A ellos se fueron uniendo panificadoras industriales cada vez más modernas con un coste unitario mucho menor por su mayor mecanización y escala productiva.

El negocio de bollería y pastelería tampoco aportaba resultados positivos destacados. El caso describe la deficiente política de precios que imperaba en la empresa y que afectaba sobre todo a esta categoría, pues los precios del pan tras haber sido regulados seguían siendo autorizados y por ello variaban dentro de franjas preestablecidas. En estas circunstancias en las que ninguno de los dos negocios en cartera exhibían resultados satisfactorios, la empresa podía tener serios problemas para mejorar su rentabilidad y su crecimiento con estrategias competitivas y con estrategias de desarrollo orientadas al crecimiento. La empresa precisaba de un cambio estratégico de alcance, aunque previamente exigía de una estrategia de reestructuración.[1] Dentro de esta categoría se incluyen la estrategia de saneamiento y la estrategia de reestructuración de la cartera de negocios, aunque ambas pueden ir unidas en una secuencia temporal dada.

1 Véase Guerras y Navas (2022: 343-347).

La primera alternativa era la estrategia de reestructuración de la cartera de negocios. Esta opción es la recomendada teóricamente cuando los problemas de la empresa se encuentran, no en un solo negocio, sino en una cartera de negocios desequilibrada por algún motivo que obliga a su redefinición. El resultado inmediato de una reestructuración de la cartera es le redefinición del campo de actividad por abandono / desinversión en una de las actividades que incluía. Los motivos que justifican una acción de este tipo son una sobrediversificación, problemas de agencia, proliferación de formas de cooperación y la aparición de importantes competidores en los negocios centrales. Ninguna de estas razones se observaba en el caso en el momento en que está planteado. Luego esta alternativa no era la primera opción y en todo caso la desinversión debería prologarse de un saneamiento.

La estrategia de saneamiento surge como una alternativa apropiada cuando alguno de los negocios de la empresa no responde de forma persistente a las expectativas en él depositadas, obligando a la dirección a plantearse la posibilidad de recuperarlo saneándolo previamente. Las causas más normales que conducen a esta situación suelen residir en:

— Cambios estructurales de la demanda. Entre los motivos de la pérdida de atractivo de un negocio para los competidores ya instalados se encuentra la desaparición de barreras de entrada. Fue la circunstancia del caso, pues la empresa había nacido para explotar los beneficios de la concesión monopólica impuesta tras la guerra civil, pero nada más nacer se encontró con la liberalización de la apertura de obradores abriendo así la industria a una mayor competencia.

— Una dirección poco eficiente. La incapacidad del equipo directivo para hacer rentable un negocio suele emanar de falta de experiencia en gestión, entre otros factores. Era el caso de la empresa, pues Antonio adolecía de falta de inexperiencia en la gestión de una empresa industrial de panificación, lo que imposibilitó explotar la ventaja temporal que el monopolio había concedido.

— Desequilibrios financieros. Pueden derivar de un elevado endeudamiento que lastra la obtención de márgenes positivos; de altos costes propiciados por la falta de control de los costes directos debido a una baja productividad o a la incapacidad para generar economías de escala; y de precios mal definidos. En el caso a estudio, aparecen los dos últimos motivos: una mecanización insuficiente que obstaculiza el logro de rendimientos crecientes obligando a una mayor intensidad de trabajo con costes altos por su baja productividad; y los errores en la fijación de precios que impedían su cobertura de los costes directos.

Este diagnóstico permitiría focalizar las actuaciones de saneamiento a desarrollar para erradicar aquellos motivos al alcance de la empresa. En el caso de Victoria, tras acceder al negocio en 1962, su trabajo inicial se enfocó precisamente en subsanar los errores de gestión más graves mediante la puesta en orden de procesos hasta entonces poco o mal estructurados, el control de costes y una mejor definición de precios. Estas medidas pudieron restaurar el equilibrio financiero, pero su contribución a la mejora de la posición competitiva y al desarrollo futuro de la empresa en el nuevo entorno de la industria que surgió de los cambios estructurales de la demanda era nulo. Sin embargo, la subsanación plena del desequilibrio financiero y competitivo precisaba de un sustancial aumento de la productividad, con cambios tecnológicos (incluyendo la renovación de equipos) y organizativos que el caso no describe, dando pie a pensar que no se introdujeron.

El caso describe una situación habitual en procesos de saneamiento en los que los directivos no analizan en toda su complejidad las causas reales de los malos resultados, y por ello se centran en decisiones que pueden resolver los desequilibrios a corto plazo, pero no afrontan el problema fundamental a medio y largo plazo: generar una ventaja competitiva sostenible. Una consecuencia frecuente de este orden de cosas es el rebrote de los malos resultados, especialmente si las causas originales de problemas reaparecen (como sucedió en el caso con el aumento exponencial de la competencia y de los costes directos). La falta de elementos de diferenciación que *Juan y Juan* soportaba en 1964 hacía que cualquier intento de crecimiento estuviese asentado en bases poco firmes. Esta es la razón de que entre 1962 y 1964 los resultados de la empresa no mejoraran lo suficiente para convencer a Victoria del atractivo de la panadería.

4. ¿Cree que el abandono de la panadería en 1964 fue una decisión estratégicamente correcta a la luz de la información disponible entonces? ¿Cuáles fueron los costes de salida? ¿Cómo se explica esta decisión en un momento en el que lo habitual era precisamente lo contrario, es decir, la entrada creciente de competidores en esta industria? ¿Realmente tenía acceso a mercados masivos considerando su localización y sus principios de inversión? ¿Podría cuantificar el volumen de su mercado potencial con la tecnología de producción de que disponía?

Desarrolle sus respuestas con un análisis minucioso del atractivo de las distintas industrias de productos horneados a partir de la evolución de la demanda per cápita y agregada, de los cambios en las preferencias alimenticias, de las expectativas de rentabilidad y crecimiento de cada industria y de las propias políticas y valores de la compañía.

El contexto de la industria de alimentos horneados en España hacia 1964: su atractivo estratégico

El diseño inicial del campo de actividad de la empresa estaba centrado en la industria del pan, mientras que la bollería y pastelería se visualizaba como un complemento para optimizar el uso de la capacidad productiva y el tiempo de trabajo de los empleados. Cambiar este enfoque corporativo prescindiendo de la que era la principal actividad con diferencia era una difícil decisión de estrategia corporativa, que implicaba fiar el futuro de la empresa a otra actividad hasta entonces secundaria prescindiendo de aquella que había sido su oficio y en la que más experiencia se había acumulado.

Por tanto, en la decisión debían manejarse indicadores que reflejaran el impacto en la creación de valor, como sostiene la teoría estratégica. Una decisión estratégica de este calado, que implicaba entrar en un negocio completamente distinto con sensibles diferencias en los productos elaborados, en algunos de los procesos y en la reglamentación técnico-sanitaria a cumplir, como se aprecia en sus normas de calidad vigentes, requería también comprender la naturaleza y la dinámica de las industrias entre las que escoger.

Si la visión que Victoria y Antonio se habían establecido al tomar el control de Juan y Juan, SRC a principios de los años 60 era forjar un proyecto empresarial capaz de superar las barreras del mercado comarcal, el análisis del acierto de la decisión en 1964 de abandonar la panadería para concentrarse en bollería y pastelería debía evaluar su aportación a un crecimiento de la empresa más intenso y sostenido que el que hubiese alcanzado manteniéndose también en la producción de pan.

Hacia 1964, cuando Victoria empezó a cuestionarse si la panadería seguía siendo una actividad con el atractivo suficiente para seguir en ella, el diagnóstico estaba plagado de incertidumbres. Aunque ya estaban apareciendo los primeros síntomas de un cambio de tendencia en el consumo alimentario, la interpretación en tiempo real de las tendencias en la demanda de los distintos tipos de alimentos era compleja.

En una primera lectura basada en el análisis de la trayectoria reciente del mercado del pan, el atractivo de la industria de productos horneados parecía haberse ensanchado desde la primera postguerra. La liberalización había traído consigo mercados más libres en los que todo tipo de pan podía venderse libremente. Como era de esperar, esta desregulación fue acompañada de una expansión de la demanda. Así fue durante buena parte de la década de 1950, en la que subieron el consumo tanto de trigo y harina (*Anexo I*) como de pan. En concreto, entre 1950 y 1961 el consumo per cápita de pan subió de 102 a 146 kilos /año, es decir, un aumento del 43% en apenas 11 años (*gráfico 1 del caso*). La demanda total de pan siguió una senda ascendente más acusada todavía gracias al empuje del crecimiento demográfico, alcanzando su máximo en 1961 con casi 4,5 millones de toneladas tras aumentar un 57% desde 1950 (*Anexo VIII*). Es más, el mejor ajuste de la tendencia estadística latente en la serie de datos de consumo de pan a lo largo del siglo XX hasta 1964, con una fiabilidad del 71,2%, predecía una curva convexa en la que la tendencia decreciente registrada desde principios de siglo se invertía desde el mínimo registrado en 1949-50 anunciando una recuperación de la demanda a medida que la economía española se liberalizaba y modernizaba (*gráfico 8 de la nota*). Por tanto, la previsión más probable era que la demanda de pan siguiese aumentando al menos en el corto plazo y en consecuencia abandonar su elaboración parecía un sinsentido estratégico.

Gráfico 8. Tendencia previsible del consumo anual per cápita en kilos de pan en España a partir de la serie 1550-1964.

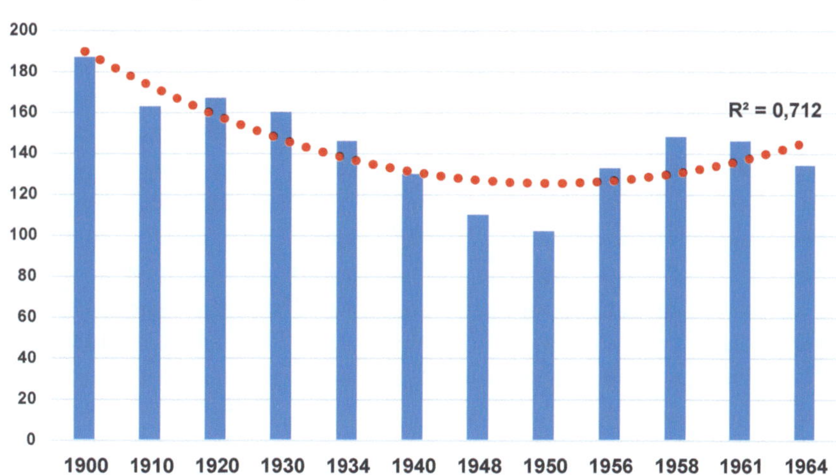

Sin embargo, a principios de los años 60 un análisis más completo y minucioso de la situación permitía advertir mejor los procesos de cambio del patrón nutricional que estaban sucediéndose ya desde la década anterior. Las observaciones oportunas de sus efectos sobre la composición de la dieta y la distribución del presupuesto para alimentación eran las siguientes:

— La economía española, tras el marasmo vivido entre 1936 y 1949, regresó en 1961 a un nivel de consumo per cápita de pan (146 kilos anuales) que ya había tenido en dos momentos del último siglo (1865 y 1934), pero con tendencias muy distintas relacionadas con dos transiciones nutricionales distintas (*Anexos V y VI*). En 1865, España sobrepasaba el nivel de consumo per cápita de 146 kilos anuales dentro de una senda de aumento del consumo de pan que mantuvo hasta 1900, para luego entrar en un periodo de estabilidad hasta 1930. La primera transición nutricional, basada en el aumento de la producción agraria y del nivel de vida, parecía haber llegado a su madurez. Fue el momento en que España, con una capacidad adquisitiva incrementada, amagó con entrar en una segunda transición nutricional en la que el consumo per cápita de pan inició un camino descendente hasta quedar en 1934 en 146 kilos anuales. La guerra civil y la postguerra rompieron este proceso de cambio nutricional durante 25 años, pero con la recuperación económica en 1961 se volvió al nivel de los 146 kilos, retomando el curso de la historia y reanudando así el proceso de cambio nutricional según los patrones occidentales.

— De acuerdo con la teoría del cambio nutricional (*Anexo VII*), durante la década de 1950 se habría revivido una primera transición nutricional en la que la demanda de pan creció con la capacidad de compra. Si los salarios reales subían significativamente, la demanda de pan lo haría con igual fuerza pero en menor proporción, como sucedió entre 1951 y 1958. Mientras que el salario medio en la industria se incrementó un 92% (*Anexo II*), el consumo per cápita de pan lo hizo en un 24% (desde 102 a 126 kilos anuales). La explicación del diferencial de crecimiento residía en que la mejora de la capacidad de compra del consumidor le daba margen para encajar el aumento del coste del pan, aumentar su consumo (así como el de otros alimentos básicos como la patata y las leguminosas, todos ellos bienes con una baja elasticidad-renta) y dejar un mayor presupuesto para el consumo de otros alimentos de origen vegetal como verduras y hortalizas que entre 1950 y 1962 creció en 47 kilos, un 41% (*Anexo VI*). El cambio nutricional también dejó su rastro en la transformación de la estructura del presupuesto familiar para alimentación. El porcentaje entre el precio de la barra de pan de kilo sobre el salario diario cayó entre 1951 y 1958 del 20,6% al 15,5% (*Anexo II*); y al mismo tiempo el peso total de los derivados de cereales dentro de la cesta de la compra de alimentos empezaba a declinar hasta quedar en 1958 en el 18,5%, mientras que el consumo de otros alimentos vegetales ascendía al 13,1% (*Anexo V*).

— Según la teoría del cambio nutricional, era previsible que si la mejora del nivel de vida proseguía durante un tiempo suficiente se entraría en una segunda fase en la que el consumo per cápita de pan empezase a descender significativamente. Así ocurrió efectivamente. Tras el periodo de subida entre 1950 y 1961, la demanda de pan empezó a retroceder con rapidez, con una pérdida de 12 kilos anuales (un 8,2%) sólo en tres años hasta quedar en 134 kilos en 1964 (*gráfico 1 del caso*). El declive del consumo per cápita acabó quebrando la senda ascendente de la demanda total de pan, que desde su máximo de 4,5 millones de toneladas en 1961 entró en una suave evolución a la baja que constriñó el volumen en más de un 5% en los tres años siguientes hasta dejarla en 4,2 millones de toneladas en 1964 (*Anexo VIII*).

— Como era de esperar, este retroceso en el consumo per cápita de pan no fue debido como en otras épocas históricas a hambrunas, sino el efecto de un cambio de la dieta que dejó su huella en la distribución del presupuesto familiar de alimentación. El porcentaje entre el precio de la barra de pan de kilo y el salario diario cayó entre 1958 y 1963 del 15,5% al 8,2% (*Anexo II*). La *Encuesta de Presupuestos Familiares* del INE cifró en 1958 el consumo de alimentos dentro del subgrupo de pan, pasta y cereales (que incluía todos los alimentos derivados de los cereales) en el 18,5% del gasto medio anual per cápita y certificó seis años después su caída al 16,2% (*Anexo V)*, es decir, una disminución de 2,3 puntos porcentuales en apenas seis años.

— Este retroceso del peso de los cereales en el presupuesto familiar tenía su origen en el aumento proporcionalmente mayor del consumo de otros alimentos con una superior elasticidad-renta. La importante mejora de la capacidad de compra dejaba un margen cada vez más amplio para alimentos, sobre todo de origen animal, como pescado, carne, huevos y derivados lácteos cuyo consumo creció con fuerza entre finales de los años 50 y comienzos de los 60, acompañados por el aumento del consumo de frutas. En 1964 el peso de los cereales en el gasto familiar en alimentación, reducido al 16,2%, era superado por primera vez en la historia por el de la carne que alcanzó el 22,6% (*Anexo VI*).

— Otro cambio destacable en la dieta era el crecimiento del consumo per cápita de productos basados en el azúcar y el dulce (incluyendo la confitería), que subió de 9 a 21 kilos (un 133%) entre 1950 y 1962 (*Anexo VI).* Este indicador advertía ya de que la segunda transición nutricional iba acompañada de un consumo al alza de productos cuya necesidad no era tanto nutritiva como hedonista.

— Además del atractivo de su mercado en volumen, la industria panadera ofrecía aún elevadas posibilidades para alcanzar rentabilidades excepcionales. Gracias a la contención del precio de la harina (su principal materia prima y fuente de coste), el margen bruto de beneficio por barra osciló alrededor del 16,5% entre 1958 y 1963, superando los niveles máximos obtenidos en todo el siglo (cerca del 10% en 1936) (*Anexo II*).

En esta línea, debía advertirse también el diferencial en el consumo de los distintos tipos de alimentos incluidos en el *bakery*. El mercado de bollería y pastelería, a mediados de los años 60, estaba en España apenas arrancando y por tanto el volumen de su demanda era muy inferior al de pan que en volumen seguía siendo unas 66 veces mayor; la ingesta media anual de pan frente a la de bollos y pasteles era de 134,5 y 2 kilos por persona. En tamaño absoluto, el mercado de pan superaba los 4,2 millones de toneladas mientras que el de bollos y pasteles se quedaba en 64.419 toneladas (*Anexos VIII y X*).

El consumo de pan suponía todavía el 84,4% de la ingesta diaria de cereales, frente al 2,7% procedente de la bollería y la pastelería. La diferencia en valor era menor debido al menor precio relativo del pan. Consecuentemente los consumos respectivos eran el 12,3% y el 1,1% del coste medio de la compra alimentaria en 1964, es decir, el consumo de pan tenía en términos monetarios un mercado casi 11 veces mayor que el consumo de galletas, bollos y pasteles (*Anexo IX*).

Juicio de la corrección estratégica de la decisión de abandonar la panadería y de las razones que la explican

Desde luego, se trataba de una decisión arriesgada y con gran incertidumbre. El balance completo de la reflexión anterior sobre los cambios nutricionales y el patrón de consumo de alimentos horneados que cabía esperar en una economía cada vez más industrializada, urbanizada y con creciente nivel de renta, no permitía extraer obtener hacia 1964 una conclusión contundente sobre qué actividad de *bakery* era preferible en el horizonte español de aquel entonces y del futuro inmediato.

El dilema estaba entre proseguir en una industria como la panadera que mantenía un protagonismo importante en la dieta alimentaria española desde hacía siglos, hasta el punto de ser pieza clave de la dieta mediterránea y un componente relevante de la cesta de la compra, en la que si bien el consumo per cápita ya estaba retrocediendo de forma importante y las perspectivas de la demanda total eran declinantes a medio plazo, aún conservaba un mercado de gran tamaño y las expectativas de rentabilidad eran positivas y elevadas; o priorizar el crecimiento en otra actividad que, aunque tuviese ahora un consumo per cápita y una demanda total más bajos, albergara expectativas futuras más alentadoras. El quid de la decisión reposaba pues en acertar al anticipar el curso futuro de la demanda y la rentabilidad de los dos tipos de alimentos horneados.

La previsión más informada que podía elaborar un conocedor de la teoría del cambio nutricional en 1964 era que el consumo per cápita de pan seguiría disminuyendo a un ritmo aún mayor si se mantenía la mejora de la renta real, como así sucedió. Los salarios medios en la industria se multiplicaron por 2,5 entre 1963 y 1971, y siguieron haciéndolo a un ritmo acelerado durante la década de 1970 hasta multiplicarse por 5,6 entre 1971 y 1979 (*Anexo II).* Tal y como predecía la teoría del cambio nutricional, el consumo per cápita anual de pan se desplomó rápidamente ante un crecimiento semejante de la capacidad adquisitiva, cayendo a 88 kilos en 1967 (46 kilos menos que suponen un descenso del 34% en sólo tres años) (*gráfico 1 del caso*) y a menos de 60 kilos en 1989 con un descenso del 56% en 25 años (*gráfico 6 del caso*). El declive del consumo per cápita aceleró la senda descendente de la demanda total de pan ya iniciada en 1964, constriñendo el volumen en casi un 32% en los tres años siguientes hasta dejarla en 2,9 millones de toneladas en 1967, para seguir descendiendo ya a un menor ritmo durante las décadas siguientes (*Anexo VIII*).

Hasta los años 60, para la industria, el pan y la bollería-pastelería habían sido **bienes complementarios** pues facilitaban la oferta de una gama completa con importantes sinergias productivas y comerciales y un aumento de los ingresos. Este cambio facilitó al consumidor la compra de ambos derivados de los cereales en un número creciente de puntos de venta y formatos comerciales. Sin embargo, el comportamiento de la demanda no fue recíproco. Hasta esos momentos, con un nivel de renta per cápita muy bajo, el pan había sido un **bien de primera necesidad**, sin productos sustitutivos, cuya adquisición suponía una parte importante de la renta de las familias. Su elasticidad-renta sería pues baja y por tanto su demanda seguía creciendo, aunque a un ritmo inferior al que lo hacía la renta de los consumidores. El avance económico impulsado por el Plan de Estabilización de 1959 alteró radicalmente esta situación. España empezaba a disfrutar de un incremento de renta per cápita que estimuló el deterioro de la condición de bien de primera necesidad del pan, que empezó a transformarse en un **bien inferior**, es decir, aquel cuya demanda disminuye a medida que la renta de los consumidores crece, debido al cambio de sus preferencias alimenticias y a disponer de presupuesto para satisfacerlas. El pan fue bajando su peso en la cesta de la compra de alimentos, en favor de otros **bienes superiores** como carnes, pescados y productos frescos; e incluso de un consumo creciente de alimentos no básicos como son los de bollería y pastelería. Por tanto, "a medida que aumenta el nivel de vida, el pan ha dejado de ser un alimento principal para convertirse en uno complementario" (Graves, 1998: 41). La condición general de **bienes complementarios** del pan y los bollos y pasteles encontró una excepción en algunos productos de bollería que desplazaron el consumo de pan para algunas funciones, como desayunos y meriendas, convirtiéndose así en **bienes sustitutivos**.

El análisis de los productos horneados permite comprender mejor el cambio de la dieta manifestado en el periodo 1958-64, pues revela que son productos distintos y por ende su análisis no puede hacerse de forma agregada. Es decir, la caída global del consumo de alimentos derivados horneados de los cereales no significaba nada ante el carácter diferencial de cada tipo de alimento y los comportamientos desemejantes que cabía esperar de ello. El potencial de crecimiento de la bollería y la pastelería era mucho mayor, pues estos productos como bienes superiores encajaban perfectamente con el gusto creciente por alimentos elegidos por motivos de placer y que, además, podían servir como sustitutos del pan (bien inferior) en ciertas comidas como el almuerzo o la merienda (bienes sustitutivos). Según la *Encuesta de Presupuestos Familiares* del INE, el consumo en volumen per cápita diario de galletas y bollería se habría duplicado prácticamente entre 1964 y 1981, pasando desde 4,4 a 8,5 kilos anuales; alcanzando los 10 kilos a finales de la década multiplicándose por tanto por 2,3 en el curso de apenas 25 años. Dentro de esta categoría de alimentos, el consumo per cápita de bollería y pastelería creció también de forma significativa pasando de 2 a 2,6 kilos entre 1964 y 1981, acelerando su crecimiento entre 1981 y 1989 para llegar este último año a los 4,8 kilos, con aumentos del 28,6% y 132,1% respectivamente *(gráfico 6 del caso)*.

El resultado final fue que en apenas una década (1964-74), el peso del pan en el presupuesto familiar para alimentación cayó del 12,3% al 5,9% (con una disminución del 52%), mientras que el consumo de bollería, pastelería y galletería subió del 1,1% al 2,4% más que duplicándose (*gráfico 6 del caso*). La evolución de la demanda nacional reflejaba pues una aparente revolución en los hábitos nutricionales de la población española, en la cual los productos de bollería y pastelería ganaron peso en el consumo, mientras que el pan perdió demanda de forma continua.

Sin embargo, incluso tras estos descensos, el mercado del pan siguió manteniendo una escala significativamente mayor a la del mercado de bollería y pastelería. Un cuarto de siglo después de dejar el negocio panadero, el mercado de este alimento seguía siendo 12 veces mayor en volumen al mercado de bollería y pastelería (*gráfico 6 del caso y gráfico 9 de la nota*). Al finalizar el siglo XX, el mercado del pan multiplicaba aún al de bollería y pastelería por casi 12 veces en volumen y por más de 5 en valor (*Anexo X*). Además del atractivo de su mercado por tamaño, la industria panadera acrecentó sus oportunidades para alcanzar rentabilidades excepcionales. La contención del precio de la harina en relación al precio del pan durante las décadas de 1960 y 1970 permitió que el margen de la panadería casi se cuadruplicara en la década de 1960 y llegara a multiplicarse por cinco en la siguiente (*Anexo II*). Esta fue la razón fundamental del incremento de la competencia en la industria.

En conclusión, la decisión de abandonar la panadería incumplía el criterio de conveniencia porque obstaculizaba el ajuste estratégico al contexto que se estaba formando en la economía española en los años 60, y que en absoluto desaconsejaba la panadería como actividad con futuro. Mantener el diseño inicial diversificado del campo de actividad tenía además la ventaja de generar sinergias productivas y comerciales.

Gráfico 9. Consumo de panadería y bollería en España, en toneladas, 1964-2021.

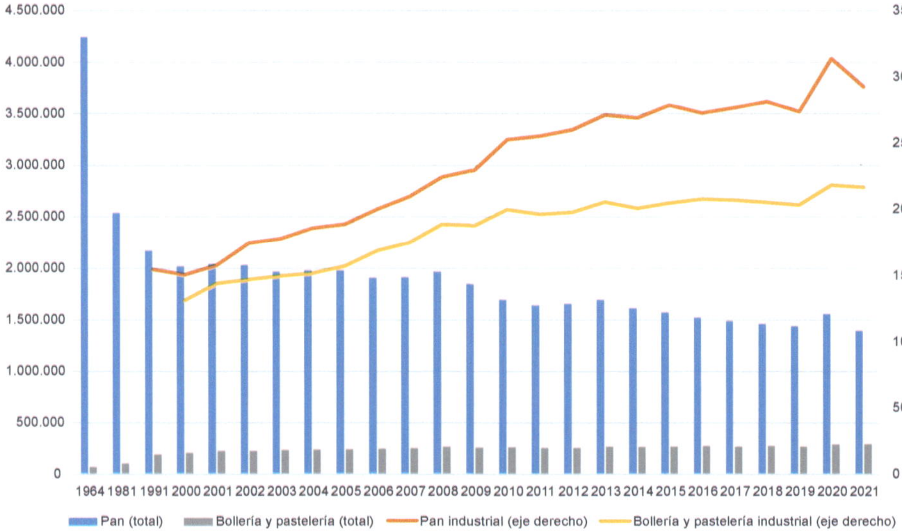

Pan (total) — Bollería y pastelería (total) — Pan industrial (eje derecho) — Bollería y pastelería industrial (eje derecho)

Fuente: MAPA

Es más, la inconveniencia de la decisión de abandonar la producción de pan en base al atractivo de su demanda se refuerza si se considera la evolución no del consumo total de pan sino del mercado del pan industrial que era en el que la empresa estaba presente. La evolución a la baja del consumo de pan obedecería desde entonces a la caída del pan artesanal, mientras que el del pan industrial registraría un crecimiento importante. El mercado anual de pan industrial, prácticamente inexistente en 1964, alcanzó las 136.800 toneladas en 1991 y para 2012 se había doblado prácticamente hasta situarse en casi 260.000 toneladas superando ya en volumen al mercado total de bollería y pastelería. El atractivo por volumen del mercado del pan industrial era más notorio si se comparaba con el mercado de bollería y pastelería industrial, que era en el que realmente iba a competir la empresa, y al que ya superaba en escala desde los años 80 y al que ha seguido superando hasta la actualidad. La tendencia creciente casi continua del mercado de pan industrial en las seis últimas décadas tenía un ritmo superior al del mercado de bollos y pasteles industrial, siendo las CAGR respectivas del 3.08% y 2,33% respectivamente (periodo 2000-2021). Mientras que la distancia entre el tamaño global de los mercados de panadería y bollería-pastelería se ha ido reduciendo (por la caída del primero), la diferencia entre los mercados industriales de ambas categorías de productos horneados se ha ido ensanchando desde los años 60 por el ritmo de crecimiento superior del primero (*Anexos VIII y X, gráfico 9 de esta nota*).

Una segunda condición para que una empresa pudiese competir con éxito en esta actividad según el modelo industrial era que poseyera los recursos y capacidades necesarios para competir eficazmente. Para recomponer la competitividad de la empresa y aumentar su capacidad de crecer y de generar rentas económicas, necesitaba solventar la desventaja en costes que suponía mantener una panificadora industrial poco mecanizada e intensiva en factor trabajo, cuando los costes salariales en el negocio empezaban a crecer de forma significativa en el coste total del pan. El salario medio diario de un trabajador cualificado en panadería alcanzaba ya en 1963 las 77,09 pesetas, un 53% más que en 1958 (*Anexo II*). *Juan y Juan, SRC* precisaba pues resolver el problema de la obsolescencia tecnológica del sistema productivo y aumentar su escala de producción. De ahí que el *Plan de Desarrollo de España 1964* apuntara la necesidad de una reestructuración hacia la panadería industrial por considerar excesiva la fragmentación de la oferta de panadería artesanal.

Dentro de los retos tecnológicos que la empresa debía enfrentar como panificadora industrial, la modernización técnica del proceso de fermentación se erigió como una barrera aparentemente insalvable. Antonio había centrado precisamente su trabajo en los problemas que planteaba la gestión de los procesos de panificación, y en concreto el control de la fermentación, pero sin demasiado éxito pues echaba a perder con frecuencia hornadas completas. Pero este problema había sido ya salvado en las panificadoras europeas con las nuevas levaduras que no precisaban refrigeración y se activaban rápidamente en presencia de agua, patentadas en Estados Unidos en 1876 (patente Active Dry Yeast o de levadura seca activa, aún usada hoy en día). La tecnología de control de la humedad durante el horneado con la cámara eléctrica de fermentación, que vio la luz en la década de 1930 en Alemania, fue otra innovación decisiva pues facilitaba sacar la hornada de pan a la hora deseada, y también detener el proceso de fermentación y reemprenderlo cuando se desease, soslayando así la vieja necesidad del trabajo nocturno y permitiendo por primera vez un genuino control de la producción. A estos medios técnicos se agregó en 1961 el proceso de panificación *Chorleywood Bread Process*, que permitía elaborar pan industrial a gran rapidez debido a las veloces fermentaciones que realizaba (del orden de los 20 minutos).

Para que a la empresa le resultara rentable permanecer en el negocio panadero, debía pues reunir las capacidades tecnológicas y cognitivas que eran necesarias para gestionar bien los procesos y no sufrir desventajas competitivas en costes. Pero la empresa no disponía de los recursos y capacidades necesarios para seguir compitiendo en el negocio panadero. Por tanto, la decisión de abandonarla satisfacía el criterio de viabilidad.

La competencia que estaba creciendo en los grandes núcleos urbanos atraída por las elevadas necesidades de consumo de una población en incesante aumento era aún más preocupante porque seguía el modelo de las grandes panificadoras europeas, cuyo modelo industrial se basada en un importante cambio tecnológico propiciado por la electrificación de las diferentes fases de la cadena de valor del pan, que había abierto las puertas a nuevos métodos de producción alejados de las costumbres ancestrales y sin cuya adopción la competencia a gran escala era utópica. La competitividad de la panadería industrial demandaba incorporar el caudal de innovaciones tecnológicas en mecánica y química.

Por tanto, la rivalidad en la industria panadera obligaba a un importante cambio tecnológico que exigía una importante inversión de capital en capacidad productiva y tecnología. Sin esta inyección de capital, los serios problemas de carácter productivo y tecnológico (como el de la fermentación) que la empresa arrastraba eran imposibles de resolver. Esta alternativa presentaba un alto riesgo económico pues conducía a la competencia directa con las empresas panificadoras más avanzadas; y requería la disponibilidad de nuevas capacidades técnicas y humanas de incierta obtención en el entorno en que la empresa operaba entonces. Era además una opción aún más arriesgada financieramente, por exigir un volumen de capital significativamente superior que podía obligar a un endeudamiento importante.

El problema era que Victoria y Antonio no tenían ni deseaban obtener prestado el capital necesario para la inversión, pues ya entonces asumieron como principio la autofinanciación y rehusaron el crecimiento apalancado. La renuencia a cambiar sus principios y a aceptar el crecimiento apalancado y la descentralización productiva, que exigían la inversión para la producción a gran escala y la ampliación del mercado potencial respectivamente, trababan las necesarias inversiones para hacer viable la continuidad en el negocio panadero. El criterio de aceptabilidad justificaba pues el abandono del negocio panadero porque la solución necesaria para garantizar la viabilidad de la empresa en esta industria no encajaba con las expectativas del principal grupo de interés entonces, la familia Juan. Además, el abandono de la panadería se veía facilitado por la inexistencia de **costes de salida**, dado que las instalaciones y el equipamiento eran polivalentes y servían igualmente para fabricar bollería y pastelería.

Por tanto, según la teoría de la decisión estratégica, la decisión estaba justificada. Aunque el mantenimiento de la actividad panadera era conveniente según las perspectivas de mercado, no era viable por el déficit de recursos y capacidades exigidos por el modelo de producción industrial, ni era aceptable la inversión de capital a acometer para solventar tal desventaja según la visión del negocio poseída por la primera generación.

El mercado de bollería y pastelería abría expectativas de mayor aumento de la demanda y de que el diferencial respecto al consumo de pan se iría ampliando con el desarrollo económico y el aumento del nivel de renta. Tampoco presentaba desventajas para el crecimiento derivadas de una mayor rivalidad. Al igual que en la panadería industrial, a principios de los años 60 ya existía un gran número de especialistas en los distintos segmentos y, por encima de ellos, varias compañías líderes de gran dimensión, con marcas reconocidas y con una oferta de productos muy atractiva. Pero el volumen esperado del mercado, así como la diversidad de productos que requeriría, justificaban la fe en la existencia de oportunidades para un número mayor de competidores.

La decisión de abandonar la panadería y proseguir en la bollería y la pastelería implicaba admitir tácitamente que en esta segunda actividad los problemas de viabilidad y aceptabilidad no se producirían. La opción de focalizarse en la actividad de bollería-pastelería, según esperaban Victoria y Antonio, era una alternativa menos arriesgada pues creían que su complejidad tecnológica era menor y que requeriría una menor inversión de capital. Sin embargo, pronto comprendieron que la complejidad tecnológica de los procesos tampoco presentaba diferencias relevantes que justificaran su preferencia. La bollería y pastelería industriales ofrecían una ventaja técnica respecto a la panadería industrial cual era la mayor facilidad para la distribución de sus productos a grandes distancias, el principal problema que preocupaba a Victoria. Al ser embolsados, permitían un transporte más sencillo, una conservación más prolongada y un periodo de consumo mayor que redundaba en menores costes de retirada de hornadas caducadas. Otra era que permitían soslayar los problemas técnicos de la fermentación del pan que habían angustiado a Antonio. Sin embargo, al igual que en panadería, en la década de 1960 la bollería y pastelería a escala industrial eran ya negocios de volumen que requerían tecnología punta, y por tanto el desarrollo de nuevas capacidades tecnológicas y productivas y una elevada inversión de capital. Por tanto, la prevención inicial de la familia Juan hacia elevadas inversiones de capital tuvo que abandonarse de todos modos.

Pese a este error de apreciación, *Juan y Juan, SRC* pudo sobrellevar en una primera etapa (sus 20 primeros años) con éxito el reto de desplegar tales activos haciendo viable su crecimiento en el negocio de la bollería y pastelería industriales, y además sin endeudar a la familia, cumpliendo así la condición de aceptabilidad. Como se aprecia con los datos de inmovilizado material neto e inversión (*Anexo XVI*), el crecimiento de Vicky Foods en bollería y pastelería exigió una inversión importante que hasta 2002 (es decir, hasta el año antes de regresar al pan) ascendía a 49,4 millones de euros y que era significativamente mayor teniendo en cuenta que esta cifra descuenta las amortizaciones practicadas. Sin embargo, esa inmovilización de recursos no precisó de endeudamiento. La deuda financiera en 2002 apenas representaba el 0,54% del inmovilizado material neto y las reservas atesoradas ascendían a 68,4 millones de euros que cubrían perfectamente las necesidades de fondos para la modernización tecnológica y la actualización y expansión de la actividad productiva. Afortunadamente, el rápido crecimiento de *Juan y Juan, S.R.C.* generó unos excedentes financieros que facilitaron la autofinanciación de estas inversiones. La entrada temporal en el capital de otros inversores fue otra inyección financiera que ayudó significativamente.

La aceptabilidad de la bollería y pastelería se reforzaba con su menor regulación. Los problemas asociados a la condición de alimento básico del pan y a la intensa regulación de todo su proceso productivo eran un aliciente importante para la diversificación de la producción hacia actividades menos sensibles socialmente y más desreguladas por no producir alimentos esenciales en la dieta, en las que cabía prever el desarrollo de un mercado más libre donde la creatividad de Victoria podía desplegarse en todo su potencial.

En conclusión, el éxito posterior de Vicky Foods no debe pues atribuirse al abandono de la panadería en 1964, sino al acierto de Vicky en desarrollar productos innovadores en bollería y pastelería. En cualquier caso, en esta decisión se percibía ya la visión estratégica de Victoria, que en lugar de seguir la inveterada tradición de los artesanos de mantenerse fieles a un oficio fuesen cuales fuesen las circunstancias comerciales, adoptó una perspectiva empresarial en la que la elección del negocio era una decisión sujeta a criterios de lógica económica y a la ambición consagrada en una visión de crear un proyecto que superara las barreras locales y comarcales y fuese acorde a sus capacidades de entonces.

5. ¿Tenía Vicky Foods en 1964 otras alternativas para permanecer en la industria panadera? ¿Cuáles cree que fueron las causas de que no fuesen consideradas por la empresa? ¿Juzga estas causas como suficientes para la decisión de salida de la panadería?

Las restricciones que la panadería industrial no envasada soportaba para mantener el flujo regular de producción de pan a gran escala y para distribuirlo en las deseadas condiciones de frescura hacia mercados distantes podían ser salvadas ya a mediados de la década de 1960 por tres procedimientos.

Gráfico 10. Posición de Villalonga dentro de la comarca y la provincia.

Abandonar un negocio con este potencial de ventas y ganancias no parecía una decisión conveniente, a menos que la localización de la empresa la alejara de los focos de gran demanda. El interés del mercado masivo del pan estaba polarizado en las áreas de alta concentración poblacional por ser potentes núcleos urbanos o industriales con un elevado número de potenciales consumidores. Pero *Juan y Juan, S.R.C.* se encontraba con restricciones cada vez mayores para disfrutar del crecimiento de la demanda, dada su localización alejada de los centros urbanos de mayor consumo (*gráfico 10 de esta nota*). La única ciudad relativamente cercana (menos de 12 kilómetros) era Gandía, que a finales de los años 60 no alcanzaba los 42.000 habitantes. Alcoy, con 61.500 habitantes, distaba más de 65 kilómetros. Valencia, con unos 654.000 habitantes, quedaba ya distante en 82,4 kilómetros. Y Alicante, con una población de 181.500 personas, quedaba alejada en más de 115 kilómetros. El mercado potencial del pan accesible por *Juan y Juan, S.R.C.* con la tecnología de que disponía entonces y desde su planta productiva de Villalonga se circunscribía probablemente a la comarca de la Safor cuya población total giraba alrededor de los 88.000 habitantes en la década de 1960 (López Estornell, 1983); por cuya demanda pugnaba un número creciente de competidores locales tanto artesanales como en panificadoras industriales.

La dilatación de este mercado comarcal se veía obstaculizada, no solo por la rivalidad de los competidores locales ya instalados en las comarcas adyacentes, sino por las deficientes vías de comunicación que incrementaban unos costes de transporte cuyo montante podía ser excesivo para el valor del producto horneado y alargaban los tiempos de distribución del pan elaborado desde Villalonga. La distancia en espacio y tiempo planteaba el primer problema que pesaba sobre el futuro de *Juan y Juan, SRC* como panificadora industrial, que era de índole técnica: el relativo a las limitaciones del pan fresco para la distribución a gran escala ante su breve duración para el consumo. Para aprovechar la expansión de la demanda, *Juan y Juan, SRC* debía resolver el problema de asegurar el suministro regular de pan de calidad a mercados cada vez más distantes y no lo consiguió. Para Victoria, este obstáculo, que era consustancial a la naturaleza del pan fresco de producción artesanal y del pan industrial, era el principal cuello de botella para el crecimiento de la empresa, y por consiguiente su principal demérito dada la visión de avanzar hacia un modelo de empresa capaz de crecer a nivel nacional.

No obstante, *Juan y Juan, S.R.C.* hubiese podido afrontar el problema del suministro de pan fresco a mercados distantes con la apertura de nuevos centros de producción más cercanos a las áreas de mayor demanda. Pero esta opción no encajaba con la filosofía de empresa de sus fundadores, que siempre desearon mantener la raigambre local del negocio y derramar riqueza en su origen. Este dato es importante porque trasluce ya el sentido de responsabilidad social que la empresa tuvo desde sus comienzos, plasmado en este caso en su compromiso con el bienestar de la comunidad local. Además, hubiera conllevado un crecimiento importante de la inversión en panadería, que como ya hemos comentado, chocaba igualmente con la escala de valores de la compañía.

Las crecientes reticencias que la producción de pan despertó en el matrimonio de emprendedores a principios de los años 60 les hizo probablemente infravalorar entonces las oportunidades que ofrecía una segunda opción: el pan de molde. Se trataba ya entonces de una alternativa técnicamente viable para conseguir un pan fresco producido industrialmente, pero de larga duración, que era un sustitutivo perfecto del pan industrial común de corta duración. Las perspectivas de crecimiento en su demanda eran excelentes a tenor de lo sabido de su avance en Estados Unidos desde hacía décadas; y del gran éxito de Bimbo en México. Las dudas sobre su aceptación por el consumidor español habían sido volatilizadas por Panrico dos años atrás; y por los planes de Bimbo para entrar en España, lo que hizo en 1965. Ambas compañías se constituyeron rápidamente en las primeras grandes firmas panaderas españolas, gracias a que su producto envasado permitía la venta libre en todo el territorio nacional, desligando su venta de los establecimientos clásicos y colocándolo en supermercados y grandes superficies.

A finales de los años 50 apuntaba también una tercera estrategia para conseguir un pan producido industrialmente que pudiese distribuirse ampliamente sin merma de sus cualidades, que se basaba en las nuevas tecnologías de refrigeración y congelación. El desarrollo de los primeros ensayos de aplicación del frío al pan nada más salir del horno, realizados por las industrias británicas y alemanas más avanzadas tecnológicamente, buscaba precisamente conseguir prolongar el tiempo en que el pan se mantenía fresco. Empezaban así a surgir compañías muy automatizadas en sus procesos, que aplicaban el frío en sus productos centrando su distribución en panaderías, restauración y grandes colectividades. Esta opción tecnológica tenía otro gran atractivo, además de la facilidad de transporte y conservación: engarzaba a la perfección con las formas comerciales que estaban consiguiendo el liderazgo en la distribución alimentaria: supermercados y grandes superficies. La introducción en estos establecimientos de puntos de venta de pan caliente elaborado con rapidez tras el horneado final de las masas congeladas iba a revolucionar la producción y comercialización de pan sustituyendo cada vez más al pan fresco común.

Entre los problemas de estas dos últimas alternativas había que mencionar la necesaria reconversión productiva de unas plantas enfocadas a la producción de pan clásico, y el coste de la inversión que ahora además incluía el precio de la patente. Esta hubiera sido la mayor restricción para la adopción de ellas en 1964, pues precisamente el deseo de no incurrir en elevadas inversiones no autofinanciables era uno de los motivos principales para no continuar en la panadería industrial.

Dado que finalmente la gran inversión tuvo que asumirse por las propias necesidades de la competencia en la bollería y panadería industrial, la no consideración en 1964 de las vías alternativas para mantenerse en la panadería industrial fue una gran oportunidad perdida para Vicky Foods, que reconoció 40 años al volver a este negocio en 2003. Antonio y Victoria no percibieron probablemente estas dos oportunidades tecnológicas, cegados quizás por los problemas técnicos que la alternativa de panificadora industrial presentaba. La empresa tuvo en sus manos la posibilidad de convertirse en un competidor líder en los negocios de pan industrial (como pan de molde o a partir de masas congeladas) justo cuando estos dos nuevos modelos iniciaban su despegue, es decir, como un *first mover*, con las ventajas ya sabidas del jugar primero, quizás sin un diferencial insalvable en inversión de capital.

6. ¿Cómo interpreta la decisión de Grupo Dulcesol de regresar al mercado del pan en 2003? ¿Cuáles cree que fueron sus motivos? ¿Seguían siendo válidos los argumentos que llevaron a abandonar la panadería 40 años atrás? ¿Pudieron surgir otras barreras a la entrada? ¿Cree que la elección del pan industrial de molde y para hamburguesería y *hot dogs* como ámbito para ampliar el catálogo de productos fue la mejor en aquellos momentos?

Apoye sus argumentos en el máximo uso posible de los datos que el caso ofrece sobre la magnitud y tendencias de los mercados de panadería y bollería-pastelería, la transformación de las relaciones de poder en la cadena de distribución y la evolución del grupo en ambas industrias así como sus dinámicas de rentabilidad y crecimiento.

Desde su nacimiento la empresa había practicado una diversificación relacionada controlada con presencia en dos industrias distintas: panadería y bollería-pastelería industrial, El abandono de la panadería en 1964 la había transformado en una firma especializada en bollería y pastelería industrial. Cuatro décadas más tarde, Grupo Dulcesol se había propuesto regresar a su modelo diversificado.

El pan no era solo un producto más, sino que fue la actividad que permitió el despegue industrial de Grupo Dulcesol en 1952. Pero curiosamente la producción industrial de pan fue una fuente de continuos problemas durante el periodo de arranque de la compañía, y fue la entrada en la bollería y la pastelería industrial la decisión que marcó el rumbo para convertirse en un actor relevante de la industria agroalimentaria española. Grupo Dulcesol debió decidir recuperar su actividad primigenia y apostar por convertirla en su área de negocio clave al creer que tenía más capacidades para elaborarlo eficientemente, expandirse y convertir este producto en el pilar principal de su nuevo modelo de negocio.

En las declaraciones públicas de sus responsables, la emprersa se ha limitado cuando explica esta decisión a aludir a la recuperación de una actividad tradicional, pero es obvio que la nostalgia no constituye un driver fiable para una decisión estratégica de esta magnitud. Esta tardía apuesta por el pan como negocio de futuro es controvertida y tenía un caudal de promesas, pero también de problemas, de difícil análisis.

Una razón esencial para este cambio de percepción pudo ser la percepción del atractivo del mercado del pan. El pan ha atraído siempre ante su carácter de alimento universal e insustituible para garantizar la seguridad alimentaria y una ingesta calórica suficiente. Su peso en la cesta de la compra ha generado un mercado de gran tamaño. Aunque el pan ha sido considerado tradicionalmente como un bien básico cuya demanda declina con el aumento de la renta per cápita, existen segmentos emergentes de alto potencial de crecimiento (como los panes funcionales y el pan de molde) que escapan de aquella calificación y empezaban a despuntar en los comienzos de siglo, prometiendo crecimientos a tasas espectaculares.

Hablar de caída del consumo de pan es una simplificación peligrosa, pues dentro de la actividad panadera coexisten dos modelos (el pan artesanal y el pan industrial) con perspectivas de mercado totalmente dispares (*gráfico 11 de esta nota* y *Anexo VIII*). El descenso del consumo general de pan obedece a la disminución de la demanda de pan artesanal iniciada a principios de los años 60 del pasado siglo. En cambio, en menos de tres décadas, hacia 1990, el mercado anual de pan industrial alcanzó las 136.800 toneladas con una CAGR del 55%. Tras este crecimiento explosivo, entre 1990 y 2012 el consumo de pan industrial siguió creciendo, aumentando en este periodo un 26,9% en términos absolutos y alcanzando una CAGR del 1,85%. Este ritmo de crecimiento del mercado era muy superior al experimentado por los productos de bollería y pastelería, que en ese tiempo vieron aumentar su consumo a una CAGR del 1,45% (*Anexo X*).

Seguramente desde su nacimiento, la panadería industria ha gozado de una demanda superior a la bollería y pastelería industrial, que se ha ido acrecentando con el paso del tiempo (*gráfico 12 de esta nota*). Grupo Dulcesol debió pues tomar nota en el curso de los casi 40 años transcurridos desde que abandonó la producción de pan del interés comercial en expansión que el mercado del pan industrial iba adquiriendo.

Gráfico 11. Mercado del pan artesanal e industrial en España en volumen (toneladas métricas), 1990-2021.

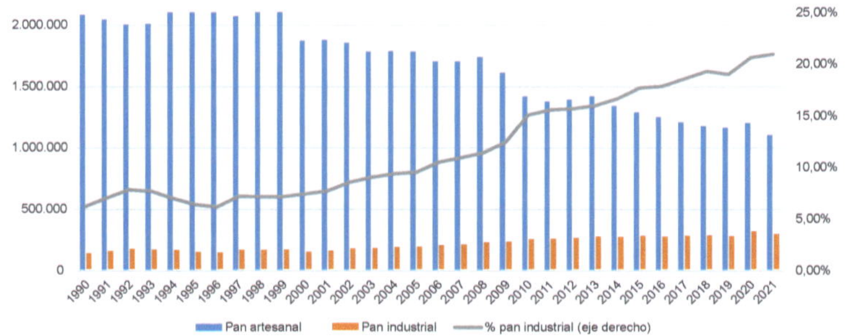

Gráfico 12. Comparación del atractivo de los mercados de panadería y bollería-pastelería en España por valor de las ventas en euros, 1964-2021.

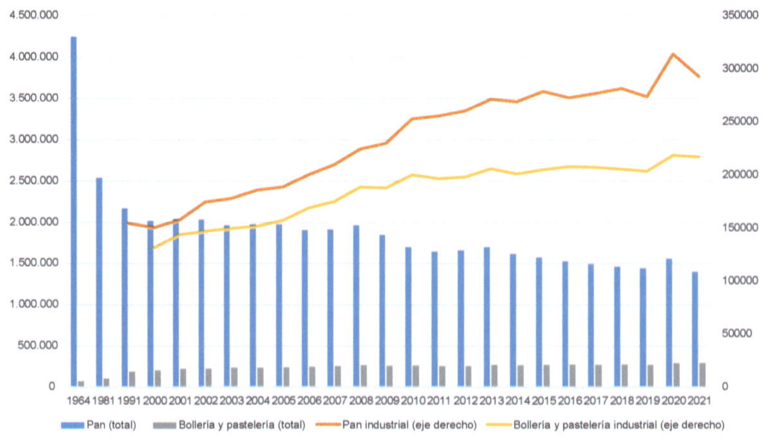

Un segundo motivo para la reentrada en la panadería industrial pudo ser interno : el estancamiento de las ventas de Grupo Dulcesol, en un contexto de la industria de bollería y panadería envasada claramente al alza. Durante la segunda mitad de los años 90, Grupo Dulcesol empezó a encontrar problemas para mantener el ritmo expansivo previo en esta industria. En el quinquenio 1996-2001 las ventas en valor sólo progresaron un 57%, cayendo la CAGR al 7,9%, mientras que el negocio total de la industria solo entre 1999 y 2001 ya subió un 55%. Es más, por primera vez en dos décadas, las ventas en valor cayeron en 2002 un 0,4% y apenas subieron un 3% entre 2001 y 2003, distanciándose de nuevo del comportamiento de la industria que aumentó su negocio en un 8,4% en ese bienio (*Anexos XII y XV*). La causa de este diferencial residía en el estancamiento de precios, que se prolongó durante el quinquenio 2002-2007 (a diferencia del crecimiento medio de la industria que fue del 11,5%).

Los signos de alarma también se plasmaron en la evolución de la rentabilidad tanto en términos absolutos como relativos. Como veremos posteriormente este deterioro de la rentabilidad estuvo condicionado por la apuesta como fabricante de MDD en bollería y pastelería. La rentabilidad de la empresa se vio penalizada por el recorte de los márgenes ocasionado por la competencia entre las cadenas (Juan, 2021: 89). A pesar de que la facturación en esta industria seguía creciendo, aunque a un ritmo menor, los resultados ordinarios antes de impuestos, así como la rentabilidad sobre ventas y la rentabilidad económica, dieron señales de debilitamiento durante la primera década del nuevo siglo, volviendo a situarse los primeros por debajo de los 10 millones de euros, y cayendo el margen sobre ventas por debajo del 8% (nivel desconocido desde una década atrás) y la rentabilidad económica a un nivel (sobre el 11%) no registrado desde hacía más de una década. En definitiva, el negocio de Grupo Dulcesol en esta industria sufrió un castigo sensiblemente superior que hacía interesante explorar nuevas oportunidades de negocio en ámbitos conocidos como la panadería.

Dado que las barreras productivas, tecnológicas y comerciales que Grupo Juan y Juan encontró para proseguir con la panificación industrial en los años 60 habían desaparecido, entrar en este segmento del sector de productos horneados parecía una decisión lógica para Grupo Dulcesol. El grupo era ahora un potente competidor industrial, equipado con las más avanzadas tecnologías de horneado que había fogueado y perfeccionado tras cuatro décadas de mejora en bollería y pastelería; y con las tecnologías digitales que facilitan una fabricación automatizada y flexible. Su red comercial era un potente activo que facilitaba el acceso a todos los canales en todo el territorio nacional. Y las restricciones de capital para la inversión se habían disipado ante las reservas acumuladas con las ganancias no distribuidas en el pasado.

El principal problema que Grupo Dulcesol enfrentaba para alcanzar una penetración y un crecimiento significativos en pan de molde, panecillos para *fast-food* y pan tostado era la intensidad de la competencia ya consolidada en estas industrias, entre la que se incluían sus tres principales rivales en el sector de productos horneados: Bimbo,

Panrico y Siro. La posición consolidada de las marcas propias de estas empresas era una seria barrera de entrada. No menos alta era la barrera del peso de las MDD en panadería industrial. Este cuadro permitía anticipar que el crecimiento de Grupo Dulcesol en panadería industrial iba a descansar sobre todo en su capacidad de conseguir acuerdos para fabricar MDD, como así ha acabado sucediendo. La experiencia acumulada por el grupo en este aspecto era un aval que le colocaba en la mejor posición para este objetivo si se producían rupturas en acuerdos de suministro.

Una primera objeción a la decisión de reentrada en la panadería industrial podría aludir al segmento seleccionado. Aunque Grupo Dulcesol completó su oferta de pan industrial con las diversas modalidades, su foco se puso en el pan de molde y el pan para hamburguesas y *hot dogs*. El análisis agregado del atractivo de la panadería industrial, si se refina por segmentos de mercado, apunta las notorias diferencias existentes entre los distintos tipos de panes industriales tanto por tendencia de la demanda como por precios (*Anexo XIV* y *gráficos 13 y 14 de esta nota*).

Gráfico 13. Segmentos de mercado dentro de la panadería industrial en España, 2004-2021.

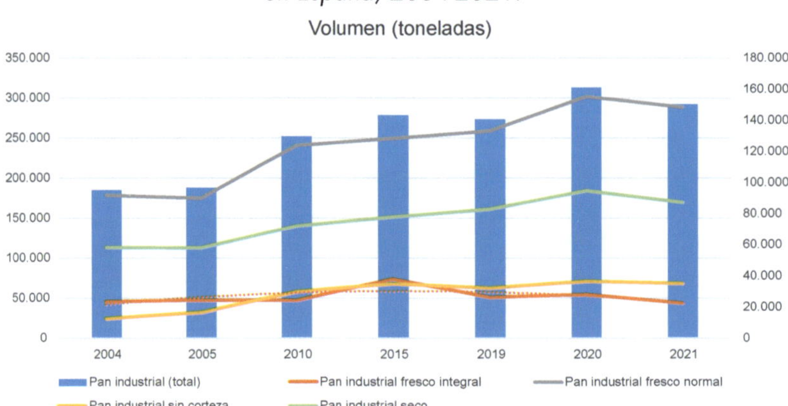

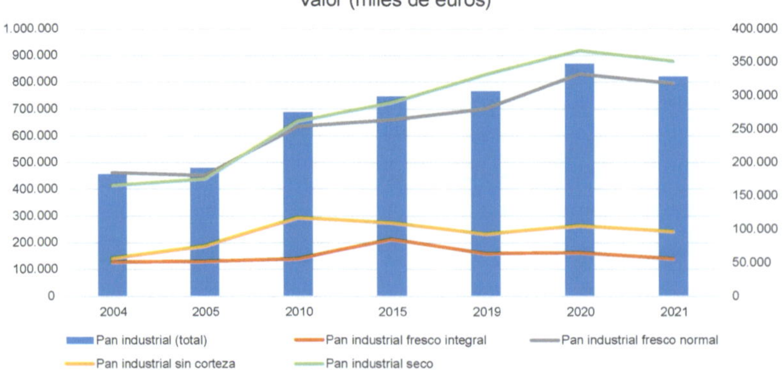

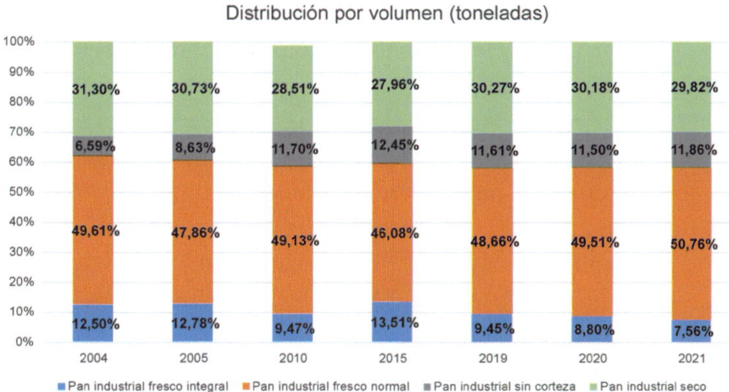

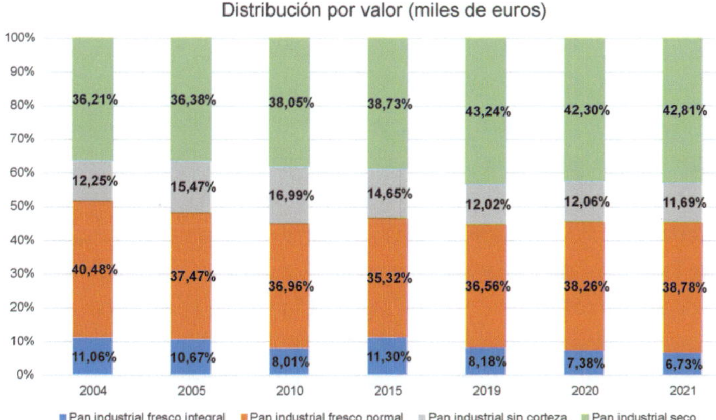

Gráfico 14. Precio medio por kilo del pan industrial por tipos en España, 2004-2021.

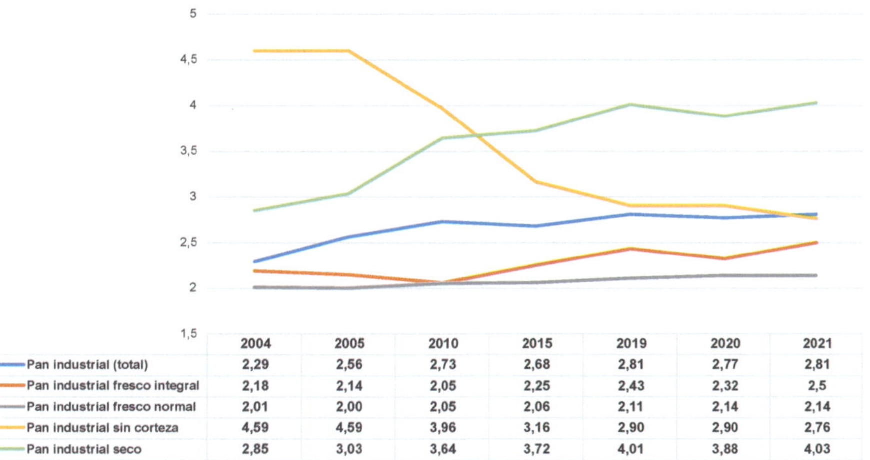

	2004	2005	2010	2015	2019	2020	2021
Pan industrial (total)	2,29	2,56	2,73	2,68	2,81	2,77	2,81
Pan industrial fresco integral	2,18	2,14	2,05	2,25	2,43	2,32	2,5
Pan industrial fresco normal	2,01	2,00	2,05	2,06	2,11	2,14	2,14
Pan industrial sin corteza	4,59	4,59	3,96	3,16	2,90	2,90	2,76
Pan industrial seco	2,85	3,03	3,64	3,72	4,01	3,88	4,03

La producción de pan industrial fresco (que incluye el destinado a hamburguesas y *hot dogs* junto al pan de molde) podría haber sido una estrategia acertada pensando en el tamaño absoluto del mercado de pan industrial fresco por volumen, al ser el principal segmento. Desde principios de siglo mantenía una cuota cercana al 50%. Su tendencia era creciente y en el periodo 2004-2021 aumentó casi un 62% llegando al final con un volumen de 148.135 toneladas manteniéndose como la opción de pan industrial preferida por el consumidor. En cambio, el pan industrial fresco integral fue retrocediendo en atractivo para el consumidor y el total del periodo cayó un 4,5% en volumen suponiendo actualmente un consumo de poco más de 22.000 toneladas; su cuota ha bajado del 12,5% a menos del 8%. El atractivo de ambos segmentos por valor ha evolucionado a mejor pues en el periodo indicado aumentó su consumo en un 72% y 9,3% respectivamente. Sin embargo, el pan industrial fresco normal perdió ya el liderazgo del mercado del pan industrial en la segunda mitad de la primera década, manteniéndose además constante su precio.

En principio, la elección del segmento de pan sin corteza parecía entonces igualmente acertada puesto que se trataba de un tipo de producto que a principios de siglo tenía una demanda por volumen claramente creciente. De hecho, este segmento ganó significativamente peso dentro de la panadería industrial doblándose casi entre 2004 y 2015 cuando llegó al 12,5%. Sin embargo, este progreso se detuvo en esos momentos estabilizándose desde entonces por debajo del 12%, que tras el bache de la crisis financiera ha recuperado. El consumo de este tipo de pan, tras casi triplicarse entre 2004 y 2015, se ha quedado estancado desde entonces por debajo de las 35.000 toneladas. Otro punto positivo de este segmento en la primera mitad de la década de inicio de siglo era el precio, pues su nivel (4,59 euros por kilo) duplicaba la media del pan industrial y era un 60% más alto que su inmediato seguidor, el pan seco (2,85). Este diferencial de precios explica que el crecimiento del segmento por valor ascendiera más rápido durante ese decenio y que hacia 2010 alcanzase prácticamente el 17% de cuota.

Para valorar los datos del consumo de pan de molde, hay que recurrir a la estadística del INE (*Anexo XII* y *gráfico 15 de esta nota*). Atendiendo a la trayectoria de la demanda de este alimento durante la década anterior (1993-2003), en la que creció en valor un 82%, daba la impresión de ser un mercado atractivo y en alza. Sin embargo, si la atención se colocaba en la evolución de la demanda por volumen, se observaba un aumento mucho menor (40,3%). En cualquier caso, seguía creciendo a interesantes tasas CAGR del 5,6% y 1,3% respectivamente. Este diferencial obedecía al fuerte incremento de los precios en el periodo citado. Sin embargo, la estadística oficial del INE ya advertía en 2003 y 2004 de sendas caídas del volumen de la demanda, que anticipaban un cambio de tendencia de la demanda de pan de molde durante las dos décadas siguientes. Entre 2003 y 2021, el mercado de este tipo de pan apenas aumentó un 0,3% en valor y descendió un 0,4% en volumen. Grupo Dulcesol decidió pues embarcarse en la producción de pan de molde justo en el momento de cambio de ciclo de este mercado.

Gráfico 15. Consumo de pan de molde en volumen (toneladas) y valor (millones de euros) en España, 1993-2021.

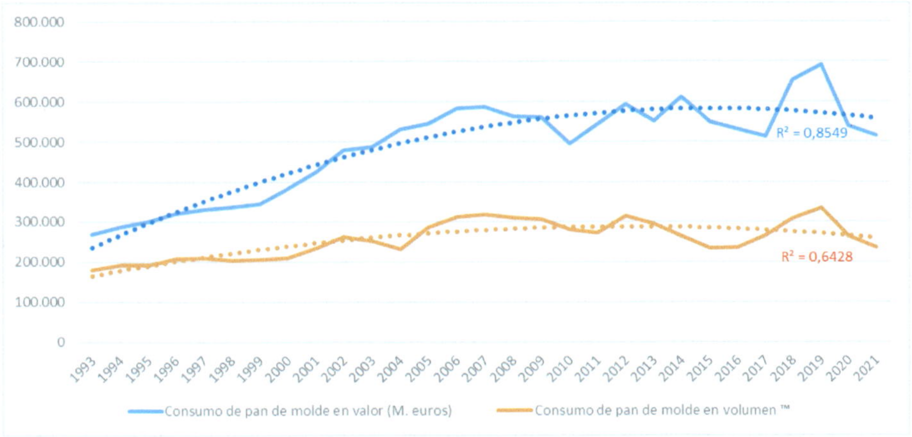

Fuente: Encuesta Industrial por Productos, INE.

El análisis prospectivo a corto plazo podría también haber relegado otro tipo de pan industrial cuyas perspectivas eran mejores a largo plazo, cual es el caso del pan seco. A principios de siglo, la demanda de este tipo de pan estaba estabilizada cerca de las 58.000 toneladas y si bien rompió al alza entre 2010 y 2015 lo hizo a una tasa menor, de manera que el volumen total del segmento de pan seco pasó de multiplicar el de pan fresco sin corteza por 4,75 a hacerlo solo por 2,25. Pero desde ese momento la tendencia se ha invertido, y ha crecido un 12% hasta 2021 en contraste al estancamiento de su alternativa. Por ello, su cuota del mercado de pan industrial por volumen, tras retroceder entre 2004 y 2015, se ha recuperado desde mediados de la pasada década y sigue cerca del 30%, con cerca de 87.000 toneladas, multiplicando por 2,5 el tamaño del mercado de pan industrial sin corteza que como decíamos sigue anclado por debajo de las 35.000 toneladas.

El contraste de expectativas es aún más notorio si analizamos el mercado por valor, debido a la diferencia en el comportamiento de los precios a largo plazo. El alto precio que tuvo el pan fresco sin corteza hasta 2005 (4,59 euros por kilo) empezó a moderarse durante la segunda mitad del primer decenio del siglo descendiendo hasta 2010 casi un 14%; en cambio, el precio del pan seco repuntó en ese periodo un 20% llevando su precio hasta los 3,64 euros. En ese año, el precio del pan fresco sin corteza aún era mayor pero la diferencia respecto al pan seco se había recortado sustancialmente. La evolución posterior ha sido aún más favorable para el pan seco, pues su precio ha aumentado un 10% hasta 2019, en tanto que el precio del pan fresco sin corteza ha disminuido otro 26,8%. El resultado es que en la pasada década el precio del pan seco ha pasado a superar al del pan fresco sin corteza siendo la distancia entre ambos cada vez mayor: mientras en 2015 era apenas de 56 céntimos, en 2019 ya alcanzaba 1,11 euros, y los datos de los dos años siguientes apuntan hacia un ensanchamiento de la diferencia.

Otra objeción que podría oponerse a la decisión de reentrada en la panadería industrial, fuese cual fuese el segmento elegido, podría estar en que volvía a enfrentar a Grupo Dulcesol a los problemas de rentabilizar el crecimiento en MDD que ya había experimentado en bollería y pastelería, como veremos a continuación. Quizás hubiese sido preferible orientar ya el futuro de la empresa hacia nuevos productos en los que el peso de los grandes grupos de distribución fuese menor.

7. ¿Cómo definiría la estrategia competitiva de Vicky Foods desde sus inicios y los cambios que aprecie en su definición a lo largo del tiempo? Explique sus características, con qué arquetipo de estrategia se identifica, los recursos y capacidades sobre los que se construyó, y su consistencia con las fortalezas y debilidades con que contaba y con las amenazas y oportunidades existentes o vislumbrables en cada momento.

A la hora de examinar la estrategia competitiva que adoptó desde que el crecimiento de las MDD se aceleró, deténgase especialmente en identificar cómo se diferenció del resto de fabricantes, las exigencias de recursos y capacidades que suponía, las ventajas que ello le supuso, sus impactos negativos y los riesgos que entraña su mantenimiento en el futuro.

En la creación de su primer antecedente corporativo en 1952 hasta 1964, el núcleo del campo de actividad fue la panadería siendo la bollería y pastelería un complemento para optimizar la capacidad productiva. La idea que guio la constitución de la panificadora por Antonio era explotar el cuasimonopolio legal que tuvieron las panaderías durante la postguerra, con una competencia restringida a nivel local. La estrategia brillaba por su ausencia y el crecimiento y la rentabilidad se fiaban al albur de las decisiones políticas que determinaban volúmenes de producción, precios y márgenes de beneficio. La única estrategia posible en un entorno de esta naturaleza fue explotar economías de escala con la concentración productiva.

Este opresivo marco sectorial fue flexibilizándose a medida que la economía española y la panadería se liberalizaban, pero la empresa, liderada aun en solitario por Antonio, no fue consciente de la necesidad de desarrollar recursos y capacidades singulares sobre los que armar una estrategia competitiva que mejorara sus expectativas de creación de valor frente a una competencia creciente tanto artesanal como industrial. El pan seguía siendo un alimento de necesidad, con un gran consumo per cápita y un amplio mercado, pero en el que la diferenciación de producto era mínima. La oferta estaba polarizada en el pan común fresco de elaboración artesanal, con experiencias contadas de panificadoras industriales enfocadas en el mismo tipo de producto que encontraban problemas para dilatar su área de mercado en la propia naturaleza del pan fresco que viajaba mal a grandes distancias y tenía un tiempo de consumo muy reducido desde su producción. La empresa adolecía de falta de las capacidades comerciales y tecnológicas que la producción industrial a gran escala precisaba, así como de las capacidades directivas que permitiesen leer el entorno y trazar planes y presupuestos básicos.

Sin un enfoque competitivo claro, y circunscrito el modelo de negocio al marco mental de la panadería clásica, la evolución de la empresa quedó expuesta a los vaivenes coyunturales y a las fuerzas de la competencia sectorial que presionó a la baja su margen de ganancias y su capacidad de crecimiento. El atractivo de productos sustitutivos en forma de panes especiales como el pan de molde, introducido en la primera mitad de la década de 1960, no fue seguramente siquiera contemplado por Antonio ni más tarde por Victoria, perdiendo así la oportunidad de posicionarse en el mercado del pan más atractivo en su fase de nacimiento y de explotar su potencial de creación de rentas económicas.

La expansión inicial durante los años 60 y 70 de *Juan y Juan, S.R.C.*, una vez abandonada la producción de pan, se produjo en el negocio de la bollería industrial y necesitó ya de una estrategia ante el aumento de la rivalidad y la sucesión de retos a los que hacer frente en un mercado totalmente abierto y poco regulado. La empresa carecía por aquel entonces de sistemas formalizados de dirección y sus dirigentes de conocimientos sobre planificación estratégica, que Victoria suplió con un descomunal talento estratégico. Su pensamiento estratégico tenía raíces intuitivas y se perfeccionaría con la experiencia y la observación. Debió ser así como llegó a la conclusión de que el mejor enfoque para competir era elaborar "productos de primera calidad a precios muy competitivos". Esta oferta encajó con las necesidades alimentarias de una población creciente en volumen y poder adquisitivo, pero con un consumo per cápita que apenas rebasaba los 2 kilos anuales y con un presupuesto limitado que suponía menos del 1% de la cesta de la compra para alimentación. La contención del precio y la elección del público adulto como target de mercado eran pues decisiones coherentes con la evolución de la demanda, que seguía percibiendo los bollos como alimentos de primera necesidad que sustituían al pan en desayunos y meriendas.

Como procede cuando se busca ser un competidor de coste mínimo, la asignación de recursos se orientó a la producción eficiente en grandes volúmenes para explotar economías de escala y los productos se dirigen a todo el mercado o al menos a los segmentos principales del mismo. La inversión continua permitió acumular una dotación de activos tecnológicos de última generación que posibilitaron una progresiva automatización y la conciliación del aumento de la capacidad con la flexibilidad productivas. El esfuerzo por abrir nuevas áreas de mercado en España facilitó además tejer una red de distribuidores de confianza que fue un activo comercial valioso hasta que los límites del mercado hicieron inviable este modelo de comercialización.

Sin embargo, ya entonces *Juan y Juan, S.R.C.* manifestó también un objetivo de diferenciarse con un producto de elevada calidad y de compatibilizar esta elevada calidad con un bajo precio. La marca Dulcesol se construyó como un símbolo de producto de calidad y así fue reconocida por toda una generación. Y los productos que amparaba fueron concebidos como bienes singulares que se distinguiesen del resto de la bollería entonces ofertada, siendo las magdalenas Gloria el mejor ejemplo. La innovación fue otro eje central de la diferenciación. El avance en esta dirección se sostuvo pues en activos intangibles valiosos como la marca y la capacidad creativa e innovadora de Victoria.

Un desarrollo de producto de este nivel requería un trabajo creativo basado en un gran dominio de las propiedades y tecnologías de bollería y pastelería. También colaboraron en el mismo sentido la integración vertical hacia atrás, para garantizarse el suministro de la materia prima clave, el huevo, con la máxima calidad y a precios razonables; y la integración vertical hacia delante (en el mercado más cercano) internalizando la distribución con representantes exclusivos que supervisasen y garantizaran la entrega del producto en las condiciones óptimas y su retirada en caso contrario.

Es decir, la empresa no optó por una estrategia simple de coste mínimo sino por una estrategia mixta que hibridaba bajos costes y precios con un producto diferenciado. El tándem Antonio-Victoria avanzó intuitivamente por este difícil camino por el único modo entonces disponible para hacer viable este posicionamiento intermedio: optimizando la calidad de diseño y tratando de minimizar los costes de producción mediante la gestión de los costes de no calidad por desperdicios y devoluciones (optimizando la calidad de conformidad) y los costes directos (expandiendo el mercado para ganar volumen y aumentar así la escala de producción y mecanizando los procesos).

Con la incorporación de estos activos tangibles e intangibles, la empresa tenía ya aparentemente todos los elementos para dar su gran salto adelante: un producto propio y diferenciado, una capacidad de producción eficiente a gran escala, una red de distribución y una marca propia. Las únicas debilidades reseñables que subsistían eran el sistema de distribución basado en distribuidores, que impedía cubrir adecuadamente todo el territorio nacional y prestar un servicio fiable según las especificaciones deseadas; y el sistema de información, anclado en prácticas rudimentarias, y que no aportaba los datos precisos para optimizar la gestión de los procesos.

La segunda etapa de la historia de Vicky Foods arrancó con la incorporación de la segunda generación a la gestión de la empresa tras el fallecimiento de Antonio en 1983. La incorporación de Rafa y Juanjo aportó nuevas ideas y capacidades que ayudaron a encauzar soluciones a los problemas de gestión que seguían frenando el crecimiento del Grupo Juan y Juan. Los sistemas productivo y comercial habían alcanzado el máximo de sus prestaciones y los dos hermanos se aplicaron a su rediseño a fin de contar con los recursos y capacidades productivos, tecnológicos y comerciales que permitiesen un nuevo impulso del negocio. La discontinuidad tecnológica creada por las TIC, a la que la empresa era totalmente ajena, fue aprovechada para digitalizar todos los procesos administrativos y fabriles, haciendo de la compañía una pionera digital y de su sistema logístico y productivo una ventaja competitiva por su eficiencia y su adaptabilidad a las necesidades de cualquier canal de comercialización y a la elaboración de una amplia gama de productos. El refuerzo de la internalización de otras actividades de la cadena de valor, como el envase, colaboró también en fortalecer la capacidad de diferenciación de la imagen de marca Dulcesol. En cuanto al sistema de distribución basado en distribuidores independientes, durante la segunda mitad de los años 80 se trabajó en completar la distribución en las áreas de mercado aún no servidas y en seleccionar agentes competentes en otras.

Equipada con una mayor dotación de recursos y capacidades, el Grupo Juan y Juan pudo ampliar su variedad de productos sin desdoro de la calidad y la eficiencia. La compañía no cambió su directriz estratégica, pero sí su mercado objetivo. La gama de productos con que se inició en bollería industrial (sostenida sobre las palmeritas, las magdalenas glorias y las valencianas) se dirigía al público adulto como alimento de acompañamiento en desayunos y meriendas. Sin embargo, este posicionamiento competitivo cambió significativamente desde mediados de los años 80, cuando el target de mercado se amplió al público infantil como producto sustitutivo de los clásicos almuerzos o meriendas basados en el pan.

La estrategia competitiva del grupo tuvo que reenfocarse nuevamente en los años 90 a medida que las grandes cadenas detallistas de supermercados e hipermercados tomaban el control de la distribución de productos de bollería y pastelería. Grupo Dulcesol, a diferencia de la mayoría de fabricantes, optó pronto por una decidida alianza con las cadenas de distribución que se estaban consolidando en el mercado español convirtiéndose en "un fabricante sobre todo de marcas de distribución" en palabras de Rafa Juan.

La estrategia competitiva trazada por Grupo Dulcesol para conciliar esta alianza con el tradicional deseo de la compañía de defender su marca propia tiene un carácter complejo, pues pretende forjar un posicionamiento de mercado defendible en precios, apoyado en la optimización de la eficiencia y el trabajo para MDD; y que al mismo tiempo permita una diferenciación potente del producto basada en la calidad, la innovación y la potenciación de la marca propia.

Este posicionamiento fue un paso más en la línea de una estrategia híbrida ya enunciada por Victoria en los años 60, pero ahora planteaba el reto de conciliar tres objetivos aparentemente contradictorios:

— Por un lado, suscitaba el reto de compaginar la búsqueda de la eficiencia (es decir, el coste mínimo) con la máxima calidad.

— La compatibilización de la eficiencia con la innovación de producto era otro desafío audaz, pues inevitablemente la rotación de nuevos productos y una mayor variedad de catálogo suponen tiradas más cortas y costes adicionales, mientras que la eficiencia se maximiza con grandes escalas de producción y pocos cambios de proceso y producto.

— Por último, planteaba el difícil problema de mantener el equilibrio entre la producción de MDD y de la marca propia, diferenciando las dos gamas de producto lo suficiente para justificar el interés del consumidor por la segunda.

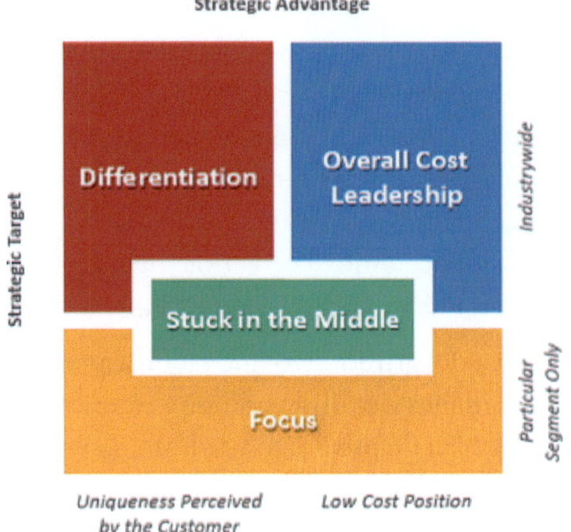

En el mundo real es casi imposible encontrar una empresa que tenga una rentabilidad sostenida que no intente explotar varios de los factores generadores de ventajas competitivas. Ahora bien, el énfasis colocado por Grupo Dulcesol en el hibridaje induce a pensar que su estrategia podría corresponder al posicionamiento intermedio que Porter denomina "stuck in the middle" (atrapado a la mitad, literalmente) (*gráfico 16 de esta nota*). Esta alternativa fue proscrita por la mayoría de la literatura estratégica como "zona de muerte", porque impedía conseguir ventajas competitivas en cualquiera de los dos sentidos y por tanto condenaba a una rentabilidad inferior. La tesis es que las empresas que buscan combinar los distintos tipos de ventajas competitivas y alcanzarlas todas simultáneamente acaban por no tener ninguna. Porter sostiene que rara vez es posible que una empresa siga con éxito más de una estrategia genérica porque cada una requiere del apoyo de todos los demás elementos organizativos (diseño de la cadena de valor) que estarían diluidos si existe más de un objetivo primario.

Gráfico 16. El riesgo de una estrategia de posicionamiento a la mitad.

Sin embargo, puede ser más acertado corresponder la estrategia de Grupo Dulcesol con el arquetipo denominado "estrategia de proveedor de mayor valor". La estrategia de proveedor de menor coste consiste en combinar el énfasis en el bajo coste con la búsqueda de la diferenciación, a fin de entregar al cliente el mayor valor por el mismo dinero. La línea usual consiste en:

- Hacer un producto mejor a más bajo coste que los fabricantes de otras marcas con rasgos y atributos comparables. El objetivo consiste pues el ser el proveedor de bajo coste de un producto que tenga buenos o excelentes atributos. La ventaja en coste se usa entonces para bajar el precio contra marcas comparables.
- Dar más valor a los clientes por el mismo precio. El objetivo consiste en este caso en entregar un valor superior cumpliendo o excediendo las expectativas del comprador en los atributos del producto e igualando sus expectativas en precios.

Para que este planteamiento estratégico fuese viable, requería que Grupo Dulcesol dispusiese de una complicada y variopinta gama de recursos y capacidades, que pocos (por no decir ninguno) de sus competidores fue capaz de reunir.

Desde luego la distribución es una cuestión estratégica principal para cualquier empresa fabricante de productos de gran consumo, pues condiciona en gran medida la eficacia de su acción comercial. Pero el suministro a cadenas de supermercados introduce retos adicionales. La nueva estructura comercial que combinaba distribuidores independientes y delegaciones propias se configuró entre 1992 y 2002 como un factor crucial para crecer en la MDD al tiempo que para servir a la penetración de la marca propia, al aportar beneficios como fueron garantizar la regularidad del servicio merced a un abastecimiento continuo, asegurar la frescura del producto en el momento de la venta al acortar al máximo la cadena de distribución, y facilitar la proximidad al cliente. La red de distribución del Grupo Dulcesol emergida con la consolidación de la maraña societaria de empresas de distribución se erigió así desde entonces en una de las ventajas competitivas del grupo y un pilar decisivo para sostener el servicio a la MDD y la comercialización en paralelo de la marca propia.

La sostenibilidad estratégica de este enfoque precisaba igualmente de un sistema de producción capacitados para conciliar la elaboración y distribución de una amplia variedad de referencias a precios competitivos y con la máxima calidad. De hecho, se ha defendido por algunos autores que la dicotomía costes bajos-diferenciación ha sido superada por el modelo de producción flexible que incorpora la filosofía de calidad total. La conciliación de eficiencia y flexibilidad productiva requirió la inversión en complejos sistemas de automatización flexible apoyados en sistemas digitales de última generación. Grupo Dulcesol fue pionera en esta enfoque productivo-tecnológico, sobrellevando el constante aumento del número de líneas de producción que se duplicaron entre 2001 y 2020 con la contención del precio medio unitario.

Una estrategia de este tipo permitió a Grupo Dulcesol crecer de forma acelerada y alcanzar el liderazgo en el sector de productos horneados por volumen. Pero esta estrategia también entraña ciertos peligros. El primer riesgo de la estrategia competitiva híbrida del grupo reside en su potencial impacto sobre los márgenes. Esta estrategia difiere del liderazgo en costes en que el proveedor de mayor valor no puede ser el líder absoluto de la industria en bajos costes debido a que incorpora costes adicionales por atributos excepcionales que el producto del líder en bajos costes no tiene. Su viabilidad estratégica descansa pues en una aportación superior de valor al consumidor a bajos precios. En la medida que la empresa armada con esta estrategia consiga bajos costes de producción y distribución y cierto poder de mercado para defender precios, podrá tener un margen defendible. Pero si su capacidad de fijación de precios se debilita, puede acarrear un castigo a los márgenes, incluso en un entorno de crecimiento en ventas por volumen.

Así le sucedió a Grupo Dulcesol, que ya desde los años 90 empezó a sufrir una desviación entre el crecimiento de las ventas en valor y en volumen (*gráfico 13 del caso*). Entre 1991 y 1996 la facturación de Grupo Dulcesol se multiplicó por 3,6 pasando sus ingresos de 23,6 a 85,7 millones de euros, con una espectacular CAGR del 30%, manteniendo el fuerte ritmo de aumento de las ventas en volumen. Sin embargo, la situación cambió drásticamente a mitad de década. La producción en toneladas aumentó en el periodo 1996-2002 a una CAGR del 9,91%, en tanto que su valor solo lo hizo a una CAGR del 6,64%. Este desequilibrio entre el valor y el volumen de la facturación se ha mantenido e incluso ha aumentado hasta el ejercicio 2021.

La falta de paralelismo entre el crecimiento en volumen y en valor debe atribuirse a la decidida opción por bajos precio. Como se aprecia en el *gráfico 17 de esta nota*, el precio de venta por kilo de los productos de bollería y pastelería osciló alrededor de los dos euros en la primera década del siglo hasta que se planteó la ruptura con Mercadona y se lanzaron nuevas gamas con mayor valor añadido que, durante el periodo 2008-2018 permitieron incrementar el precio medio un 14%. Sin embargo, el recrudecimiento de las guerras de precios en todas las categorías de bollería y pastelería ha llevado a Vicky Foods a mantener sus precios medios durante todo este periodo. Desde entonces, Vicky Foods ha adaptado sus precios al alza ajustándolos a las tensiones en los mercados de materias primas y al cambio de hábitos de consumo, encareciéndose en un 18%. Esta evolución contrasta vivamente con la experimentada con la industria de bollería y pastelería, que aplicó importantes subidas de precios hasta 2009, para ajustarse desde entonces a la crisis y a la caída del consumo con una suave moderación de los precios que ha roto al alza desde 2019 con una subida del 30% entre ese ejercicio y 2022. La industria ha mantenido pues unos precios medios significativamente superiores que no bajaron de los dos euros por encima de los de Vicky Foods hasta 2021, creciendo la distancia en 2022 cuando se ha disparado hasta 3,2 euros por kilo. Vicky Foods ha vuelto así a distinguirse de la competencia controlado el crecimiento de sus precios, a diferencia de su competencia, lo que la ha ayudado a frenar la caída de sus ventas y a lograr en 2022 una recuperación de las mismas del 5,3%.

Gráfico 17. Evolución de los precios de los productos de bollería y pastelería de Vicky Foods en relación a la media de la industria, euros por kilo, 2001-2022.

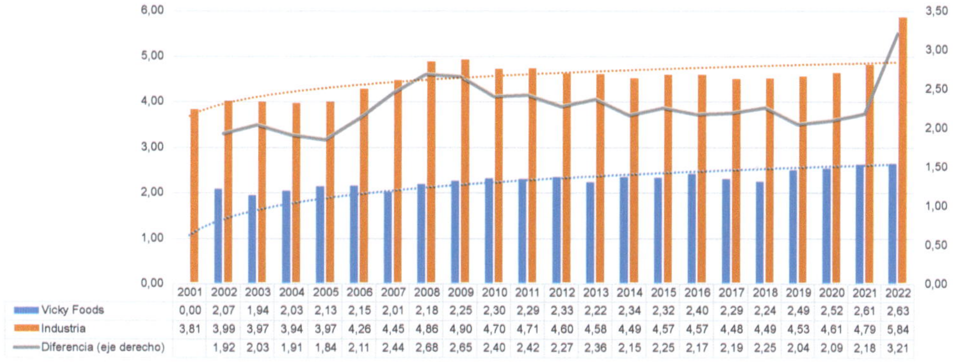

	2001	2002	2003	2004	2005	2006	2007	2008	2009	2010	2011	2012	2013	2014	2015	2016	2017	2018	2019	2020	2021	2022
Vicky Foods	0,00	2,07	1,94	2,03	2,13	2,15	2,01	2,18	2,25	2,30	2,29	2,33	2,22	2,34	2,32	2,40	2,29	2,24	2,49	2,52	2,61	2,63
Industria	3,81	3,99	3,97	3,94	3,97	4,26	4,45	4,86	4,90	4,70	4,71	4,60	4,58	4,49	4,57	4,57	4,48	4,49	4,53	4,61	4,79	5,84
Diferencia (eje derecho)		1,92	2,03	1,91	1,84	2,11	2,44	2,68	2,65	2,40	2,42	2,27	2,36	2,15	2,25	2,17	2,19	2,25	2,04	2,09	2,18	3,21

Fuente: Estimaciones propias a partir de SABI, Alimarket y MAPA.

Las diferencias en precios han sido todavía más acusadas en el negocio panadero (*gráfico 18 de esta nota*). Vicky Foods ha mantenido una política de bajos precios muy agresiva, que moderó en alguna medida entre 2012 y 2017, para volver a ella posteriormente. Su énfasis en ser el competidor más bajo de la categoría ha vuelto a manifestarse en 2022, cuando el encarecimiento de las materias primas y el coste de la energía la han obligado a aumentar significativamente su precio medio aun que todavía está situado en el 64% de la media sectorial.

Gráfico 18. Evolución de los precios de los productos de panadería industrial de Vicky Foods en relación a la media de la industria, euros por kilo, 2001-2022.

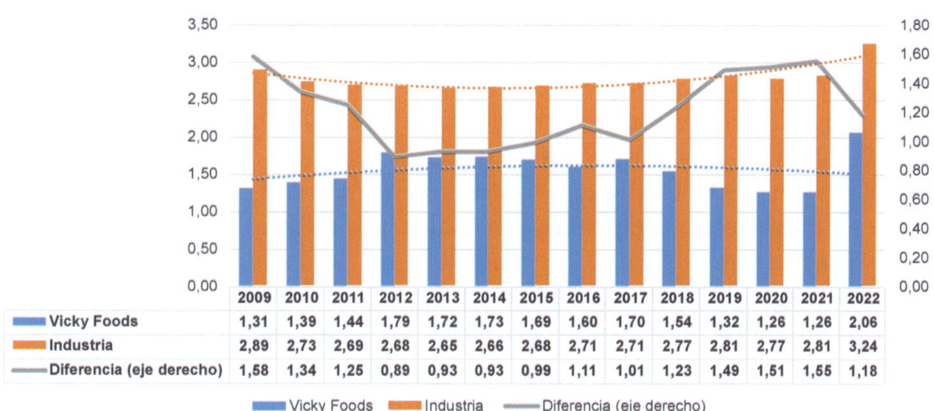

	2009	2010	2011	2012	2013	2014	2015	2016	2017	2018	2019	2020	2021	2022
Vicky Foods	1,31	1,39	1,44	1,79	1,72	1,73	1,69	1,60	1,70	1,54	1,32	1,26	1,26	2,06
Industria	2,89	2,73	2,69	2,68	2,65	2,66	2,68	2,71	2,71	2,77	2,81	2,77	2,81	3,24
Diferencia (eje derecho)	1,58	1,34	1,25	0,89	0,93	0,93	0,99	1,11	1,01	1,23	1,49	1,51	1,55	1,18

Fuente: Estimaciones propias a partir de SABI, Alimarket y MAPA.

Gráfico 19. Evolución de la rentabilidad de Vicky Foods, 1990-2022.

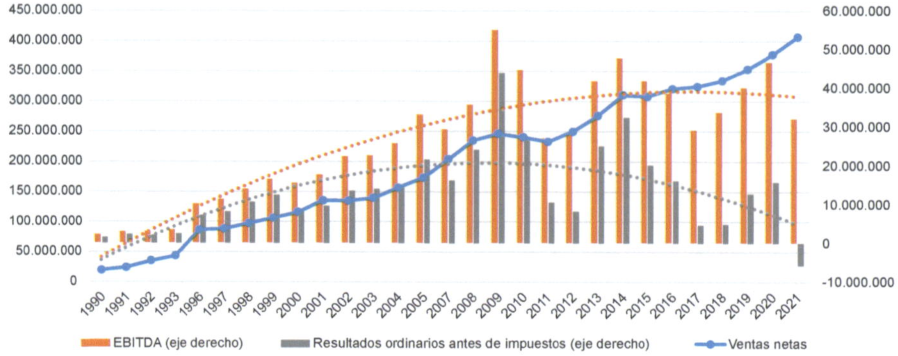

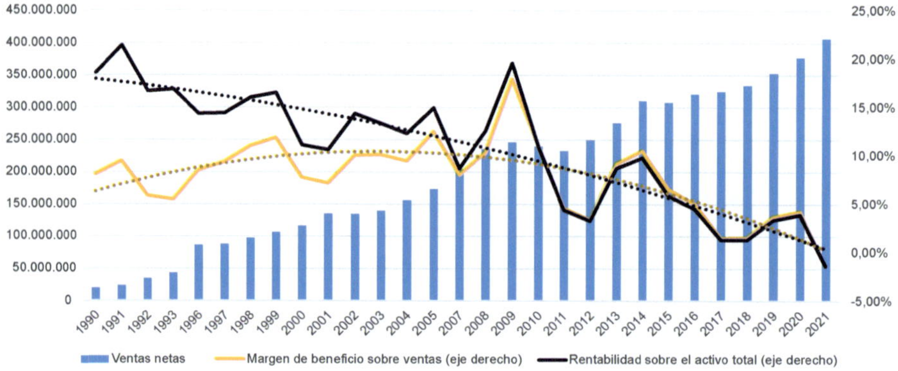

Fuente: elaboración propia a partir de SABI, *Alimarket* y *Actualidad Económica*.

Este diferencial de precios puede reflejar distintas estrategias competitivas y diferentes capacidades de encaje del crecimiento de los costes de producción. Si el mantenimiento de bajos precios es una estrategia premeditada y resulta coherente con la gestión de compras y de costes, podría reforzar su competitividad. Pero si es el resultado de un bajo poder de negociación frente a los distribuidores, las grandes redes detallistas, podría conducir a un significativo sacrificio de margen y devenir en un deterioro grave de su rentabilidad. Esta segunda interpretación parece ser la apuntada por los datos de la tendencia de la rentabilidad del grupo (*gráfico 19 de esta nota*). Aunque la rentabilidad económica del grupo se mantuvo durante todo el decenio 1990-1999 en los dos dígitos con una media del 19,2%, su tendencia pasó a ser descendente desde el año 2000 y, aunque reportó ocasionales repuntes durante la década siguiente que mostró una media del 12,8%, el índice fue aproximándose inercialmente a valores de un dígito. La caída del índice se ha acelerado en la década 2011-2020 en la que la media ha bajado al 4,6%; este dato incluso es poco representativo de la caída al estar influido por los valores de dos años, habiendo dos años con valores inferiores al 2% y otros dos inferiores al 4%. La misma pulsión descendente ha sufrido la rentabilidad sobre ventas. La rentabilidad sobre ventas ha tardado más en sufrir la caída, pues ha conseguido índices medios de 8,7% y 10,4% en la última década del pasado siglo y la primera del nuevo, pero se ha derrumbado estrepitosamente en la siguiente por debajo del 5%.

Por tanto, Vicky Foods sufre, desde que optó por convertirse en un fabricante de MDD y más aún desde que redobló su producción para la distribución tras la ruptura con Mercadona, una evolución a la baja de su rentabilidad que revela sus dificultades cada vez mayores para mantener bajos precios sin asumir el deterioro del margen de ganancias. La estrategia de jugar al céntimo, en palabras de su CEO, de colocar sus productos entre los más económicos de cada gama, ha permitido un crecimiento continuo e imponente de las ventas que le ha facultado para mantenerse con altos volúmenes de producción y conseguir altas economías de escala. Pero los datos parecen indicar que el margen de mejora de la eficiencia devengado por el aumento del volumen se ha agotado desde hace más de una década, y desde entonces se traduce en un castigo de los beneficios y de la rentabilidad.

La pérdida de eficiencia económica se aprecia igualmente en la evolución de la rotación de los activos, que ha disminuido de modo casi continuo desde principios de los años 90. La empresa no está consiguiendo mantener sus altos estándares históricos de aprovechamiento de la inmovilización de recursos. Sólo entre 2002 y 2019, el inmovilizado material se cuadruplicó mientras que las ventas sólo se multiplicaron por 2,6. Desde 2019, la empresa ha frenado la expansión de su activo fijo alrededor de los 200 millones de euros, consiguiendo una leve recuperación de su rotación de activos que a pesar de todo sigue en niveles extremadamente bajos.

Otra consecuencia adversa de la caída del margen y la subsiguiente contracción de los resultados financieros distribuibles ha sido la reducción de la capacidad de autofinanciación. La tendencia a la reducción de los resultados ordinarios antes de impuestos es clara, al igual que la pulsión alcista de las deudas financieras. Los resultados ordinarios han superado claramente a las deudas financieras hasta 2017, pero desde ese año ambas partidas tienden a igualarse. Por otra parte, el porcentaje que supone la deuda financiera sobre el inmovilizado, que era prácticamente nulo en 2012 (0,22%), ha crecido constantemente durante la pasada década hasta llegar al 5,3% en 2022 (*gráfico 20 de esta nota*). La empresa está empezando a incumplir una directriz clásica de su estrategia de desarrollo que exigía la autofinanciación de las inversiones.

Gráfico 20. Evolución de las cargas financieras de Vicky Foods, 2002-2022.

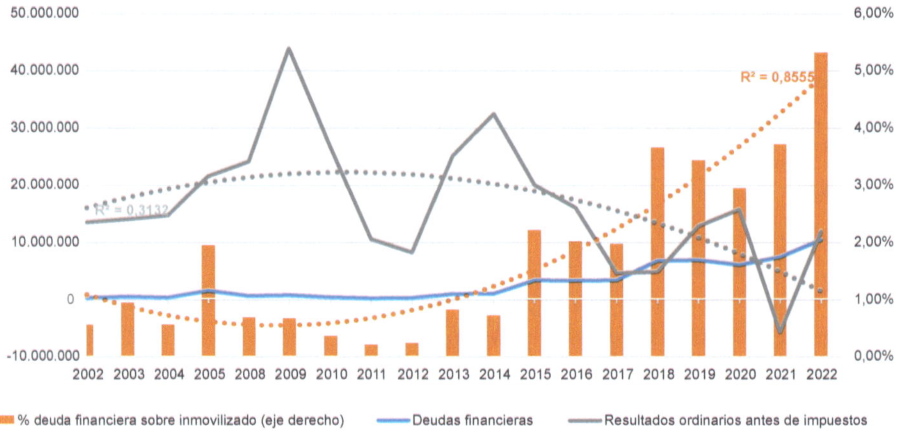

Fuente: elaboración propia a partir de SABI

La apuesta por la estrategia de proveedor de mayor valor y por mantenerse como fabricante de MDD en bollería y pastelería no sólo ha terminado castigando su rendimiento y su disponibilidad financiera, sino que además ha dificultado mantener el equilibrio entre la producción de MDD y de la marca propia, en perjuicio de la segunda. Los datos de Nielsen (*Anexo XIII*) que el caso ofrece van referidos solamente a los productos de bollería y pastelería en los establecimientos de redes detallistas organizadas. En este segmento, las ventas con marca propia por volumen de Grupo Dulcesol cayeron desde los años 90 hasta 2009, cuando se situaron ya por debajo de las 10.000 toneladas, bajando su cuota del 8% al 6,4%. En valor, las ventas también cayeron entre 2001 y 2009 de 47,3 a 40,2 millones de euros. Por tanto, la producción para MDD de Mercadona tuvo un efecto muy negativo cayendo cerca de un 20% en volumen y un 15% en valor. La sustitución de Mercadona por otros canales tuvo efectos beneficiosos para la marca Dulcesol, que creció en volumen y valor hasta 2015, con una cierta ganancia de cuota que llegó al 6,4% en valor y al 7,2% en volumen. Desde entonces, ha experimentado una caída continua hasta quedar en 2021 por debajo de los 35 millones de euros y de las 10.000 toneladas. En 2022 las ventas de la marca propia por volumen han seguido cayendo hasta quedar la cuota del mercado en el 4,7%; en valor han conseguido un pequeño avance por el aumento de precios pero que no ha sido suficiente para frenar el retroceso en la participación de mercado que se situó en el 3,9% al final de ese ejercicio.

La opción competitiva elegida por Grupo Dulcesol para su expansión en bollería y pastelería industrial, que tuvo un impacto muy positivo para consolidar la marca Dulcesol durante la primera fase de expansión hasta los años 90, ha generado pues posteriormente efectos negativos sobre el crecimiento de la misma, que ha visto achicado su espacio en el mercado de grandes superficies, el más importante que acapara una cuota creciente de las compras del consumidor. Grupo Dulcesol ha sufrido duramente en carne propia esta canibalización de la MDF por la MDD incluso en las categorías más emblemáticas que fueron la clave de su expansión como las magdalenas donde entre 1996 y 2006 su marca propia cayó del 13,2% al 4,7% (*gráfico 16 del caso*). El grupo ha encontrado crecientes dificultades para diferenciar las dos gamas de producto (la MDD y la MDF) en el mercado de bollería y pastelería lo suficiente para justificar el interés del consumidor por la segunda. Esta evolución choca con la clásica directriz de la compañía instaurada por Antonio y Victoria de defender y fortalecer la marca propia.

8. ¿Cuál ha sido la estrategia corporativa seguida por Vicky Foods a lo largo de su historia ? Si ha cambiado en el tiempo, indique la estrategia de desarrollo (por dirección y método) seguida en cada fase temporal, con qué arquetipo de estrategia se identificó (indicando con precisión qué tipos de estrategias de expansión y/o diversificación se han seguido) y proponga una explicación de las causas del rediseño de esta estrategia corporativa en cada momento y sus consecuencias.

Analice especialmente el impacto que tuvo la decisión de convertirse o no en interproveedor de Mercadona en el segmento de bollería y pastelería industrial sobre la estrategia corporativa del grupo. Indique las principales amenazas y oportunidades que pendían sobre Dulcesol en 2008 y cómo condicionaban esta decisión, los riesgos y ventajas que suponían las dos alternativas (aceptar o no aceptar) y su alineación con el perfil que tenía Grupo Dulcesol en el momento en que se planteó.

Estudie igualmente de forma específica el rediseño de la estrategia corporativa en todos sus componentes que fue abordado al adoptar la nueva denominación Vicky Foods. Delimite el campo de actividad, dibuje las macroindustrias en que está presente en el plano de Abell, proponga una segmentación estratégica de la cartera de negocios del grupo y elabore una matriz de la cartera de negocios. Aporte un juicio crítico de la idoneidad del enfoque dado a su estrategia de desarrollo a partir de estos análisis.

La estrategia corporativa se extiende al nivel de toda la empresa, abarcando todas las sociedades y divisiones de que consta si es un grupo o holding. Su definición abarca cinco aspectos:

1. Delimitar el campo de actividad en base a la misión, acotando así la arena competitiva en la que hacer realidad la visión y los objetivos estratégicos.
2. Estrategias de desarrollo: decidir hacia dónde desarrollarse y cómo para contribuir a formar la cartera de negocios deseada y generar en ellos ventajas competitivas.
3. Mejorar el desempeño integral de los negocios compartiendo recursos y capacidades.
4. Desarrollar acciones para transformar estrategias individuales en cada negocio en una ventaja competitiva general (búsqueda de sinergias): consiste en la creación

de valor mediante la explotación de interrelaciones y complementariedades entre las distintas actividades de la cartera de negocios.

5. Establecer prioridades de inversiones en recursos y capacidades por negocios: implica canalizar recursos hacia las áreas que presenten mayores perspectivas de rentabilidad. Considerará eliminar las inversiones en industrias decadentes y traspasarlas a las emergentes.

Estrategias de desarrollo por dirección y método

Una vez la dirección ha fijado el ámbito de actividad en el que desea operar, la empresa va evolucionando en el tiempo e irá tomando decisiones sobre su desarrollo actual y futuro. Las decisiones estratégicas de desarrollo deben ofrecer respuestas a los dos problemas antes señalados (*gráfico 21 de esta nota*):

1. **Dirección de desarrollo**: la empresa debe decidir hacia dónde desea desarrollarse, es decir, debe elegir entre varias alternativas de direcciones de desarrollo. Esta elección de direcciones de desarrollo puede comprender una o varias de las alternativas pues pueden ser complementarias. Las estrategias de desarrollo, en función de su envergadura, pueden modificar el alcance del campo de actividad inicialmente perfilado, modificando entonces las fronteras de la empresa, o mantenerlo optando por crecer con los productos actuales y en los mercados en que ya está presente.
2. **Método de desarrollo**: una vez seleccionada la dirección deseada de desarrollo, la empresa debe resolver el segundo dilema referente a cómo desea desarrollarse, es decir, debe decidir el método para conseguir los objetivos de desarrollo establecidos. Las opciones de método son sintéticamente el desarrollo interno (también llamado orgánico o natural), que se basa en la realización de las inversiones necesarias por la empresa sola; el desarrollo externo (fusiones y adquisiciones) que planea crecer adquiriendo los recursos y capacidades de otras compañías; y el crecimiento híbrido (alianzas estratégicas o acuerdos de cooperación) que son una combinación de ambos. Estos métodos pueden ser utilizados para todas las direcciones de desarrollo y pueden ser implementados solos o combinados.

Gráfico 21. Opciones de estrategias de desarrollo.

Vicky Foods ha seguido distintas estrategias de desarrollo a lo largo de su historia, tanto por su dirección como por su método (*gráficos 22 y 23 de esta nota*). La tendencia apunta a una creciente complejidad de sus estrategias de desarrollo en ambas dimensiones, que se han rediseñado atendiendo a las presiones del entorno y al cambio de los criterios de dirección.

La estrategia de desarrollo inicial de *Juan, Moratal y Cía.* desde 1952 estuvo centrada en la panadería aunque también se introdujo en la bollería y la pastelería si bien como actividad complementaria y marginal concebida para optimizar tiempos de trabajo y tasa de utilización de la capacidad de horneado. Dentro de la panadería, la estrategia de desarrollo fue esencialmente de desarrollo de mercados. La normativa del sector de entonces limitaba los mercados de las panaderías al ámbito local y a un círculo predefinido de compradores establecido para el racionamiento imperante, pero con la panificadora se consiguió entrar en nuevos mercados locales desabastecidos con el racionamiento. La falta de recursos de la familia Juan obligó a emprender el proyecto de panificadora mediante la cooperación con otros panaderos.

Tras la crisis societaria y la primitiva estrategia de reestructuración abordada para dar salida al negocio, la nueva compañía *Juan y Juan, SRC* creada en 1959 mantuvo el enfoque de su antecesora hasta 1962 en cuanto a la dirección de desarrollo, pero restringida ahora a la penetración de mercado al desaparecer las barreras entre los mercados locales por la liberalización de la industria. En cambio, se abandon*ó* la estrategia de cooperación al salir del capital los otros dos panaderos asociados. Durante las dos décadas siguientes, la estrategia corporativa descansó principalmente en el crecimiento orgánico, limitando el crecimiento externo y la formación de alianzas.

Gráfico 22. Estrategias de desarrollo de Vicky Foods.

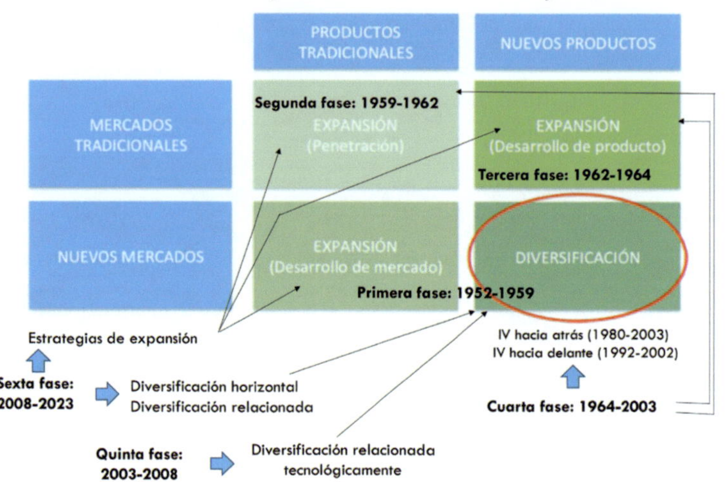

La toma de control por Victoria y Antonio en 1962 supuso una inyección de vitalidad para la estrategia de desarrollo, que versó sobre todo en sus dos primeros años en el desarrollo de productos de bollería y pastelería. A esta estrategia de expansión Victoria agregó una **estrategia de saneamiento del negocio**, basada en la convicción de que el negocio seguía con potencial para ser rentable, estar en industrias atractivas y que sus problemas financieros podían reencauzarse con una nueva dirección que se enfocase en el análisis de las disfuncionalidades en los procesos y en la reducción de costes.

Sin embargo, Victoria propició sólo dos años después un cambio sustancial de su campo de actividad al decidir el abandono de la panadería. Esta **estrategia de reestructuración de la cartera de negocios** no encajó con ninguno de los arquetipos de estrategias de reestructuración (venta, cosecha o liquidación) por cuanto la empresa no prescindió de activos que siguieron utilizándose en bollería y pastelería, ni obtuvo pues ingresos financieros extraordinarios. Simplemente se eliminaron los productos de panadería del catálogo.

Como empresa especializada en bollería y pastelería, desde 1964 a 2003, la empresa abordó un ambicioso plan de desarrollo que incluía una fuerte apuesta por la penetración del mercado y el desarrollo de productos. El aumento de la penetración en el mercado nacional se persiguió con la potenciación de la red comercial, mientras que el desarrollo de productos se nutrió de la innovación de productos.

Más adelante, amplió su campo de actividad al diversificarse verticalmente hacia atrás. La visión estratégica de Victoria de fabricar productos de la máxima calidad requería materias primas excelentes. Por ello, impulsó un diseño de la cadena de valor con una estrategia de integración vertical que garantizara la calidad, trazabilidad y disponibilidad de sus inputs. Más específicamente, la política de la empresa era integrar las materias primas estratégicas por su impacto en el precio y la calidad del producto final (Ramos, 2018). La diversificación vertical de la cartera de negocios industriales empezó en 1980 con la producción de los huevos (Granja Dulcesol), y más adelante en la primera década del siglo prosiguió con la elaboración de los chocolates que precisaba, así como de los envases para sus productos (Ducplast). Hasta la incorporación de la segunda generación, el grupo también destinó ciertos recursos a la diversificación conglomerada, principalmente en negocios inmobiliarios.

Para satisfacer sus objetivos de expansión por todo el territorio nacional, entre 1992 y 2002 Grupo Dulcesol emprendió otra estrategia de integración vertical en este caso hacia adelante, consistente en crear una red de delegaciones propias. Dado que esta red propia además prestaba servicios de distribución a otros fabricantes compitiendo pues con otras redes, supuso la entrada de Grupo Dulcesol en el negocio de la distribución comercial. Este desarrollo se abordó tanto de forma orgánica como con la compra de delegaciones preexistentes (crecimiento externo).

Ambas líneas de diversificación vertical conjugaron el desarrollo orgánico y externo con compras puntuales de empresas ajustadas a las necesidades estratégicas del grupo y que aportaban recursos y capacidades de los que el grupo entonces carecía. La necesidad de obtención externa de activos ha crecido a medida que la empresa se aventuraba en negocios más alejados de sus actividades tradicionales.

En 2003 y hasta la desvinculación con Mercadona en 2008 cuando regresa al campo de la panadería, Grupo Dulcesol adopta una estrategia de diversificación relacionada tecnológicamente que ejecutó de forma interna con sus propios recursos. Su cartera de negocios pasa a constar ya de dos negocios principales y cuatro negocios secundarios integrados verticalmente con los dos primeros.

Gráfico 23. Gestión de la cartera de negocios de Vicky Foods.

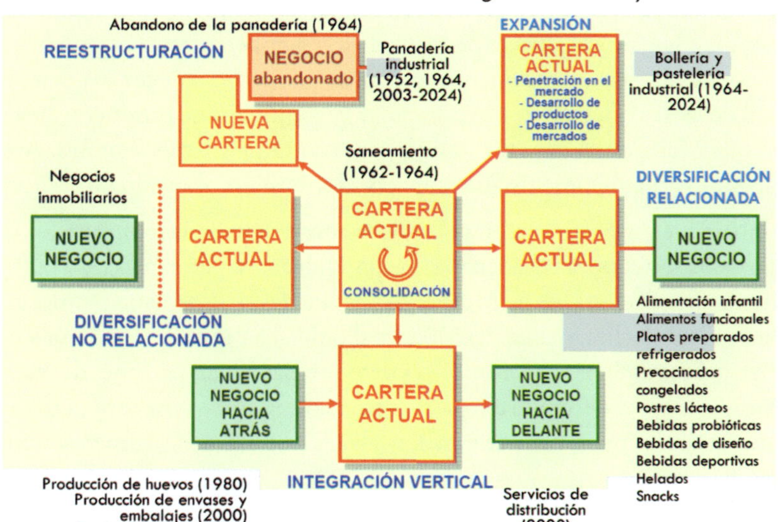

Análisis de la decisión de convertirse en interproveedor de Mercadona

La estrategia corporativa de Grupo Dulcesol cambió radicalmente de rumbo durante a raíz del distanciamiento de Mercadona tras rechazar su oferta de convertirse en interproveedor de bollería y pastelería. El problema de valorar en conjunto la trama de efectos y extraer una conclusión clara sobre la mejor decisión respecto a la relación con la distribución era especialmente complejo en el caso de Grupo Dulcesol, que había hecho una apuesta por prosperar tanto con las MDD como con la marca propia.

La conversión en interproveedor de Mercadona en estas categorías de producto significaría para Grupo Dulcesol consolidar unas ventas con la marca Hacendado que suponían una cuota significativa de su facturación total, así como la expectativa de un crecimiento considerable de las ventas al menos a corto-medio plazo como fabricante mono-marca de MDD. Esta elección era consistente con el principal cambio estructural que estaba remodelando la estructura la industria de bollería y pastelería en el momento de plantearse la decisión, que era la traslación de la figura del actor central del sistema de valor desde los fabricantes a los distribuidores en forma de redes detallistas organizadas. Romper relaciones con el líder de la distribución detallista, que era al tiempo su principal cliente, suponía entonces un riesgo comercial considerable, no solo por la pérdida de las ventas de MDD a este distribuidor sino por el riesgo de que la ruptura se extendiese a las marcas propias de Grupo Dulcesol. La penetración de las marcas propias del fabricante se enfrentaba ya a problemas para atraer el interés del consumidor si no ofrecían una diferenciación acentuada, sobre todo en un momento en que la demanda se estaba contrayendo con la crisis y las preferencias de los consumidores por los productos de un precio más asequible se acentuaba. La pérdida de confianza inevitable tras la ruptura penalizaría más aún la presencia de sus marcas en las estanterías de Mercadona. La retirada de Grupo Dulcesol como proveedor de Mercadona, tanto de MDD como con sus propias marcas, dejaba además más espacio de mercado a la competencia de otros fabricantes que pugnaban cada vez más intensamente por conseguir tanto colocar sus marcas propias en el lineal de la distribución como por ganar la condición de productor de las MDD, y para las que Mercadona era un caramelo por su gran poder de compra. Atendiendo a estas razones, el planteamiento más conservador hubiese abogado por la aceptación.

Sin embargo, el impacto a largo plazo de la conversión en interproveedor de Mercadona era más incierto, pues encadenaba Grupo Dulcesol a permanecer y a comprometer recursos para mantener su competitividad en actividades cuya demanda futura era incierta y en algunos casos declinante. La decisión final obligaba pues a la dirección a un análisis prospectivo de los cambios que ya entonces despuntaban en los patrones de compra de los nuevos consumidores y del grado en que la conversión en interproveedor podía ayudar a la alineación con ellos o, por el contrario, la desviaba de las tendencias de mercado en eclosión.

Había una faceta del problema que exigía una reflexión estratégica por la dirección de Grupo Dulcesol y atañía a los efectos de sus decisiones sobre la configuración del campo de actividad de la compañía y por ende sobre el diseño de su estrategia corporativa. Las necesidades de recursos a que obligaba un crecimiento acompasado con el de Mercadona y la propia política de esta cadena de forzar la especialización de sus interproveedores en la categoría harían que las oportunidades de diversificación futura estarían condicionadas a criterios del distribuidor y no a las oportunidades de entrada en nuevas gamas de alimentos en una fase temprana de su ciclo de vida, ni a la holgura de recursos y capacidades del fabricante. El problema de adquirir la condición de interproveedor era que podía enclaustrar a Vicky Foods en la categoría de bollería y pastelería y obligarla a concentrar esfuerzos y recursos en ella, obstaculizando su diversificación tanto hacia el pan como hacia nuevas gamas de alimentos ajustados a las nuevas demandas del consumidor de productos horneados y a los avances tecnológicos. Este bloqueo de la diversificación hacia la panadería podía repercutir negativamente en la cuenta de resultados si las inversiones para desarrollar la producción de pan se convertían en coste hundidos irrecuperables, total o parcialmente; y a más largo plazo, constituir un freno a la búsqueda de oportunidades de diversificación en actividades con mayor potencial de crecimiento dada su etapa de ciclo de vida. Las perspectivas de desarrollo se verían además alimentadas en exclusiva por la capacidad de crecimiento de Mercadona, que modularía, no sólo el método, sino la dirección y el ritmo del desarrollo.

Por tanto, incluso si la industria lograba frenar la obsolescencia comercial de los productos de bollería y pastelería industrial originada por los nuevos hábitos de consumo, Grupo Dulcesol se enfrentaba al convertirse en interproveedor en el riesgo del estancamiento o como máximo la moderación del crecimiento que era consustancial a la madurez de este mercado. La innovación había jugado un papel esencial en las pasadas críticas para sostener el crecimiento de la demanda de estos alimentos, pero tenía un alcance limitado para revitalizar este mercado en los países desarrollados europeos de cara al futuro.

Otros mercados naturales próximos, como los del norte de África o Portugal, estaban aún en una fase más incipiente de su ciclo de vida. Pero la opción de la entrada en nuevos mercados para compensar la pérdida potencial de ventas en el mercado nacional por la caída del consumo per cápita se veía obstaculizada por la exigencia de total dedicación implícita a la condición de interproveedor.

La adhesión a Mercadona como interproveedor suscitaba otro problema de gran complejidad, cual era la consistencia de dicha decisión con el modelo de negocio desarrollado por Grupo Dulcesol. El valor del crecimiento externo para desarrollar recursos y capacidades ha sido tradicionalmente valorado, pues constituye una senda que facilita la adquisición de todos aquellos activos que pueden ser controlados independientemente de las personas, así como el acceso rápido a aquellos activos que precisan del tiempo para su acumulación, como es el caso de las economías de experiencia. Sin embargo, no siempre la fusión o adquisición de otras empresas facilita el acceso y la absorción de todos sus activos, pues algunos de ellos están depositados no en las personas (y por tanto serían extraíbles con su contratación) sino en la cultura corporativa y en las rutinas organizativas, que no son fácilmente exportables a la empresa adquirente. Es más, con frecuencia la compra o la fusión dañan estos intangibles echando por tierra el futuro de las empresas comprometidas con la operación. Estos problemas del crecimiento externo acelerado han estado en el origen de los fracasos de muchas empresas líderes en panadería y bollería-pastelería industrial, como Panrico, Bimbo y Siro. Grupo Dulcesol, en cambio, aprendió a administrar prudente y eficazmente sus procesos de desarrollo combinando los distintos métodos. El cambio de la estrategia corporativa desde un desarrollo orgánico-externo hacia un crecimiento en cooperación era una elección cuyas consecuencias debían medirse con cuidado, pues ambas tienen ventajas y riesgos.

Por último, la conversión en interproveedor obligaba a interrogarse sobre cuál era la consistencia de dicha decisión con la estrategia, la visión y los valores desarrollados por Grupo Dulcesol en su historia que se acercaba entonces a los seis decenios. El principal riesgo de aceptar la propuesta era la *pérdida de autonomía en la toma de decisiones y la aceptación de unos valores cuya sintonía con la cultura de Grupo* Dulcesol era cuanto menos dudosa. La integración de una empresa con una estrategia, una cultura y una visión propias y diferenciales en otra organización con culturas y estrategias alejadas, comporta serios problemas, especialmente cuando la independencia de decisión y la personalidad de su máximo directivo, que habían sido el motor del desarrollo de la compañía hasta entonces, se veían comprometidas. Este era este el caso de Grupo Dulcesol, que tenía ya una estrategia clara que hacía de la calidad, la innovación, la internacionalización, la diversificación y la solidez financiera sus bazas competitivas principales.

El síntesis, el análisis debió llevar a la conclusión de que los efectos de perder como cliente al líder de la distribución española eran de menor alcance que los riesgos derivados de ponen en la picota recursos y capacidades acumulados lentamente (como la red comercial, las marcas y las rutinas tecnológicas y organizativas descubiertas costosamente con las inversiones y los contratos pasados), de olvidar la diversificación de la cartera de clientes, de mantener una política de crecimiento sostenible que permitiera controlar la deuda y de diversificar la cartera de productos y ampliar su campo de actividad para alinear la compañía con el reto de la sostenibilidad.

La apuesta por la diversificación: explorando nuevos territorios

La renuncia a la oferta de Mercadona conllevó la pérdida de ventas de la producción con su MDD y taponó la distribución de las marcas propias a través de este canal, que era el principal detallista nacional. El propio grupo cifró la dependencia de Mercadona a finales de 2007 en casi la mitad de su volumen de producción y en el 70% del EBITDA. La ampliación de su campo de actividad obedeció pues, **más que las tendencias emergentes de la demanda,** a la necesidad de encontrar nuevos yacimientos para el desarrollo que pudiesen sustituir la pérdida de ventas que entrañaría la ruptura con Mercadona.

El plan estratégico desplegado por Grupo Dulcesol para afrontar las consecuencias de la pérdida como cliente y como distribuidor de Mercadona en la facturación de bollería-pastelería y panadería llegó a la conclusión de que para mantener el crecimiento futuro la compañía debía, además de buscar la forma de compensar la inevitable caída de sus productos tradicionales, explorar la entrada en nuevas actividades. Por ello, la estrategia corporativa desde 2008, es decir, antes incluso de iniciar el periodo de desenganche que duró tres años (2009-2011), compaginó acciones en las dos direcciones (*gráfico 24 de esta nota*).

En relación a sus actividades tradicionales de panadería y bollería-pastelería, Grupo Dulcesol enfocó su estrategia de desarrollo combinando la penetración de mercado con el desarrollo tanto de productos como de mercados, es decir, recurrió a las tras clases de estrategias de expansión. El mantenimiento y aumento de la cuota de mercado en estas dos actividades dentro de los productos-mercados que entonces tenía se trabajaron por dos vías: completando la capacidad de acceso a todos los recovecos del territorio nacional; y negociando la fabricación de las MDD de otros distribuidores, al tiempo que abría sus estanterías a sus marcas propias. El desarrollo de mercados se orientó hacia la internacionalización (ya iniciada una década atrás en Portugal) que llevaron a la compañía hasta el Magreb (Argelia y Marruecos) y hacia diversos países europeos, mercados nuevos todos ellos con perfiles singulares de demanda. Por último, el desarrollo de productos se plasmó en el ensanchamiento del catálogo de bollería en las gamas de bollería frita, bollería fresca y bollería rellena, así como en una línea de galletas; junto a la ampliación continua de especialidades de pan en cuatro gamas; pan de molde, pan para hamburguesas y *hot dogs*, panes tostados y panes especiales.

Los resultados de esta panoplia de iniciativas de expansión fueron exitosos pues el grupo logró entrar en distribuidores importantes como Supermercados El Corte Inglés y Carrefour, consolidar una presencia en panadería y bollería-pastelería en toda España al margen del líder de la distribución y abrir vías de crecimiento internacional que se han sostenido y potenciado en el tiempo. El área que menos impacto tuvo entonces fue la innovación de producto en bollería que no trajo los resultados esperados. Pero en conjunto esta estrategia de expansión en tres frentes permitió recuperar rápidamente las ventas perdidas en Mercadona.

Gráfico 24. Estrategia de diversificación de Grupo Dulcesol 2013-2018.

NUEVOS PRODUCTOS

NUEVOS MERCADOS

	Tecnología afín	Tecnología diferente
Mismo tipo	Diversificación Horizontal	
Empresa cliente	Diversificación Vertical	
Tipo similar	Diversificación Concéntrica	
Nuevo tipo		Diversificación Conglomerada

Bollería y panadería congelada (Horno Hermanos Juan)
Chocolates y derivados del cacao (cremas untables Top Cao).
Snacks (barritas de cereales Vitasol)
Pizzas (línea de frío negativo) Il Horno di Giovanni

Gamas de alimentación infantil Be Plus Baby y Be Plus Baby Fresca.
Postres lácteos (*Yogisan*).
Cremas ecológicas Naturcream.
Smoothies bioactivos.
Bebidas probióticas.
Bebidas de diseño
Bebidas deportivas
Helados
Platos preparados refrigerados.
Precocinados congelados

El segundo eje estratégico seleccionado para sostener un futuro sin Mercadona descansaba sobre la entrada en actividades distintas. La diversificación acometida amplió el campo de actividad con nuevas líneas de negocio, que son ejemplos de diversificación horizontal o concéntrica.

Dentro de la diversificación horizontal se incluirían nuevas actividades dirigidas a mercados del mismo tipo que los de sus actividades clásicas de productos horneados. Es el caso de la bollería y panadería congelada del grupo encuadrada bajo la marca Horno Hermanos Juan y que surge inspirándose en el éxito de competidores como Europastry que han crecido gracias a las masas congeladas. El proyecto comenzó en 2015 y se lanzó en 2017 con el objetivo de atender a los profesionales de la restauración y la panadería tradicional y organizada, si bien desde 2018 se ha extendido al canal distribución. Son también los casos de los chocolates y derivados del cacao en forma de cremas untables de cacao Top Cao; y los snacks en la categoría de barritas de cereales bajo el nombre comercial Vitasol.

La diversificación concéntrica recoge otro conjunto de líneas más alejadas de los productos horneados, que integran alimentos saludables, naturales y ecológicos entre los que se incluyen:

— La gama de alimentación infantil Be Plus Baby abierta en 2013 y, más recientemente, la línea Be Plus Baby Fresca (tarritos y puches de verduras y frutas Yogisan para alimentación infantil).

— Cremas ecológicas Naturcream.

— Smoothies bioactivos.

A finales de la segunda década del siglo, el Grupo Dulcesol había pasado de operar sólo en las categorías de pan industrial y bollería y pastelería industrial, comercializados con una misma marca (Dulcesol), a un sistema de más de 350 productos agrupados bajo tres marcas comerciales (Dulcesol, Be Plus y Hermanos Juan), que ofrecía una gran variedad de referencias de categorías muy distintas.

Armada con estas estrategias y ofertas, Grupo Dulcesol enfrentó la crisis económica de 2008-2012 y la progresiva desvinculación de Mercadona entre 2009 y 2011 con solvencia, manteniendo sustancialmente su producción y sus ventas en valor, y explotando con éxito durante el trienio 2012-2014 la recuperación posterior con una expansión notable de la facturación en los mercados nacional e internacional. Aunque entre 2014 y 2018 el crecimiento volvió a moderarse, hacia 2017, el liderazgo por volumen se había reforzado aún más duplicando a su inmediato seguidor (Cerealto Siro Foods) y alejando ampliamente a sus rivales clásicos.

La consolidación como grupo corporativo: Vicky Foods

En el transcurso del último quinquenio, la estrategia corporativa del grupo fue nuevamente rediseñada respondiendo a una decidida apuesta por la potenciación de la alimentación saludable y de conveniencia y el impulso de la nueva marca paraguas Vicky Foods que amplió la cartera de productos por encima de los 400. El avance en la diversificación desde ese momento se produjo en varios frentes, todos ellos diversificación concéntrica excepto la línea de frío negativo introducida en 2023 con la marca Il Forno di Giovanni que recoge un amplio potfolio de pizzas, mini pizzas y baguettes y es un caso de diversificación horizontal (*gráfico 22 de esta nota*):

— Helados, introducidos en 2020.

— Platos preparados refrigerados. El impulso de esta línea partió de la adquisición de productores complementarios como Ecoiberope, S.L., una *start up* sita en Xátiva especializada en producir platos precocinados, conservas y otros productos cárnicos y vegetales ecológicos y veganos, que fue comprada en 2019.

— Bebidas probióticas (incorporando bacterias que ayudan a restaurar el equilibrio de la flora intestinal) con agua de kéfir apta para veganos, intolerantes a la lactosa o al gluten y baja en azúcares y calorías, introducidas en 2019

— Bebidas personalizadas y deportivas. En 2022 se ha sumergido en el proyecto disruptivo BeBalance orientado a desarrollar una bebida diseñada por completo según las necesidades de cada consumidor y que incorporará los últimos avances en genética nutricional.

— Precocinados congelados bajo la marca FIT'z, lanzada en septiembre de 2022 y que en 2023 contaba ya con cerca de 40 referencias organizadas en dos surtidos diferenciados dirigidos al canal de alimentación y a Horeca.

Definición del campo de actividad actual

Una forma usual e insuficiente para delimitar el campo de actividad de la empresa consiste en listar el conjunto de industrias en que la empresa actualmente compite o desarrolla actividad, sin preocuparse de si las industrias que se relacionan lo son o en realidad se trata de productos -mercados de las mismas. Este proceder nos llevaría a una definición del campo de actividad de Vicky Foods caracterizada por el siguiente conjunto de actividades:

— Alimentación infantil.

— Postres lácteos (Yogisan).

— Cacao y derivados (cremas untables de cacao y avellana).

— Cremas ecológicas Naturcream.

— Snacks (barritas de cereales Vitasol).

— Helados.

— Smoothies bioactivos.

— Bebidas probióticas.

— Bebidas funcionales de diseño o personalizadas.
— Bebidas deportivas.
— Platos preparados refrigerados.
— Precocinados congelados bajo la marca FIT'z.
— Bollería y panadería congelada (Horno Hermanos Juan).
— Bollería y panadería industrial envasada.
— Pizzas (Il Horno di Giovanni)
— Panadería industrial fresca envasada.
— Pan de molde y para hamburguesas y *hot dogs*.
— Pan seco y tostado.
— Producción de huevos.
— Envases y embalajes.
— Distribución comercial.

Desde un punto de vista más formal y valioso para el análisis y la toma de decisiones estratégicas, el campo de actividad se define por el conjunto de productos y mercados que forman la cartera de negocios en los que la empresa planea operar y competir y cómo desea que estén relacionados y priorizados.

La definición idónea del campo de actividad aconseja ser lo más específico posible, especialmente cuando la empresa tiene varios negocios y sus ámbitos de actividad están relacionados. Hay que decidir de forma precisa sobre seis ámbitos:

1. SELECCIÓN DE LA ARENA COMPETITIVA

El primer paso para definir el campo de actividad consiste en perfilar su entorno competitivo que está circunscrito por sus mercados de referencia, que son la base para la selección del terreno donde la empresa decide competir. Los mercados de referencia se definen por las funciones que los productos deben prestar o por las necesidades que tienen los consumidores y que los productos deben atender. Un mercado de referencia es pues el conjunto de consumidores interesados en cubrir cada necesidad. Estas funciones deben priorizarse enunciándose por orden de prioridad para el consumidor. Además deben distinguirse las funciones principales que todos los competidores deben perseguir para ser considerados por el consumidor (por ejemplo, la movilidad en la macroindustria del transporte o la comunicación de noticias en la macroindustria de medios).

El estudio del comportamiento de compra de los consumidores de alimentos lleva a separar las siguientes funciones esperadas de la oferta de productos por orden de prioridad:

— Nutrición.

— Crecimiento.
— Conveniencia.
— Placer.
— Salud.
— Apoyo deportivo.
— Apoyo a la actividad intelectual.
— Protección del medioambiente.

En principio, cada una de estas necesidades engendrará un mercado de referencia, por lo que potencialmente Vicky Foods podría estar presente en ocho mercados de referencia. La función primaria es la de nutrición, mientras que el resto de funciones son electivas.

2. ELECCIÓN DE LAS CAPACIDADES Y TECNOLOGÍAS CLAVE SOBRE LAS QUE COMPETIR

El segundo paso para configurar el campo de actividad es definir las capacidades y tecnologías clave a dominar para prestar funciones o satisfacer necesidades en los mercados de referencia seleccionados. Estas necesidades pueden ser cubiertas con muchos productos distintos, que requieren para su elaboración tecnologías y competencias específicas diferentes.

Cada capacidad/tecnología clave determina una industria. Por tanto, cuando la empresa decide las capacidades y tecnologías clave que busca dominar y utilizar, está seleccionando las industrias en que desea operar.

Por ejemplo, Vicky Foods ha descartado competir en la panadería y la bollería-pastelería artesanales decantándose en cambio por la panadería y la bollería-pastelería industriales, al decidir que sus métodos de producción de productos horneados seguirán procedimientos industriales para la elaboración en masa de productos que pueden incorporar ingredientes no naturales.

3. CLASIFICACIÓN EN MACROINDUSTRIAS

El conjunto de industrias que comparten un conjunto básico de procesos e inputs para elaborar productos encaminados satisfacer ciertas necesidades forman una macroindustria. El conjunto de actividades que con el tiempo Vicky Foods ha ido incorporando es muy diverso y requieren capacidades y tecnologías muy diferenciadas, justificándose esta variedad por las exigencias de las necesidades a satisfacer. En principio, Vicky Foods compite en seis macroindustrias:

— La macroindustria de alimentos horneados incluye un conjunto de industrias productoras de alimentos elaborados a partir de cereales y que sufren procesos de molienda, amasado y cocción. La definición de las tecnologías puede incluso ser más específica si atendemos a los procesos de elaboración del producto, que da pie a distinguir entre la producción industrial y artesanal, así como entre la producción a partir de ingredientes naturales y de masas congeladas. Entre las industrias incluidas en esta macroindustria en que Vicky Foods se sitúa se pueden incluir la panadería industrial envasada, la bollería-pastelería industrial envasada, los precocinados congelados tanto de panadería como de bollería-pastelería, la industria de snacks (donde caen las barritas de cereales y otros productos dirigidos al consumo *on-the-go*), las pizzas y la industria del chocolate y derivados (donde ofrece cremas para untar).

— La macroindustria de la alimentación infantil es otro referente que acoge variedad de productos dirigidos a la infancia, desde preparados para papillas a potitos de múltiples ingredientes incluyendo postres lácteos Yogisan.

— La macroindustria del frío también incluye una diversidad de tecnologías que dan lugar a industrias como la de helados, precocinados congelados y platos preparados refrigerados.

— La macroindustria de alimentos funcionales, donde encasilla alimentos y bebidas a las que se han agregado componentes bioactivos. Entre las industrias potenciales pertenecientes a esta categoría, Vicky Foods se desarrolla en las de bebidas probióticas, bebidas personalizadas o de diseño y bebidas deportivas.

— La macroindustria de alimentación natural y ecológica, sin aditivos y 100% ecológicos, donde Vicky Foods ofrece los smoothies bioactivos; y cremas ecológicas como Naturcream.

— La macroindustria de la distribución comercial, es decir, de los operadores logísticos que colaboran con los fabricantes en la distribución de sus productos hasta los puntos de venta. Vicky Foods trabaja aquí en la industria de la distribución física terrestre, pues todo su servicio lo presta con la flota propia de vehículos.

4. ALCANCE VERTICAL

Cuando las actividades no son totalmente independientes por formar parte de una cadena de valor siendo complementarias en la formación de un producto principal, hay que decidir su grado, de internalización, es decir, qué fases del valor añadido (diseño, logística, producción, ventas, distribución, etc.) la empresa pretende realizar.

Vicky Foods ya se planteó esta cuestión y decidió internalizar la producción de huevos, de chocolate y de los envases y embalajes por considerar estos elementos críticos para garantizar la calidad del producto y la marca. También decidió internalizar la comercialización creando con tal fin una red de distribución propia en todos sus mercados.

Sin embargo, las actividades realizadas por integración vertical hacia atrás no son de libre oferta y se prestan solo para el grupo. En cambio, la red comercial presta servicios a otros fabricantes y por tanto concurre en el mercado de la distribución. Es decir, no podemos decir que Vicky Foods sea un competidor en el negocio ovíparo, en el de envases y embalajes, o en el de chocolate; pero sí cabe decir que es un competidor más en la distribución comercial terrestre rivalizando con otros operadores logísticos con su red comercial y flota propia de vehículos.

5. ALCANCE HORIZONTAL

Frecuentemente los mercados de referencia son demasiado heterogéneos en necesidades y competencias demandadas para definir la arena competitiva y resulta obligada su división en segmentos más homogéneos. Este filtrado se da en dos etapas:

- Acotando la amplitud de la posición de mercado, mediante la elección de los macrosegmentos cubiertos que forman los mercados relevantes.
- Acotando la profundidad de la posición de mercado, medida por la variedad de microsegmentos que atiende dentro de cada mercado relevante. Los microsegmentos son el terreno donde realmente la empresa compite.

Vicky Foods cubre con su oferta todos los macrosegmentos de los mercados de referencia. La primera forma de abordar la macrosegmentación deslinda los segmentos de consumidor final, gran distribución (pudiendo aquí distinguirse entre la demanda de marca propia y de MDD), restauración organizada y restauración colectiva. Si la macrosegmentación se realiza por áreas geográficas, su actividad se centra en el territorio nacional y en mercados extranjeros del Magreb (Argelia y Marruecos) y Europa (Portugal, Francia, Alemania, Reino Unido sobre todo). Las ventas internacionales en otros mercados son exportaciones esporádicas no consolidadas.

La microsegmentación puede seguir distintos criterios socioeconómicos. Si se sigue un criterio de edad, el campo de actividad de Vicky Foods cubre todos sus tramos con productos dirigidos a la infancia, la juventud y la fase adulta. Este criterio puede combinarse con otros como las características del consumo cuando la necesidad responde al factor salud, distinguiendo colectivos con necesidades especiales (veganos, vegetarianos, con problemas de intolerancia o con demandas específicas en la producción y composición de los productos); y en general con el criterio del momento del consumo distinguiendo según sea desayuno, almuerzo/cena, merienda o entrehoras. La profundidad de la posición de mercado de Vicky Foods depende del mercado relevante del que hablemos, pero en general puede afirmarse que opta por posicionamientos profundos que cubren muchos e incluso todos los microsegmentos discernibles.

6. GRADO DE COBERTURA POR MERCADO RELEVANTE E INDUSTRIA

En cada macroindustria, la empresa puede decidir la formación de su modelo de negocio con una estrategia distinta de cobertura del mercado relevante de las cinco opciones posibles para concebir combinaciones producto-mercado (*gráfico 25 de esta nota*).

En la macroindustria de productos horneados, la estrategia de selección de combinaciones de tecnologías y macrosegmentos de cada mercado relevante ha progresado con el desarrollo del grupo hacia el tipo "cobertura completa del mercado de referencia". Inicialmente Vicky Foods siguió una estrategia de especialización tecnológica, a la que sucedió otra estrategia de especialización selectiva, que finalmente ha sido sustituida por una estrategia que no renuncia a ninguna tecnología ni macrosegmento.

En las macroindustrias de alimentación infantil, alimentación funcional, alimentación natural y ecológica y frío la elegida es una estrategia de especialización tecnológica.

Por último, en la macroindustria de la distribución comercial Vicky Foods adopta una estrategia de especialización selectiva dentro de una cierta tecnología, en su caso la distribución terrestre.

Gráfico 25. Estrategias de cobertura del mercado relevante.

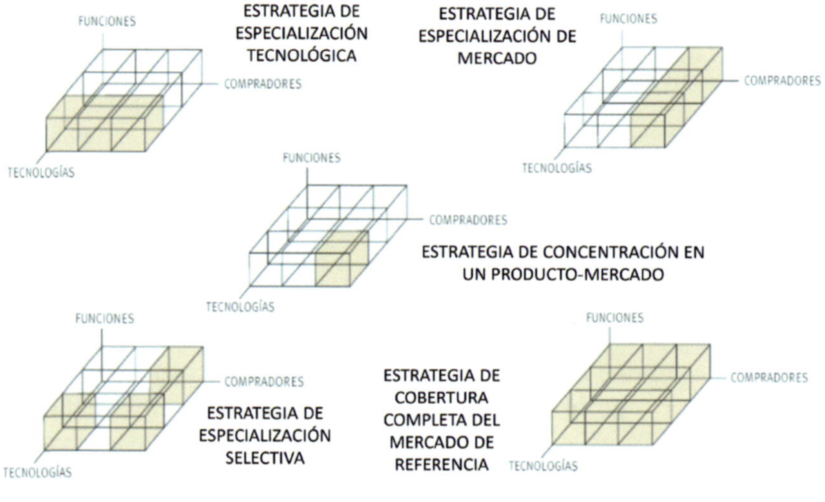

El resultado final ha sido un conjunto de combinaciones producto-mercado en que la empresa desea operar y competir, que pertenecen a varios mercados de diferentes industrias clasificadas en varias macroindustrias.

Gráfico 26. Delimitación del campo de actividad de Vicky Foods.

<table>
<tr><th>Macroindustrias</th><th>Tecnologías (industrias)</th><th>Necesidades (mercados relevantes)</th><th>Clientes (macrosegmentos o mercados de referencia)</th></tr>
<tr><td rowspan="10">Alimentos horneados</td><td>Panadería artesanal</td><td rowspan="3">Nutrición</td><td rowspan="2">Consumidor final</td></tr>
<tr><td>Panadería industrial fresca envasada</td></tr>
<tr><td>Masas congeladas</td><td rowspan="2">Distribución de marca propia</td></tr>
<tr><td>Pan de molde, hamburguesas y hot dogs</td><td rowspan="3">Crecimiento</td></tr>
<tr><td>Pan seco y tostado</td><td>MDD</td></tr>
<tr><td>Bollería y pastelería artesanales</td><td>Restauración organizada</td></tr>
<tr><td>Bollería y pastelería industrial envasada</td><td rowspan="4">Salud</td><td rowspan="2">Restauración colectiva</td></tr>
<tr><td>Pizzas</td></tr>
<tr><td>Derivados del cacao</td><td rowspan="2">Infancia</td></tr>
<tr><td>Snacks (barritas de cereales)</td></tr>
<tr><td rowspan="2">Alimentación natural y ecológica</td><td>Bebidas naturales</td><td rowspan="2">Conveniencia</td><td rowspan="2">Familias adultas</td></tr>
<tr><td>Alimentos naturales y ecológicos</td></tr>
<tr><td rowspan="2">Alimentación infantil</td><td>Potitos y bolsitas</td><td rowspan="2">Placer</td><td rowspan="2">Jóvenes</td></tr>
<tr><td>Postres y natillas Yogisan</td></tr>
<tr><td rowspan="3">Macroindustria del frío</td><td>Helados</td><td rowspan="3">Apoyo deportivo</td><td rowspan="2">Veganos y vegetarianos</td></tr>
<tr><td>Platos preparados refrigerados</td></tr>
<tr><td>Precocinados congelados</td><td rowspan="2">Ecologistas</td></tr>
<tr><td rowspan="3">Alimentación funcional</td><td>Bebidas probióticas</td><td>Apoyo a la actividad intelectual</td></tr>
<tr><td>Bebidas deportivas</td><td rowspan="2">Protección del medioambiente</td><td rowspan="2">Personas con intolerancias</td></tr>
<tr><td>Bebidas personalizadas o de diseño</td></tr>
</table>

El *gráfico 26 de esta nota* sintetiza la elección de tecnologías, funciones y clientes por Vicky Foods, de las que pueden desprenderse los productos que ofrece y los mercados a los que los dirige. Se incluye también una interpretación de cómo pueden organizarse esas combinaciones productos-mercados por industrias y macroindustrias.

Una forma más visual y aleccionadora para acotar el campo de actividad de una empresa es el plano de Abell. El *gráfico 27 de esta nota* representa el espacio en que se ubicarán todos los negocios de las macroindustrias en que Vicky Foods está presente, excepto el caso de la diferenciación no relacionada que es la distribución comercial.

Gráfico 27. Industrias y mercados de referencia en que Vicky Foods está posicionada.

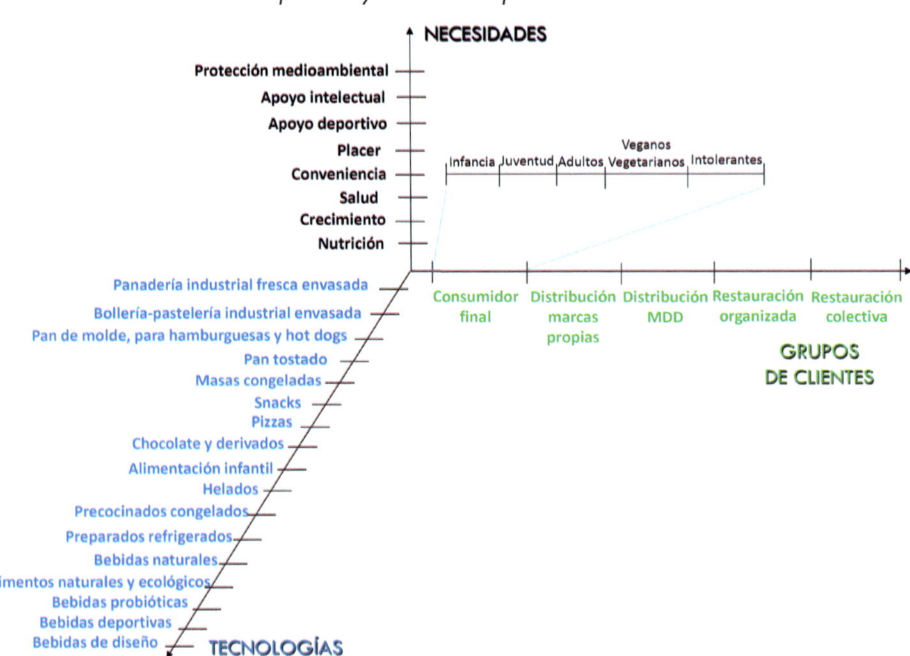

Proposición de la segmentación estratégica de la cartera de negocios

Así pues, el campo de actividad de Vicky Foods incluye negocios muy distintos que ni siquiera forman parte de la misma macro industria. Para gestionar esta compleja cartera de negocios buscando al mismo tiempo eficiencia y sinergias, la dirección podría proceder a agrupar varios de estos negocios en unidades estratégicas de negocios. Esta recomposición de la cartera es particularmente oportuna cuando existen sinergias entre los negocios que pueden explotarse agrupándolos.

Una **unidad estratégica de negocio (UEN)** es un conjunto de negocios que, a pesar de estar situados en entornos / mercados distintos y requerir recursos y capacidades específicos, son homogéneos en algún aspecto estratégico fundamental y por tanto es posible formular una estrategia competitiva específica para el conjunto de negocios que la compone. Sus características son:

- Ser una unidad organizativa independiente y autónoma en la gestión de recursos, pero enmarcada en la estrategia corporativa.
- Tener una estrategia de empresa propia.
- Tener un gerente con responsabilidad sobre ventas y beneficios.

- Tener forma jurídica propia
- Suele conllevar la divisionalización de la compañía siendo cada UEN una división.

Para proponer una segmentación estratégica coherente en el caso, se ha tomado como criterio la segmentación por productos, que resulta apropiado cuando hay una significativa diferenciación entre los productos de la empresa en características físicas, producción, distribución, puntos de venta, público objetivo, etc., pero algunos de ellos comparten similitudes en alguna/s de esta/s dimensiones/s.

La segmentación estratégica resultante de este criterio puede conducir a la formación de cinco unidades estratégicas de negocio:

1. DIVISIÓN PANADERÍA Y SNACKS
2. DIVISIÓN BOLLERÍA Y PASTELERÍA
3. DIVISIÓN DE FRÍO
4. DIVISIÓN ALIMENTACIÓN FUNCIONAL
5. DIVISIÓN ALIMENTACIÓN INFANTIL Y NATURAL

Siguiendo el criterio lógico de la segmentación estratégica, cada una de estas divisiones debería reconocerse por una marca propia y ser un centro de beneficios para poder juzgar su crecimiento y rentabilidad. Pero la división de panadería y snacks recoge dos marcas (Dulcesol e Il Horno di Giovanni), y una de ellas además compartida con la división de bollería y pastelería. Sería pues deseable su unificación y habría que plantearse la conveniencia de mantener la misma marca para panadería y bollería-pastelería.

La división de frío tiene el mismo problema pues conjuga productos de panadería, bollería y snacks en forma de masas congeladas, con la marca Horno Hermanos Juan; con precocinados congelados y procesados refrigerados comercializados con la marca Fit´z.

Las dos últimas divisiones comparten la marca Be Plus, a pesar de las diferencias en la naturaleza del producto y en los mercados objetivos, que podrían aconsejar marcas distintas para amparar mensajes diferenciados.

La organización jurídica del grupo tampoco parece adaptada a la estructura de la cartera que resultaría de una segmentación estratégica de este tipo, lo que dificultaría el análisis individualizado de ingresos, costes, márgenes, rendimientos y crecimientos por UEN. La estructura organizativa divisionalizada de acuerdo con la segmentación estratégica también brilla por su ausencia.

Por último, se precisaría un trabajo de análisis para decidir si las estrategias competitivas de cada UEN deben ser las mismas o es conveniente una diferenciación estratégica que mejore el posicionamiento de mercado de cada división.

Construcción de la matriz de cartera de negocios

Mientras que la empresa avanzaba en su estrategia de diversificación horizontal y concéntrica con nuevas líneas de negocio, el planteamiento de la gestión de la cartera de negocios y marcas fueron clarificados y repensados para acomodarlo a la realidad de un grupo industrial multi-marca, multi-negocio, multinacionalizado y comprometido con la nutrición saludable. La reorganización societaria y el establecimiento de las cinco marcas, tras la constitución de Grupo Vicky Foods, han sido las acciones acometidas en este sentido.

Sin embargo, del relato del caso se deduce que no parecen haberse dado procesos de análisis de la idoneidad de la cartera de negocios que sirvan de fundamentos a objetivos de gestión conjunta que optimicen los resultados globales. Veamos cómo podría realizarse este análisis y la construcción de la matriz de la cartera de negocios de Vicky Foods, a partir de los datos que el caso ofrece (*gráfico 28 de esta nota*).

Gráfico 28. Matriz BCG de la cartera de negocios de Vicky Foods.

Actividad	Ventas Vicky Foods 2022 M. € (1)	Ventas actividad 2022 (M. €)	Evolución ventas actividad 2019-2022	Ventas líder actividad 2022 (M. €)	Líder (o segundo si es Vicky Foods el líder)	Cuota del líder (o segundo si es Vicky Foods el líder)	CMR (cuota de mercado relativa)
Bollería y pastelería industrial	240,8	970,2	21,5%	234	Bimbo-Panrico	24,1%	1,03
Panadería industrial	233	818,8	7,2%	336	Bimbo-Panrico	41,0%	0,69
Masas congeladas	≤ 5%	1.303,8	-5,3%	846	Europastry	64,9%	0,03
Pizzas	≤ 1%	274,2	1,9%	99	Dr. Oetker	36,1%	0,03
Snacks	≤ 1%	288,5	34,6%	26	Tolfrit	9,0%	0,08
Cremas untables de chocolate	≤ 1%	149,8	19,6%	41	Idilia Foods	27,4%	0,05
Alimentación infantil	≤ 3%	500,0	10,8%	54	Nestlé	10,8%	0,24
Alimentación saludable / funcional	≤ 2%	2.750	50,0%	550	Danone	20,0%	0,01
Helados	≤ 1%	804,7	19,3%	201	Unilever	25,0%	0,02
Platos preparados	≤ 1%	526,2	4,5%	105	Platos Tradicionales	20,0%	0,04

(1) Los datos de ventas de todas las actividades, excepto las dos primeras, vienen dados como porcentajes de las ventas totales de Vicky Foods.

Gráfico 29. Posiciones de negocio de Vicky Foods en la matriz BCG.

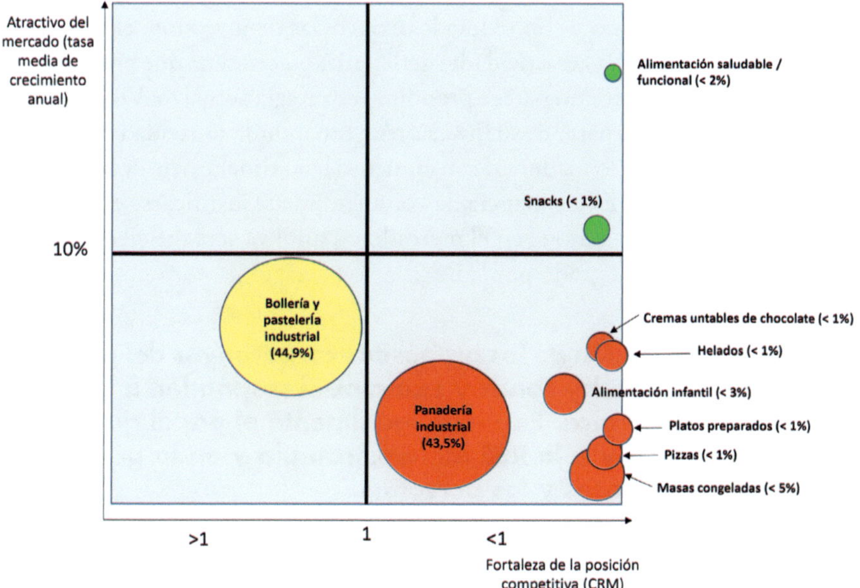

La matriz BCG (Boston Consulting Group) recoge las posiciones de negocio de Vicky Foods en las actividades en que compite (*gráfico 29 de esta nota*). La cartera de negocios de la empresa está desequilibrada, con un peso que supera el 50% de la facturación procedente de negocios en los que la empresa no es líder ni crecen de forma importante, a los que en la jerga estratégica se les conoce como "pesos muertos", quizás con la excepción del negocio de panadería industrial donde es el segundo competidor de mayor cuota de mercado, cercano al primero y estaría pues próximo a ser una "vaca lechera". La diversificación de Vicky Foods se ha focalizado pues en actividades con una baja tasa de crecimiento del mercado y en las que, por ahora, está lejos de conseguir una cuota significativa.

Hay dos excepciones a esta diversificación, que son las circunscritas a la alimentación saludable / funcional y a los snacks. Estos dos mercados son de alto crecimiento, aunque también en ellos Vicky Foods tiene una participación limitada.

El crecimiento futuro de la empresa debería focalizarse en las actividades de alto crecimiento y especialmente en aquellas donde se posee una elevada cuota de mercado, para convertirlas en los negocios estrella (cuadrante superior izquierdo) que son los que garantizarán el crecimiento futuro. Pero por ahora Vicky Foods no tiene ningún negocio de este tipo en su cartera, ni visos de tenerlo a corto plazo. La compañía debería pues acometer un intenso proceso inversor en sus dos actividades "dilema" (cuadrante superior derecho). También podría enfocarse en segmentos específicos de algunas de las actividades "pesos muertos" que encierren mayores oportunidades de crecimiento.

La financiación para esa inversión debería proceder del cash flow emanado de sus "vacas lecheras", la bollería y pastelería industrial concretamente. En la medida que son negocios de bajo crecimiento y con reducidas exigencias de inversión, el cash flow que generan puede derivarse hacia las actividades deficitarias en tesorería que prometan mayores crecimientos. Esta política no parece presidir la estrategia actual de Vicky Foods, que está concentrando la mayor parte de su inversión en expandir la capacidad de producción de pan, cuando es un negocio maduro de crecimiento bajo e incluso de decrecimiento en algunos de sus segmentos. Esta ganancia de volumen puede justificarse en la conquista de cuota a la competencia, aunque en el mercado español ya será difícil de mantener y obligará a apostar en mayor grado por la internacionalización.

9. Explique la redefinición de los propósitos corporativos del grupo a raíz de la creación de Vicky Foods y examine si responden a los consejos de la teoría estratégica. Explique igualmente el papel que conceden a la sostenibilidad y a la RSE en la estrategia y en la gestión de los productos, los procesos y las personas.

Valore cómo ha cambiado el modelo de sostenibilidad de Vicky Foods desde la creación de la compañía, teniendo en cuenta su alcance, sus acciones, sus recursos y los resultados alcanzados. ¿Cree que este modelo será suficiente para responder a las tendencias del consumo alimentario y del cambio nutricional esperable y para hacer realidad su misión y visión? Valore singularmente su alineamiento a lo largo de los ejes necesidad-conveniencia/placer-salud.

¿Cree que la intensificación de su condición de fabricante de MDD y el posible desplazamiento de Vicky Foods hacia una estrategia de desarrollo externo pueden comprometer sus objetivos de sostenibilidad? ¿Cuáles cree que son los principales riesgos que las exigencias de sostenibilidad y RSE plantearán a Vicky Foods en el próximo futuro?

Nuevos conceptos de misión y visión adoptados tras la creación de Vicky Foods

La magnitud del proceso de crecimiento y diversificación realizado en las dos últimas décadas había configurado una compleja maraña de sociedades y líneas de negocio cuya gestión era cada vez más compleja. Por ello, sin detener dicho proceso ni la intensa dedicación innovadora que lo soportaba, la compañía abordó en 2019 otro proceso de redefinición de su misión, visión e identidad corporativa, para adaptarlos a las nuevas necesidades de mercado y de gestión, que cuajó en el Grupo Vicky Foods. El *gráfico 22 del caso* recoge las nuevas definiciones de misión y visión, así como del sistema de valores, adoptados por Vicky Foods desde 2019.

La **misión** que Vicky Foods se ha establecido es *ofrecer a nuestros clientes y consumidores la mejora relación calidad-precio, ser líderes en nuestros mercados estratégicos y* *expandirnos internacionalmente.* Esta definición es amplia y explícita, pues no limita las posibilidades de desarrollo futuro dejando un amplio margen de discrecionalidad, con el margen de desorientación que esto conlleva. Este riesgo se acentúa al apreciar que esta definición no responde a la cuestión esencial del concepto: ¿cuál es la esencia de nuestro negocio?, ¿quiénes somos y por qué estamos aquí?, ¿qué hacemos? La misión debe ser una declaración de la dirección que establezca el propósito general de la empresa, para qué existe, su razón de ser. En el caso de Vicky Foods este criterio no se cumple y por ello la misión definida no concreta la identidad, la personalidad ni la vocación de la empresa. El concepto pierde así su virtud inspiradora, su valor como hilo conductor que dé sentido al conjunto de actividades que la empresa debe desplegar y su utilidad como referente para la identificación de opciones de desarrollo futuro. La misión debe centrarse en las necesidades genéricas de los consumidores que desea satisfacer con sus productos (como, por ejemplo, alimentación o salud), sin llegar a prefigurar el campo de actividad que puede ser variable en el tiempo, pero la definición de misión de Vicky Foods nada dice de tales necesidades. La única norma para lograr un sentido de misión efectivo que la propuesta de este grupo acata es la de concretar su modo de competir en el mercado, el posicionamiento al que aspira, y con qué capacidades piensa la empresa alcanzarlo.

La necesidad de una correcta definición de la misión se eleva en las empresas diversificadas, pues su papel integrador crece en importancia, tanto más cuanto menos relacionada es la diversificación. Un problema importante en estas empresas es encontrar una misión que puedan compartir todos los negocios que tiene en cartera, o si habría que definir misiones distintas para cada negocio. Estos interrogantes no parecen haber sido resueltos con la definición pública de misión ofrecida por Vicky Foods.

La confusión en la definición de este propósito corporativo se extiende al establecimiento de la visión. La propuesta pública de Vicky Foods de este propósito tampoco responde plenamente a las preguntas cruciales que debe abordar: ¿hacia dónde vamos?, ¿qué queremos ser en el futuro? De hecho, los elementos incluidos en la definición de misión se repiten en la de visión.

La definición de **visión** acuñada en 2019 es una respuesta convencional a la cuestión de hacia dónde vamos o qué se quiere ser en el futuro. Vicky Foods desea ser *una empresa de alimentación innovadora y sostenible, con una firme posición de liderazgo, proyección internacional y orientada a satisfacer las necesidades de todos nuestros clientes y consumidores.* Este enfoque evita el error frecuente de definir la visión en términos de creación de riqueza y puede proporcionar un horizonte temporal a largo plazo que cohesione el resto de decisiones. Pero no parece impregnado de la idea profunda de reto audaz, ambicioso y que requiera un esfuerzo extraordinario de la organización. Las definiciones de visión potentes deben ser distintivas y específicas de cada empresa, evitando afirmaciones genéricas que podrían ser aplicables en muchos casos, como es por ejemplo decir "seremos un líder global y la primera elección de los consumidores en todos los mercados que servimos". Este defecto de falta de especificidad parece latente en el concepto de visión de Vicky Foods. También se echa a faltar en él, la concreción de la forma en que la dirección pretende colocar a la empresa más allá de donde está hoy. Los ejemplos de Nike (*Llevar innovación e inspiración a cada atleta del mundo*) y Wal Mart (*Ahorrar el dinero de la gente para que viva mejor*) deberían servir de referente a Vicky Foods para encontrar una mejor expresión visionaria.

En cuanto al **sistema de valores** que Vicky Foods desea guíen su comportamiento, incluye los siguientes: calidad, máxima satisfacción de los clientes, compromiso con la formación y el desarrollo profesional de las personas, responsabilidad social, mejora continua e innovación y compromiso de reinversión. Su enunciado parece consistente con la trayectoria y con la cultura forjada en la empresa en sus siete décadas de existencia.

Papel que conceden los propósitos corporativos a la sostenibilidad y a la RSE en la estrategia y en la gestión de los productos, los procesos y las personas

Los propósitos y valores corporativos establecidos desde la creación de Vicky Foods han sido la plasmación de un proceso de reflexión interna que cuajó con el cambio de la marca paraguas del grupo, Vicky Foods, y que estuvo centrado en las nuevas demandas de los consumidores y en las nuevas responsabilidades que debía asumir una empresa de alimentación comprometida con su sociedad. Rafa Juan definió el propósito del cambio incidiendo precisamente en la motivación para el cambio: *"Vicky Foods nace para mostrar la nueva realidad de un grupo empresarial multimarca y multicategoría con foco en nuevos mercados y sectores de alimentación ligados a una nutrición saludable e innovadora, y que busca satisfacer las nuevas necesidades de los consumidores".*

A raíz de este cambio, la visión de la empresa incorpora como elemento distintivo la sostenibilidad; y su código de valores añade la responsabilidad social y laboral, ampliando de este modo el compromiso ya asumido anteriormente con los clientes a los empleados y su entorno social. La unión de la innovación y la sostenibilidad son el soporte para la mejora de procesos y productos desde una perspectiva de responsabilidad social.

Valore cómo ha cambiado el modelo de sostenibilidad de Vicky Foods desde la creación de la compañía, teniendo en cuenta su alcance, sus acciones, sus recursos y los resultados alcanzados. ¿Cree que este modelo será suficiente para hacer realidad su misión y visión y para que la compañía haga una contribución reseñable a los propósitos de "alimentar mejor al mundo" y "alimentar un mundo mejor"? Valore singularmente su alineamiento a lo largo de los ejes necesidad-conveniencia/placer-salud/retorno de la inversión-distribución de rentas.

El Grupo Juan y Juan se inició en bollería industrial en los años 60 y 70 con productos como las palmeritas, las magdalenas glorias y las valencianas, que se dirigían al público adulto como alimento de acompañamiento al consumo de cafés y leche en desayunos y meriendas. La imagen corporativa de toda la gama de productos se centró en el mensaje de "vender" una empresa preocupada por alimentar con productos de calidad a una población adulta según los cánones tradicionales de la nutrición responsable. La dimensión "sostenibilidad" aun no estaba en la agenda empresarial ni en las demandas de los mercados y los grupos de interés, por lo que el enfoque estratégico se colocó en aportar productos que respondiesen a la necesidad de los consumidores para alimentarse de forma sencilla y nutritiva en esas comidas, y con el acento colocado en el placer que el producto aportaba a los sentidos. En el dilema rendimiento-distribución del valor, la empresa optó pronto por precios bajos para favorecer el acceso universal a sus productos aun arriesgando margen de ganancia y por una política informal que ya iba revestida de acentos sociales al asentarse en el apoyo al desarrollo local y en el forjado de una "familia" en la organización (insistiendo en los intereses compartidos por todos sus miembros).

Sin embargo, este posicionamiento competitivo cambió significativamente desde mediados de los años 80, cuando el target de mercado se amplió al ***público infantil y la imagen corporativa inspirada en los valores tradicionales de la bollería clásica se modificó para enviar mensajes presididos por la conveniencia*** más que por la nutrición saludable. Este reposicionamiento competitivo era consistente con la eclosión del público infantil como el segmento principal de consumo de bollería y pastelería, y con el cambio del patrón de consumo de los consumidores infantiles más volcado en lo dulce y mucho más elástico a la "seducción masiva" de la publicidad agresiva y amoral de entonces que a las llamadas hacia alimentos más sanos.

La elección de la bollería y pastelería rellenas para sus hijos por parte de los adultos como sustituto de los clásicos desayunos y meriendas basados en el pan era coherente con la progresiva incorporación de la mujer al mercado de trabajo y la escolarización completa y con frecuencia por todo el día (incluyendo pues la alimentación en el colegio). La conveniencia sustituyó a la nutrición equilibrada como criterio determinante del consumo alimentario. La reorientación de la gama de productos (con estrellas como los Coquetones y los Pandorinos), con un crecimiento destacado en bollos y pasteles rellenos, estaba pues alineada con las tendencias de la demanda y con el "populismo económico" de los fabricantes de los años 70 y 80 en las que brillaba por su ausencia la preocupación por la alimentación saludable.

Esta transformación de la dieta señalizó la maduración definitiva en España del segundo cambio nutricional, a resultas del cual el consumo calórico per cápita sobrepasó las 3.000 kilocalorías diarias desde mediados de los años 70. Los problemas de desnutrición dieron paso a los problemas de malnutrición, cuya principal manifestación ha sido el crecimiento de la obesidad infantil y adulta.

La transformación hacia una empresa responsable, solidaria y sostenible encontró su punto de eclosión con el cambio estratégico que tuvo que emprender en respuesta a la ruptura con Mercadona en 2008. La concienciación interna en el equipo directivo sobre las demandas que el mercado y la propia sociedad estaban alumbrando, que ya debía haberse iniciado una década atrás, encontró la oportunidad y el momento para plasmarse en acciones operativas. La empresa inició así ya entonces sus primeras medidas para caminar hacia la producción de alimentos más saludables, aún dentro del sector de productos horneados. En la siguiente década el avance en esta dirección fue ya decisivo, empezando con la entrada en 2013 en la alimentación infantil, con la que Vicky Foods compensó su oferta de productos de bollería y pastelería con una gama de productos naturales de alta calidad más encauzados por la senda de la alimentación saludable. La empresa hizo así un giro estratégico asumiendo definitivamente la responsabilidad de "alimentar mejor al mundo", primando la dimensión salud y la necesidad, sin descuidar la oferta ajustada a los consumidores reclamantes de productos de conveniencia y de placer en el consumo. Los primeros pasos en aras a mejorar la sostenibilidad medioambiental datan también de entonces.

La empresa dio su última vuelta de tuerca a su modelo de sostenibilidad en paralelo al cambio a Vicky Foods en 2019. La diversificación se encaminó ya decididamente a gamas innovadoras de productos (alimentación natural, ecológica y funcional) que pivotan alrededor de la alimentación saludable, progresando así en el propósito de "alimentar mejor al mundo". Pero el cambio no se detuvo aquí. La interiorización de la exigencia de responsabilidad social por el equipo directivo hizo que se extendiese el abanico de grupos de interés cuyas demandas y necesidades se consideraba preciso atender. Por ello, Vicky Foods puso en marcha nuevas iniciativas para "alimentar un mundo mejor", desde la creación de su fundación a la apuesta decidida por el compromiso total con las personas y el medioambiente. La instauración de su modelo ESG, que atiende simultáneamente la triple vertiente económica, social y medioambiental, ha sido la plasmación de esta visión holística que busca compatibilizar la competencia en los mercados con la colaboración y la ciudadanía organizativas. Las cifras de su distribución de valor hablan positivamente de este proyecto.

¿Cree que la intensificación de su condición de fabricante de MDD y el posible desplazamiento de Vicky Foods hacia una estrategia de desarrollo externo pueden comprometer sus objetivos de sostenibilidad?

Las necesidades de recursos a que obligaba un crecimiento acompasado con el de Mercadona y la propia política de esta cadena de forzar la especialización de sus interproveedores en la categoría harían que las oportunidades de diversificación futura estarían condicionadas a criterios del distribuidor y no a las oportunidades de entrada en nuevas gamas de alimentos en una fase temprana de su ciclo de vida, ni a la holgura de recursos y capacidades del fabricante. El problema de adquirir la condición de interproveedor era que podía enclaustrar a Vicky Foods en la categoría de bollería y pastelería y obligarla a concentrar esfuerzos y recursos en ella, obstaculizando su diversificación tanto hacia el pan como hacia nuevas gamas de alimentos ajustados a las nuevas demandas del consumidor de productos horneados y a los avances tecnológicos. Este bloqueo de la diversificación hacia la panadería podía repercutir negativamente en la cuenta de resultados si las inversiones para desarrollar la producción de pan se convertían en coste hundidos irrecuperables, total o parcialmente; y a más largo plazo, constituir un freno a la búsqueda de oportunidades de diversificación en actividades con mayor potencial de crecimiento dada su etapa de ciclo de vida y su situación en cuanto a transición nutricional.

La transformación en interproveedor de Mercadona encadenaba a Grupo Dulcesol a la especialización en actividades de bollería y pastelería industrial que podían desentonar con las preferencias esperadas de los consumidores a medio plazo, obstaculizando la adaptación de su campo de actividad. La concentración exclusiva de inversiones y esfuerzos en esta categoría de productos entrañaba el riesgo cierto de verse desplazado de los alimentos del futuro.

Otro riesgo adicional era que en un momento dado la distribución, por presión de los consumidores, por imposición reguladora o por motivación propia, decidiese proscribir productos como los de bollería y pastelería industrial que arrastraban la fama de ser poco saludables. La novedosa presencia de productos ecológicos, orgánicos y naturales en las estanterías, que ya había empezado a ser significativa en cadenas como Alcampo o Lidl, y la irrupción de algunas cadenas de distribución como Carrefour (con su marca Carrefour Bio) en el mercado de los súper ecológicos, podía presagiar una actitud más hostil de la distribución hacia la bollería y la pastelería industrial. En aquellos momentos no había signos visibles de que Mercadona fuera a cambiar su política de catálogo en esta dirección, pero la presión de la competencia por una alimentación saludable podía conducir a terrenos inciertos.

Desde luego, los nuevos hábitos alimenticios y la alineación de las cadenas de distribución con la tendencia hacia una alimentación más saludable podían ser también una fuerza inductora de mejoras en el diseño, la producción y la distribución de bollos y pasteles, reconduciendo a Grupo Dulcesol, si aceptaba la oferta de Mercadona, productos más saludables. Pero en todo caso este cambio iba a demorarse y entretanto seguro que se consolidaban en el mercado competidores especializados en alimentación saludable que tendrían tiempo suficiente para erigir sólidas barreras de entrada.

Este conjunto de factores refuerza la consistencia de la decisión de renunciar a la oferta de Mercadona y de diversificar ya hacia gamas de alimentos saludables.

¿Cuáles cree que son los principales riesgos que las exigencias de sostenibilidad y RSE plantearán a Vicky Foods en el próximo futuro?

El principal riesgo que Vicky Foods tiene actualmente, desde la perspectiva de la sostenibilidad, es que a pesar de los avances de sus gamas de productos saludables, la gran parte de sus ventas siguen procediendo de la bollería, la pastelería y la panadería industriales. Son pues alimentos procesados, que a pesar de todas las mejoras en su composición que la empresa ha introducido pioneramente, distan de ser alimentos naturales y siguen encerrando riesgos sanitarios importantes ante un consumo descontrolando.

En particular, la decidida apuesta por el pan de molde y el pan para hamburguesas y *hot dogs*, que ha estado tras la mayoría del crecimiento de las ventas en la última década, ata a Vicky Foods a prácticas de *fast food* que los nutricionistas denostan.

La preocupación por hacer buen pan y buenos bollos y pasteles es plausible, pues contribuye a mejorar la alimentación de los consumidores de estos productos, pero aporta poco al cambio de hábitos alimentarios. El riesgo puede ser entonces que se entienda que un sector es nocivo por este motivo. Sería atrevido extender al *bakery* el calificativo de industria nociva, que otras actividades indudablemente merecen, pero la evolución de las percepciones de los consumidores y de otros grupos de interés activos en estos temas son imprevisibles. Vicky Foods debería tomar nota de esta incertidumbre y anticipar estrategias que minoren su impacto.

CASO 2. NOTA PEDAGÓGICA
Inditex-Amancio Ortega y Mercadona-Juan Roig: ¿héroes o villanos?

CÉSAR CAMISÓN ZORNOZA
(Universitat de València)

Cuestiones para el debate

1. *¿Cuál es su opinión sobre la lectura negativa que ciertos políticos hacen directamente de una gran empresa por el mero hecho de ser grande? ¿Qué apoyos encuentra para estas críticas de la gran empresa y para rebatirlas en la Economía y en otras disciplinas relacionadas con la empresa para tales ataques?*
2. *¿Cómo enjuicia las acusaciones contra las empresas que obtienen beneficios extraordinarios? ¿Cree que son el resultado de la conducta despiadada, avariciosa y usurera de sus gestores? ¿A qué factores atribuye las diferencias en el crecimiento de los precios de venta y de los márgenes de beneficios entre las empresas de distribución? Apóyese en los datos ofrecidos en el Anexo del caso para cuantificar los márgenes.*
3. *¿Cree que los beneficios extraordinarios de las grandes empresas son la causa de la desigualdad? ¿Cree que la desigualdad podría reducirse quitando a los más ricos su riqueza y distribuyéndola entre el resto de la población?*
4. *¿Cuál es su opinión sobre el papel que juegan los fundadores de los grandes imperios empresariales y los altos directivos de los mismos? ¿Cree que las percepciones económicas que consiguen están justificadas?*
5. *¿Cuál cree que es el modelo de asignación de recursos y de coordinación económica que podría ser la solución a los problemas del encarecimiento del coste de los alimentos, la elevación del nivel de renta de los ciudadanos, la mejora de la calidad de vida en el trabajo o el suministro de productos a los consumidores con la mejor relación calidad-precio? ¿Cuáles cree que son los principales problemas de la intervención pública y la iniciativa privada?*
6. *¿Cree que las acciones filantrópicas de las grandes empresas y/o de sus propietarios pueden cambiar la imagen negativa que pudiesen tener entre ciertos stakeholders? ¿Qué opinión tiene de estas iniciativas de responsabilidad social? ¿Cree que las empresas y los empresarios deben inmiscuirse en los asuntos en principio competencia de los poderes públicos?*

1. ¿Cuál es su opinión sobre la lectura negativa que ciertos políticos hacen directamente de una gran empresa por el mero hecho de ser grande? ¿Qué apoyos encuentra para estas críticas de la gran empresa y para rebatirlas en la Economía y en otras disciplinas relacionadas con la empresa para tales ataques?

El análisis de la diversidad de las unidades productivas que intervienen en el sistema económico tiene en la dimensión uno de sus ejes privilegiados. La talla empresarial es un elemento primordial a la hora de discriminar entre empresas, no sólo por la variabilidad de la población empresarial en función de su tamaño sino también por el interés que sigue despertando la empresa pequeña y mediana en oposición al análisis tradicional de las estructuras productivas que ha estado focalizado en las grandes compañías.

Tanto en el plano académico como en el político, **el debate no ha llegado a conclusiones claras permaneciendo abiertas una amplia gama de cuestiones relacionadas con los efectos económicos y no económicos del tamaño empresarial.** Sin embargo, sintetizando estas cuestiones candentes se refieren a tres puntos: la aportación de las empresas según su tamaño a la sostenibilidad macroeconómica de un territorio; la propia sostenibilidad microeconómica de la empresa según su dimensión en los mercados; y la contribución a la sostenibilidad social y medioambiental de las poblaciones de empresas de distintos tamaños.

La **sostenibilidad macroeconómica** se refiere la contribución económica de la empresa a la comunidad de la que forma parte, ayudando a forjar comunidades ricas en oportunidades económicas, con mayor calidad de vida y de bienestar de los ciudadanos. El papel en la dinámica macroeconómica de un territorio que juegan las empresas de una dimensión reducida, en comparación con las grandes compañías, sigue siendo objeto de polémica académica y política. Por un lado, son recurrentes los panegíricos que han loado los beneficios del pequeño negocio, defendiendo que una economía equilibrada y bien orientada debería aprovechar todo el poder que las pymes encierran para crear prosperidad, generar mejor empleo y progresar hacia la economía del conocimiento; y que han postulado su protección como actores relevantes en las economías modernas por su contribución al progreso económico y social de una comunidad (Acs, ed., 1999, Acs et al., eds, 1996, Acz & Audretsch, eds., 1990, Agmor & Drobnic, eds., 1994, Sengerberger, Loweman & Piore, comps, 1990). Si esta tesis fuese cierta, las pymes serían actores principales de una mayor función social de la empresa y de la articulación de una estrategia de salida de la crisis que distribuya los costes y los sacrificios entre todos los grupos de interés. Schumacher popularizó el discurso sobre el valor de lo pequeño con su famoso libro *Small is beautiful*. Al mismo tiempo y en la dirección inversa, se han postulado políticas de fomento de los grupos industriales haciendo incluso de ellos el estandarte de su crecimiento económico. La *teoría de los campeones nacionales* (Thurow, 1992; Hayward, 1995) e incluso de los campeones europeos (Garay, 2006) ha sido la formulación más contundente de este enfoque político del desarrollo empresarial.

Esta visión bipolar se refleja en la controversia latente en el discurso y en la práctica económicos a la hora de etiquetar la economía moderna como capitalismo gerencial (Chandler, 1977) o economía gerencial (Chandler & Daems, 1974), distinguiendo así la gran empresa marcada por la separación entre propiedad y control y el gerencialismo como sus notas dominantes; o en sentido opuesto como una economía empresarial (Kannah, 1976) o una era entrepreneurial (Timmons, 1990), seleccionando entonces el emprendimiento y la continua renovación del tejido productivo por empresas de reducida dimensión como el rasgo principal de las economías modernas.

La **sostenibilidad macroeconómica** de los distintos tipos de empresas se puede medir por el grado de cumplimiento de tres funciones complementarias de cuyo adecuado engarce depende el dinamismo de un territorio. Son las funciones equilibradora, estabilizadora y dinamizadora (Camisón & Camisón-Haba, 2017: 62-63).

Función equilibradora. La importancia de las pymes se vería beneficiada de su desempeño en un primer aspecto, como elemento equilibrador casi consustancial a su abundancia y a su elección de localización y estructura de propiedad.

— Las pymes son la columna vertebral de todas las economías occidentales. Estas organizaciones constituyen aproximadamente el 99,2% del entramado empresarial español existente a principios de 2017 (3,3 millones), alcanzando las microempresas el 95,6% y acaparando las medianas y grandes compañías apenas el 0,7% y el 0,05% del censo empresarial total. En la Unión Europea-28, el 93% de los 23,4 millones de empresas no financieras que existen son microempresas con menos de 10 empleados, mientras que las medianas y grandes compañías apenas alcanzan el 0,95% y 0,19% respectivamente (datos de 2014 reportados por Eurostat en 2017). Esta distribución apenas se ha modificado en las dos últimas décadas. Por tanto, las empresas cuyo único empleado es el propietario y las que tienen una plantilla que no alcanza la decena de asalariados suponen las organizaciones dominantes en número para las economías española y europea.

— "La existencia de un gran número de pymes permite contrarrestar el poder económico y político de las grandes compañías inyectando así más pluralismo en la sociedad. Además, su abundancia permite una mayor diferenciación de objetivos, estrategias e iniciativas, así como la oferta de productos para gustos individuales o minoritarios, lo que aumentaría el margen de elección de productos por el consumidor. Una crítica frecuente a la gran empresa, cuando conduce a estructuras oligopolísticas, es que penaliza la libertad de elección del consumidor al aumentar la estandarización de la oferta. La diversificación productiva favorece el desarrollo de negocios adaptados a demandas especializadas" (Camisón & Camisón-Haba, 2017: 63).

— Además, los mercados de las pymes "suelen estar geográficamente localizados en áreas locales o regionales poco dispersas o próximas a su centro logístico, o bien están dirigidas hacia el suministro a otras empresas de cualquier talla. Contribuyen pues a la difusión geográfica, en tanto que las grandes empresas tienden a concentrarse en centros de difusión comercial de alcance nacional o internacional lo que las lleva a concentrarse en un número reducido de zonas. La dispersión geográfica favorece la creación de oportunidades de desarrollo local y regional, que exploten recursos específicos del territorio, contribuyendo de esta forma a corregir los desequilibrios territoriales" y a una mayor cohesión social y espacial (Camisón & Camisón-Haba, 2017: 63). En tercer lugar, "el arraigo de sus propietarios en cierto entorno y el factor familia explican la querencia de la pyme por el territorio en que nace, la cual explica el freno a decisiones de deslocalización y a estrategias de reestructuración radical" (Camisón & Camisón-Haba, 2017: 63).

— Por último, las pymes promueven (y son actores principales de) redes interempresariales e inter-institucionales que vertebran los mercados y los territorios, facilitando comportamientos cooperativos en busca de la creación de valor compartido. Son pues una fuente de capital social.

Función estabilizadora. El hecho de que las pymes conformen la práctica totalidad del tejido industrial y que de ellas nazcan aportaciones cruciales para el mantenimiento de la producción, el comercio y el empleo, permite considerarlas como un factor estabilizador de la economía, la sociedad e incluso del Estado.

La función estabilizadora de las pymes deriva de dos características casi congénitas a su elección de negocio:

— Las pymes suelen localizarse en actividades productivas intensivas en factor trabajo, o con bajos coeficientes de capital/trabajo (White, 1982). Esta preferencia, unida a su predominio cuantitativo, las hace los agentes principales de creación de empleo. Según un estudio de la Comisión Europea de 2011, las pymes habrían sido las responsables del 85% del crecimiento del empleo europeo entre 2002 y 2010, siendo el crecimiento medio anual del empleo en las pymes del 1%, cuando en las grandes empresas se habría reducido a la mitad.

— Las pymes suelen huir de estrategias de diversificación o de integración vertical, optando preferentemente por estrategias de enfoque y de crecimiento orgánico. Estas opciones estratégicas conducen a procesos de crecimiento más pausados que las estrategias de desarrollo externo por fusiones y adquisiciones, que suelen conllevar procesos de reestructuración con costes sociales que desestabilizan las comunidades.

Función dinamizadora. Estas dos primeras razones objetivas de la relevancia socio-económica de las pymes se complementan con una tercera que alude a su condición de elemento dinamizador del proceso productivo. Tres son los argumentos manejados en apoyo de esta tesis:

— Las pymes se han identificado como una fuente esencial del espíritu emprendedor. La mayor natalidad demográfica de pymes aporta una inyección permanente de dinamismo emprendedor para renovar el tejido productivo y ofrecer oportunidades de progreso a cualquier persona con independencia de su origen. De los 2,6 millones de nuevas empresas no financieras creadas en la UE, el 70% lo fueron por emprendedores individuales sin empleados a su cargo y sólo el 0,93% por empresas con 10 ó más empleados (datos de 2014 reportados por Eurostat en 2017).

— "Las características intrínsecas a las pymes en flexibilidad productiva (uso polivalente de los activos y adaptabilidad de la producción) y comercial (adaptación a la demanda), podrían tener ventaja a la hora de adaptarse a las fluctuaciones económicas con más facilidad, manteniendo pues en mayor grado la actividad económica en fases recesivas" (Camisón & Camisón-Haba, 2017: 62).

— Una tercera derivada acerca del rol que las empresas según su tamaño desempeñan en una economía moderna se fija en la innovación. La capacidad de la pyme para innovar ha sido cuestionada ante la ventaja en recursos tecnológicos, humanos y financieros que la mayor talla facilita. Sin embargo, existe constancia de un flujo continuo de innovaciones, muchas de ellas radicales o disruptivas, lanzadas por empresas de tamaño reducido, así como de un brote constante de start-ups de alta base innovadora. En Europa, el 95% de las innovaciones radicales provendrían de nuevas empresas y de pymes en expansión.

Tabla 1. Evolución del número de empresas por asalariados en España, 1999-2012.

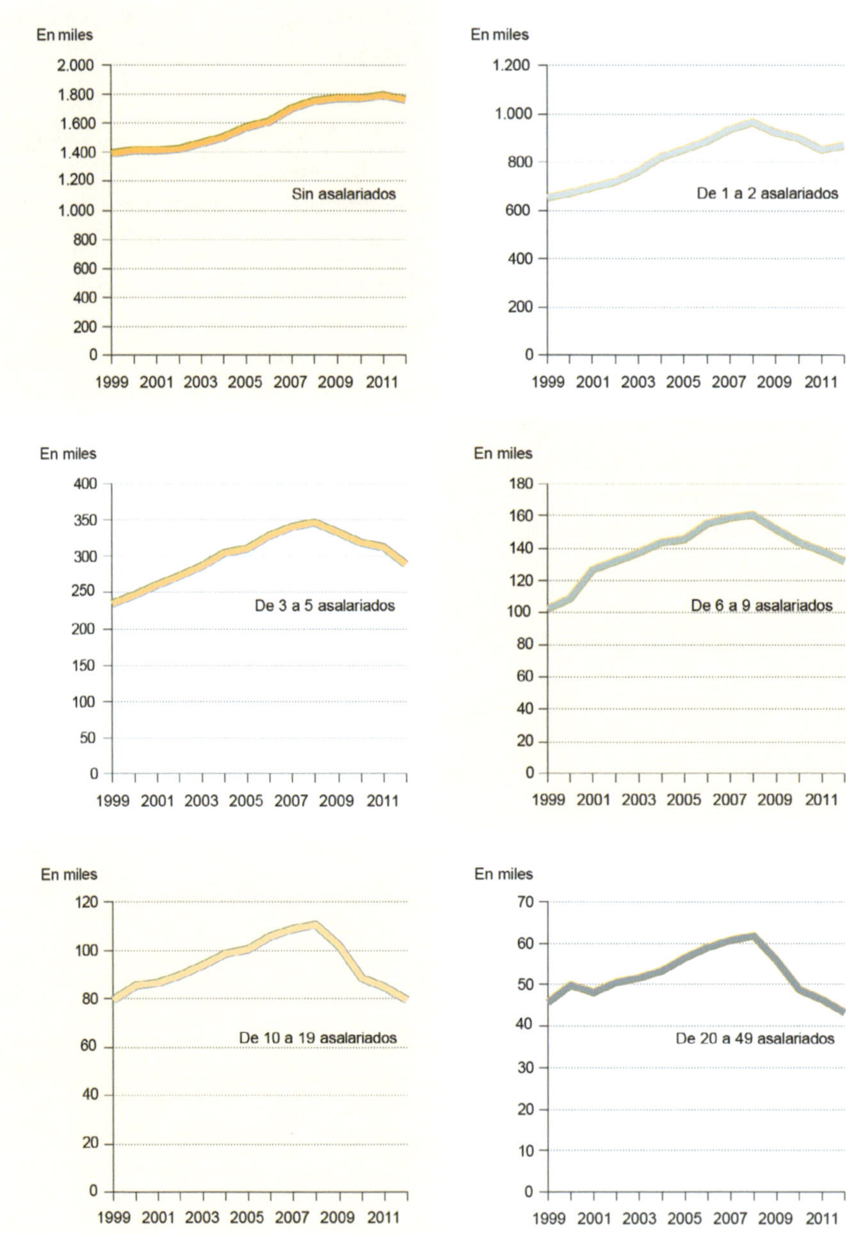

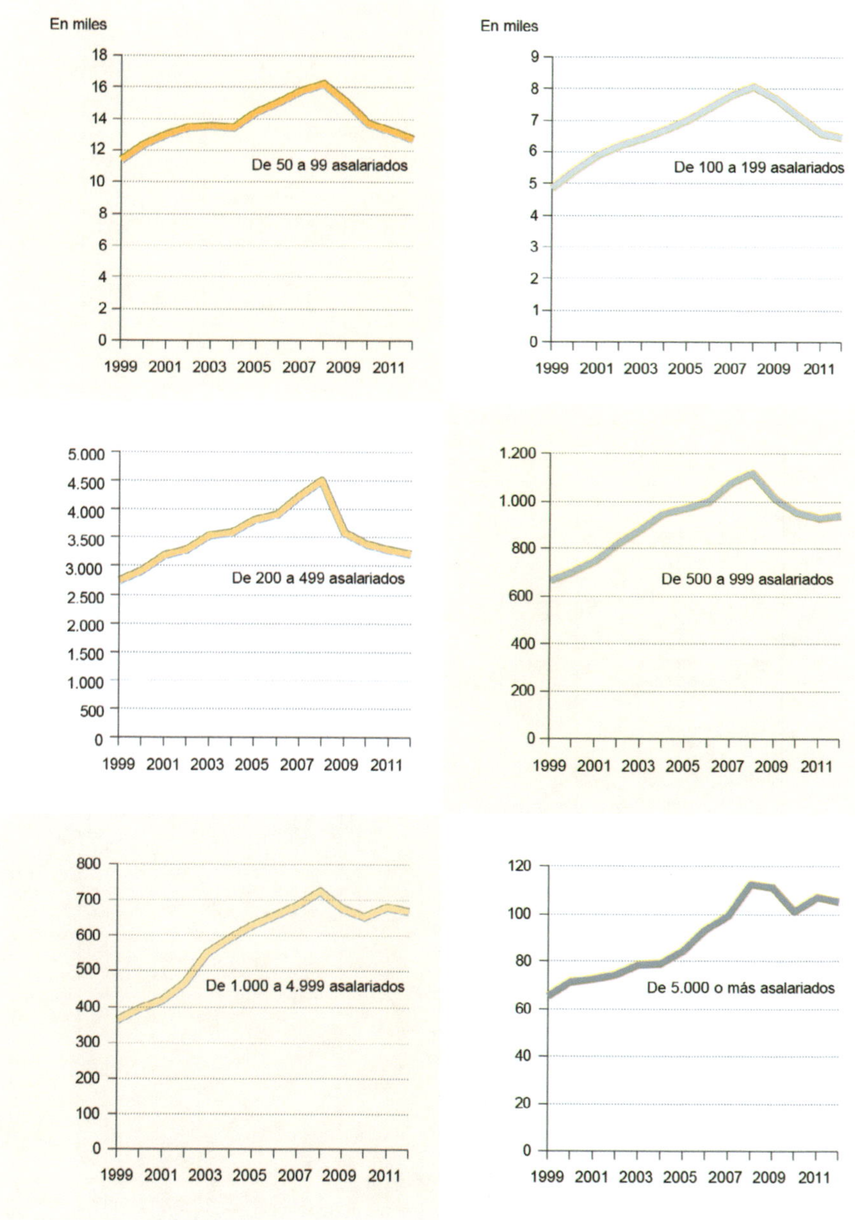

Fuente: Camisón y Camisón-Haba (2017: 94-95) a partir de datos del DIRCE.

Tabla 2. Variación del número de empresas por asalariados en España, 1999-2012.

	1999-2012				1999-2008				2008-2012				2011-2012	
	Variación absoluta	% de variación	Tasa de crecimiento medio anual	% de la variación debida a cada estrato	Variación absoluta	% de variación	Tasa de crecimiento medio anual	% de la variación debida a cada estrato	Variación absoluta	% de variación	Tasa de crecimiento medio anual	% de la variación debida a cada estrato	Variación absoluta	% de variación
Sin asalariados	376.871	27,15	2,32	55,36	366.258	26,39	2,72	40,54	10.613	0,60	0,28	–4,77	–30.334	–1,69
De 1 a 2 asalariados	218.779	33,72	2,53	32,13	309.940	47,77	4,63	34,31	–91.161	–9,51	–2,82	40,95	19.598	2,31
De 3 a 5 asalariados	53.765	22,87	2,07	7,90	110.717	47,09	4,42	12,26	–56.952	–16,47	–4,16	25,58	–24.512	–7,82
De 6 a 9 asalariados	30.227	29,72	1,88	4,44	58.743	57,75	4,73	6,50	–28.516	–17,77	–4,85	12,81	–6.096	–4,42
De 10 a 19 asalariados	–310	–0,39	0,50	–0,05	30.946	38,96	3,64	3,43	–31.256	–28,32	–8,54	14,04	–5.721	–6,74
De 20 a 49 asalariados	–2.569	–5,63	0,18	–0,38	16.070	35,21	3,30	1,78	–18.639	–30,20	–9,16	8,37	–3.090	–6,69
De 50 a 99 asalariados	1.352	11,91	1,07	0,20	4.894	43,13	3,55	0,54	–3.542	–21,81	–6,25	1,59	–579	–4,36
De 100 a 199 asalariados	1.608	33,32	2,23	0,24	3.235	67,03	5,19	0,36	–1.627	–20,18	–6,05	0,73	–151	–2,29
De 200 a 499 asalariados	474	17,30	1,32	0,07	1.771	64,64	5,16	0,20	–1.297	–28,75	–8,03	0,58	–4	–2,25
De 500 a 999 asalariados	272	41,03	2,63	0,04	454	68,48	5,80	0,05	–182	–16,29	–4,55	0,08	12	1,30
De 1.000 a 4.999 asalariados	307	84,81	4,47	0,05	363	100,28	7,76	0,04	–56	–7,72	–1,63	0,03	–10	–1,47
De 5.000 o más asalariados	40	61,54	4,12	0,01	47	72,31	5,53	0,01	–7	–6,25	–1,68	0,00	–2	–1,87
Total	**680.816**	**27,03**	**2,23**	**100**	**903.438**	**35,87**	**3,56**	**100**	**–222.622**	**–6,51**	**–1,67**	**100**	**–50.959**	**–1,57**

Fuente: Camisón y Camisón-Haba (2017: 98) a partir de datos del DIRCE.

Esta valoración positiva de la sostenibilidad macroeconómica de las pymes es contradicha en algunos de sus argumentos por otra literatura, que destaca las ventajas comparativas de la gran empresa en ciertos aspectos.

Veamos primero algunos datos sobre la función dinamizadora de las empresas por tamaño en base al análisis demográfico del periodo 1999-2012 ofrecido por Camisón y Camisón-Haba (2017: 93-103). El análisis dinámico recogido en las *tablas 1 y 2 de esta nota* constata un importante crecimiento del total de empresas españolas, que entre 1999 y 2012 ha llevado desde poco más de 2,5 a 3,2 millones de unidades. Este crecimiento de 680.816 empresas en la oferta productiva nacional equivale a un 27% en términos relativos y a una tasa promedio anual del 2,2%. Sin embargo, este incremento no ha sido homogéneo durante todo el horizonte temporal ni tampoco cuando el número de empresas se segmenta por tamaño.

El análisis desglosado por años distingue dos ciclos bien distintos, cuyo linde es el año 2008 que señala el momento en que la crisis económica internacional alcanza de pleno a España. Este ejercicio es el momento en que el tejido empresarial español alcanzó su cénit, cifrado en 3.422.239 empresas. Entre 1999 y 2008, el número de unidades productiva aumentó en España en 903.438 (35,9%), lo que equivale a un crecimiento promedio anual del 3,6%. Desde este máximo, durante el siguiente quinquenio la senda descendente ha sido intensa y rápida. Sólo en cinco años, la economía española sufrió la pérdida de 222.622 empresas (un 6,5%) a una tasa media anual del 1,7%.

El análisis es igualmente asimétrico cuando se refiere a las empresas según su dimensión. Durante todo el periodo 1999-2012, el mayor incremento en términos absolutos se produce lógicamente en las empresas sin asalariados y en las microempresas, mientras que las grandes compañías con 500 ó más asalariados sólo crecieron en 619. Por ello, el 55,4% del cambio en la demografía empresarial debe atribuirse a las firmas sin asalariados y otro 44,5% a las microempresas. Sin embargo, en términos relativos, el crecimiento más intenso se produjo en las grandes empresas alcanzando un 56,8%, y especialmente en los estratos de entre 1.000 y 4.999 empleados y de 5.000 ó más, que aumentaron un 84,8% y 61,5% respectivamente, frente al 27,1% de las empresas sin asalariados y el 30,7% de las microempresas. Las medianas compañías también han aumentado su presencia nacional en términos absolutos, pero en términos relativos a menor intensidad (18,2%). El segmento menos expansivo han sido las pequeñas empresas entre 10 y 49 asalariados, cuyo número descendió un 2,3%. Esta asimetría en los ritmos de crecimiento es palmaria cuando se observa la tasa promedio anual de cada grupo, que es significativamente mayor en todos los estratos de las grandes compañías, mientras que el menor ritmo de aumento vuelve a concentrarse en las pequeñas y medianas organizaciones. Luego el mayor esfuerzo emprendedor en España entre 1999 y 2012, en términos relativos, cabe imputarlo a las grandes empresas, que pese a suponer sólo el 0,05% de la población han contribuido en un 0,09% a su aumento.

El análisis temporal desagregado por tamaño vuelve a revelar patrones distintos en la evolución de la población empresarial española. Durante la época dorada de crecimiento que se prolongó entre 1999 y 2008, todos los segmentos de empresa clasificados por su dimensión crecieron en volumen y a unas tasas ciertamente importantes, aunque de nuevo el estrato más dinámico fueron las grandes compañías (864 más) cuyo número engordó casi un 80%. En esta fase de fuerte crecimiento económico, las empresas con menor tasa de aumento fueron las que no ocupan asalariados cuya cantidad aun así creció en un 26,4%. De nuevo se observa que la mayor tasa de crecimiento promedio anual se produce en las grandes empresas, seguidas de las medianas y las microempresas, aunque en este periodo el aumento más débil se realiza en las empresas sin asalariados, así como en las pequeñas firmas. Por ello, este último grupo sólo aportó el 40,5% de las nuevas organizaciones productivas (significativamente por debajo de su peso poblacional), mientras que las grandes compañías incorporadas al tejido productivo fueron el 1% del total (doblando así la participación del grupo en las ya existentes).

El cambio cíclico de la economía española que se empezó a atisbar en 2008 cortó de raíz este tono positivo en la creación de empresas, originando la desaparición de oferta en casi todos los grupos por tamaño. El mayor número en términos absolutos de empresas que han fenecido es el de microempresas, si bien esta sangría fue singularmente virulenta en el caso de las pequeñas y medianas empresas, que en el periodo 2008-2012 perdieron el 29% y 22,4% de su total respectivamente. La masa de grandes empresas sólo se ha contraído en un 12,5% (245 menos). Este amargo cambio de la evolución del tejido productivo tuvo una optimista excepción entre las empresas sin asalariados, que lograron aumentar en volumen durante estos cinco años de crisis. Si bien la cifra no es alta en términos porcentuales (+0,6%), da fe de un cambio en los planteamientos laborales de los españoles ante el cambio de ciclo económico. Por tanto, en la fase de crisis el mayor espíritu emprendedor se observa en los dos grupos más diferenciados: empresas sin asalariados y grandes compañías, las primeras porque incluso han aumentado en número y las segundas porque su ritmo destructivo ha sido menor al del resto.

La dinámica de la población empresarial española sigue pues un patrón bien definido (*figura 1*). En general, el comportamiento emprendedor español descansa en términos absolutos en las empresas de auto-empleo y micro, pero en términos relativos el crecimiento más rápido se produce en las grandes compañías con una plantilla de 1.000 ó más asalariados. En sentido contrario, el colectivo que parece encontrar más barreras para crecer son las pequeñas empresas entre 10 y 49 trabajadores. Esta pauta en la demografía empresarial de España se ve alterada cuando se introduce en el análisis el ciclo económico. Así, cuando la economía crece y hay oportunidades de empleo ajeno el aumento del auto-empleo es menos vivo, y el crecimiento relativo se incrementa con la dimensión, siendo más acentuado en las medianas y grandes empresas. Al declinar la demanda laboral con una recesión, los incentivos para crear nuevos negocios sin plantilla asalariada vuelven a significarse por sus efectos en el aumento de este tipo de organizaciones, hasta el punto de ser las únicas que desde el inicio de la crisis han visto su presencia absoluta acrecentada, si bien el comportamiento de las microempresas y sobre todo de las grandes empresas vuelve a ser interesante manifestando una capacidad de resistir los problemas de la crisis muy superior a la de las pequeñas y medianas compañías.

Los datos aportan una nueva luz sobre el discurso tradicional que siempre ensalza el espíritu emprendedor asociado a una dimensión reducida. Como se observa en la *figura*

2, las organizaciones con una mayor tasa de crecimiento durante el periodo 1999-2012 son las grandes empresas con 1000 ó más trabajadores. El peor comportamiento demográfico se aprecia en las pequeñas empresas. Las organizaciones dominantes en términos absolutos en el tejido productivo español, auto-empleo y microempresas, se sitúan en una zona intermedia no demasiado alejada de la media total. Los diferenciales en las tasas de crecimiento del número de empresas en los distintos ciclos explican los cambios en el peso relativo de cada segmento. Gracias a su mayor dinamismo, las empresas sin asalariados y las grandes compañías han mantenido sin problemas su cuota poblacional e incluso lo han aumentado ligeramente en el último grupo, a costa del auto-empleo.

Figura 1. Variación del número de empresas por tamaño en España en %, 1999-2012.

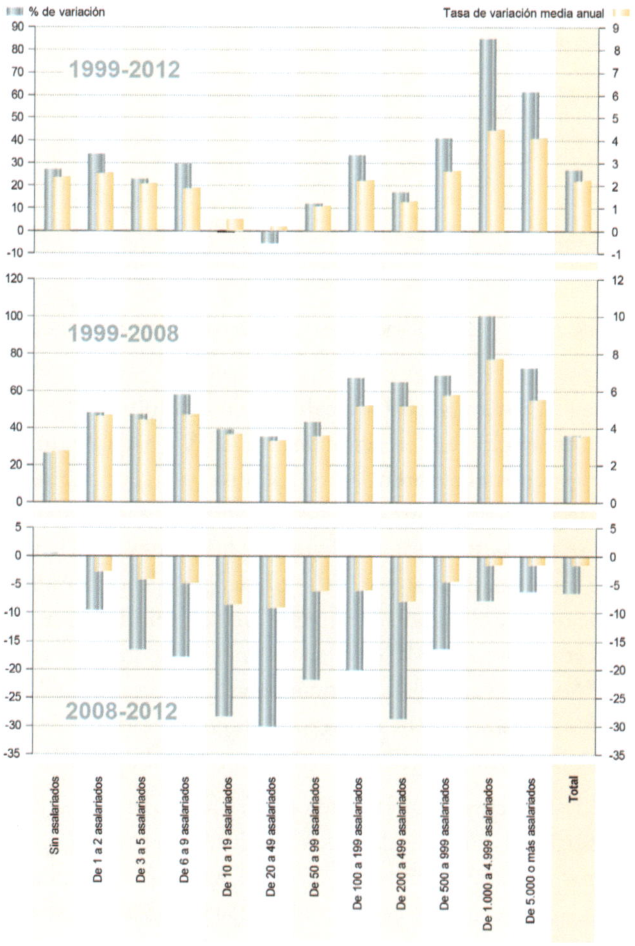

Fuente: Camisón y Camisón-Haba (2017: 101) a partir de datos del DIRCE.

Figura 2. Variación de la estructura de la población empresarial por tamaño en España, 1999-2012.

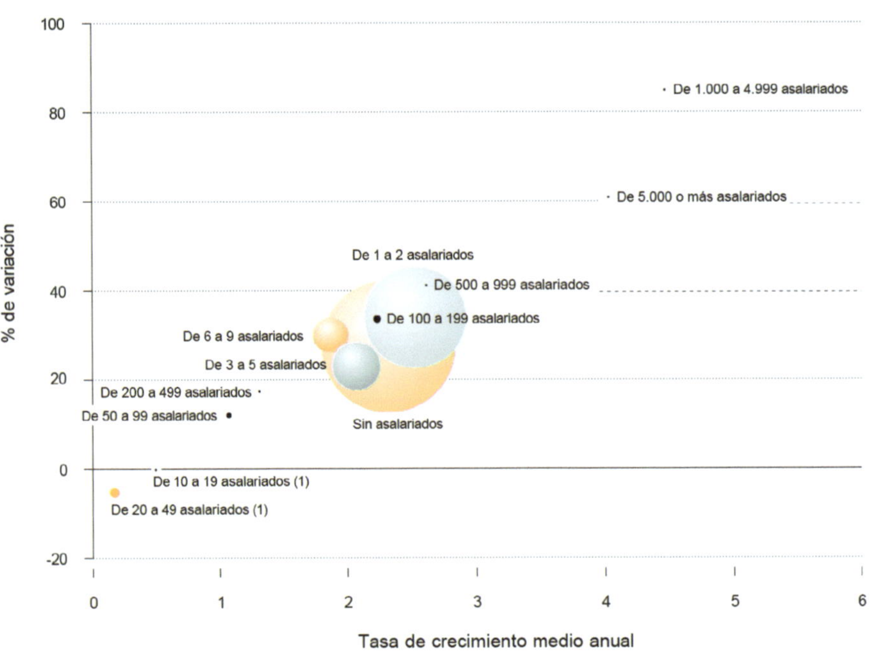

Fuente: Camisón y Camisón-Haba (2017: 102) a partir de datos del DIRCE.

Otra faceta que interesa analizar para calibrar la sostenibilidad macroeconómica de las empresas es la contribución a la creación de empleo. Un argumento fundamental para cimentar la función social del emprendedor descansa en su contribución a la concesión de oportunidades de vida y de progreso de los trabajadores a los que brindan un empleo. Tradicionalmente se ha insistido en el rol vital de las pymes para la generación de empleo por su mayor intensidad en factor trabajo. Las pymes contratan una masa laboral importante y teóricamente ello aportaría una mayor estabilidad al mercado laboral que la alcanzada con la concentración del empleo en unas pocas grandes compañías. Sin embargo, la distribución de la fuerza laboral ocupada según el tamaño de la empresa arroja algunos interrogantes. Veamos la cuestión con el ya comentado análisis demográfico del periodo 1999-2012 ofrecido por Camisón y Camisón-Haba (2017).

Con datos de 2012, mientras que las microempresas suponen más del 87% del total de firmas, sólo absorben al 21,1% de asalariados. La situación es más pareja en las pequeñas y medianas empresas, que suponiendo el 10,7% y 1,8% respectivamente de la población productiva nacional son capaces de emplear al 20,1% y 17,3% de trabajadores ocupados. Finalmente, las grandes empresas dan trabajo al 41,4% de las personas ocupadas pese a significar sólo el 0,4% del tejido productivo *(tabla 3).*

Tabla 3. Estructura productiva y estructura de la ocupación por tamaño en España, 1999-2012.

	Empresas		Trabajadores	
	Absoluto	%	Absoluto	%
De 1 a 9 trabajadores	**1.039.858**	**87,06**	**2.628.130**	**21,12**
De 1 a 2 trabajadores	673.707	56,41	891.334	7,16
De 3 a 5 trabajadores	258.359	21,63	962.462	7,74
De 6 a 9 trabajadores	107.792	9,02	774.334	6,22
De 10 a 49 trabajadores	**128.289**	**10,74**	**2.501.839**	**20,11**
De 10 a 25 trabajadores	99.390	8,32	1.494.902	12,01
De 26 a 49 trabajadores	28.899	2,42	1.006.937	8,09
De 50 a 249 trabajadores	**21.888**	**1,83**	**2.156.309**	**17,33**
De 250 o más trabajadores	**4.365**	**0,37**	**5.155.942**	**41,44**
De 250 a 499 trabajadores	2.395	0,20	821.090	6,60
De 500 a 999 trabajadores	1.035	0,09	716.385	5,76
De 1.000 o más trabajadores	935	0,08	3.618.467	29,08
Total	**1.194.400**	**100**	**12.442.220**	**100**

Fuente: Empresas inscritas en la Seguridad Social a partir de datos del Ministerio de Empleo y Seguridad Social. Camisón y Camisón-Haba (2017: 105).

Figura 3. Variación del número de trabajadores ocupados (en miles) por tamaño de empresa en España, 1999-2012.

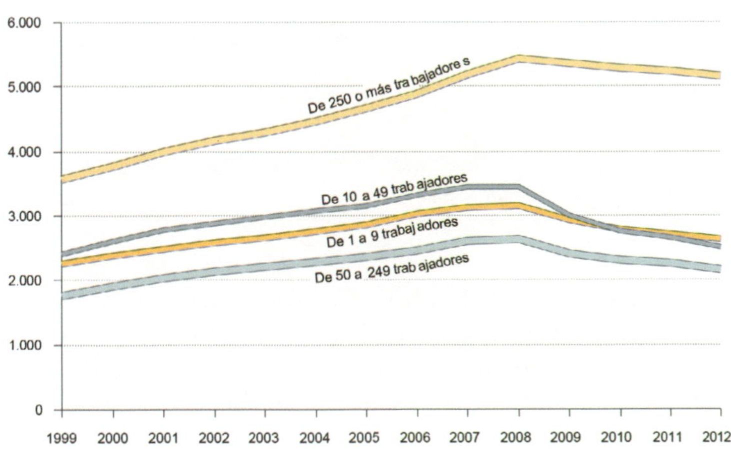

Fuente: Camisón y Camisón-Haba (2017: 106) a partir de datos del Ministerio de Empleo y Seguridad Social.

Siendo incontestable el valor de las pymes por absorber casi el 60% de los puestos de trabajo en España, no es menos cierto que la evolución del empleo ocupado según la dimensión *(figura 3)* apunta a una creciente concentración del trabajo en la gran empresa, que es el único estrato cuyo peso relativo en la mano de obra ocupada en España creció durante el periodo estudiado. Mientras que en 1999 estas organizaciones absorbían al 35,8% de los asalariados, en 2012 su participación había crecido en 5,6 puntos porcentuales, a costa principalmente de las pequeñas empresas y las microempresas cuyo porcentaje disminuyó en cuatro puntos y punto y medio respectivamente, mientras que las medianas empresas mantuvieron prácticamente la misma participación.

El mayor crecimiento relativo de la ocupación se ha alcanzado pues en las compañías de 250 ó más empleados, que han aumentado su fuerza laboral en términos netos un 44,5% (1.587.171 nuevos puestos de trabajo), muy por encima de la media (24,7%) y del resto de estratos donde el mejor comportamiento ha sido entre las medianas, que han ganado más de 402.000 empleos (un 22,9%), siendo muy inferiores los crecimientos de la ocupación en las microempresas (374.000 puestos que equivalen a un 16,6%) y pequeñas firmas (menos de 100.000 nuevos asalariados que significan un aumento del 4,1%) *(tabla 4)*.

Tabla 4. Evolución de la estructura de la ocupación por tamaño en España, 1999-2012.

	Valores absolutos			Variaciones absolutas			Porcentajes de variación		
	1999	2008	2012	1999/2012	1999/2008	2008/2012	1999/2012	1999/2008	2008/2012
De 1 a 9 trabajadores	**2.254.131**	**3.137.496**	**2.628.130**	**373.999**	**883.365**	**–509.366**	**16,6**	**39,2**	**–16,2**
De 1 a 2 trabajadores	738.380	987.851	891.334	152.954	249.471	–96.517	20,7	33,8	–9,8
De 3 a 5 trabajadores	814.677	1.156.231	962.462	147.785	341.554	–193.769	18,1	41,9	–16,8
De 6 a 9 trabajadores	701.074	993.414	774.334	73.260	292.340	–219.080	10,4	41,7	–22,1
De 10 a 49 trabajadores	**2.402.655**	**3.456.668**	**2.501.839**	**99.184**	**1.054.013**	**–954.829**	**4,1**	**43,9**	**–27,6**
De 10 a 25 trabajadores	1.433.595	2.035.267	1.494.902	61.307	601.672	–540.365	4,3	42,0	–26,6
De 26 a 49 trabajadores	969.060	1.421.401	1.006.937	37.877	452.341	–414.464	3,9	46,7	–29,2
De 50 a 249 trabajadores	**1.753.908**	**2.639.314**	**2.156.309**	**402.401**	**885.406**	**–483.005**	**22,9**	**50,5**	**–18,3**
De 250 o más trabajadores	**3.568.771**	**5.422.581**	**5.155.942**	**1.587.171**	**1.853.810**	**–266.639**	**44,5**	**51,9**	**–4,9**
De 250 a 499 trabajadores	633.426	923.132	821.090	187.664	289.706	–102.042	29,6	45,7	–11,1
De 500 a 999 trabajadores	578.315	781.233	716.385	138.070	202.918	–64.848	23,9	35,1	–8,3
De 1.000 o más trabajadores	2.357.030	3.718.216	3.618.467	1.261.437	1.361.186	–99.749	53,5	57,8	–2,7
Total	**9.979.465**	**14.656.059**	**12.442.220**	**2.462.755**	**4.676.594**	**–2.213.839**	**24,7**	**46,9**	**–15,1**

Fuente: Camisón y Camisón-Haba (2017: 107) a partir de datos del Ministerio de Empleo y Seguridad Social.

Las grandes empresas no sólo absorben un porcentaje del total de asalariados mucho mayor, cosa lógica por su mayor tamaño, y han crecido en ocupación, sino que además han exhibido desde la entrada en la crisis un mejor comportamiento laboral. Como se aprecia en la *figura 4*, la conducta de las empresas diferenciadas por tamaño ha diferido de modo sensible en cuanto a la fecha de inicio del drenaje de empleados y a su magnitud. Mientras las micro y pequeñas empresas ya empezaron a perder empleo en junio-julio de 2007, las medianas y las grandes con menos de 500 asalariados mantuvieron la ocupación hasta noviembre de ese año. Las compañías de mayor talla lograron mantener sustancialmente su fuerza laboral hasta agosto de 2008. Además, la pérdida de trabajadores fue significativamente menor en términos relativos en este último grupo. Entre 2008 y 2012, las grandes empresas sólo destruyeron 266.639 puestos de trabajo (un 4,9% del empleo que absorbían), frente a casi 510.000 las microempresas (-16,2%), más de 954.000 las pequeñas (-27,6%) y por encima de 483.000 las medianas (-18,3%).

Figura 4. Evolución del empleo por tamaño de empresas en España según el ciclo económico, 1999-2012.

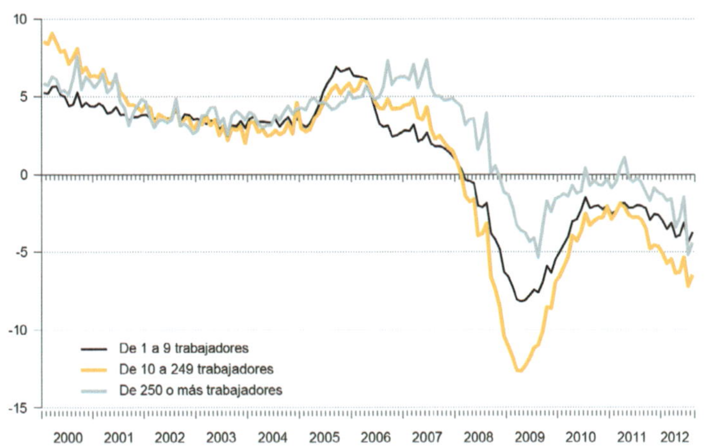

Fuente: Camisón y Camisón-Haba (2017: 108) a partir de datos del Ministerio de Empleo y Seguridad Social.

Estos datos ponen seriamente en entredicho la función estabilizadora y dinamizadora presuntamente desempeñada por las pymes, que pasaría a ser asumida con mayor credibilidad por la gran empresa. La capacidad de ajuste de las pymes ante circunstancias económicas adversas se ve cuestionada por esta evolución.

El papel dinamizador de las pymes en la creación de empleo ha sido igualmente discutido en diversas investigaciones (Armington y Odle, 1982; Acs y Audretsch, 1993; Handler, 1994; Harrison, 1994; Winders, 2000), que han señalado que proporcionan sueldos más bajos y menores beneficios a sus empleados que los grandes negocios.

La sostenibilidad macroeconómica de empresa ha sido también enjuiciada por su **contribución a la formación de mercados eficientes**. Tanto los ideólogos del mercado de competencia perfecta y de la libre empresa, como sus antagonistas que postulan un sistema económico de planificación central en el que el Estado asuma la función productiva, han convertido a la gran empresa en culpable de que los mercados se alejen del óptimo social. A unos, los primeros, les disgusta la existencia de monopolios y oligopolios que alejan a la economía de su querida utopía del mercado perfecto y del equilibrio competitivo que llevaría al óptimo social, impidiendo que la "mano invisible del mercado" haga su milagro. A otros, los segundos, la gran empresa les parece un estorbo para que la "mano visible del Estado" sea el mecanismo de coordinación básico, a menos que se trate de empresas públicas sobre las que los políticos puedan interferir en su toma de decisiones y subordinarlas a objetivos alejados de la eficiencia. Cuando los extremos comulgan en criticar algo, hay que pensar que el objeto de sus ataques les resulta molesto porque encaja mal en sus postulados teóricos o porque les impide alcanzar sus objetivos políticos.

El debate sobre el papel económico (positivo o negativo) de la gran empresa en la formación de mercados eficientes se ha abordado sobre todo desde la Economía Industrial, que ha elaborado una **teoría de la economía de mercados imperfectos** caracterizados por el dominio de la gran empresa. Esta teoría gira alrededor de la confrontación entre la hipótesis de la colusión y la hipótesis de la eficiencia. Mientras que la hipótesis de la colusión atribuye la posición dominante de la gran empresa a su poder de mercado frente a proveedores y consumidores, que le permitiría fijar abusivamente precios y otras condiciones de compra y venta, la hipótesis de la eficiencia defiende que la causa de la ventaja competitiva de la gran empresa está ligada a su mayor productividad y a las economías de escala, de aprendizaje y de alcance que puede conseguir con su mayor volumen de operaciones. La evidencia empírica al respecto no es definitiva y probablemente tampoco general.

La controversia sobre la tendencia de las economías industriales maduras respecto a la talla de sus organizaciones es un clásico y no ha dejado de crecer desde los mismos inicios del capitalismo industrial, cuando surgieron los primeros grandes conglomerados (Camisón, 1996, 2001b, 2003, 2006, Dean, Brown & Bamford, 1998, Huerta, ed., 2003). Las líneas de pulsión trazadas en Estados Unidos desde 1840 y algunas décadas más tarde en el resto de las economías más desarrolladas (Camisón, 2008), junto al vertiginoso proceso de concentración y a la difusión del mensaje del pensamiento económico tradicional en favor de la gran empresa, consolidaron la convicción de que se impondría el modelo de gran empresa gerencial organizada bien verticalmente integrada bien multidivisionalmente (Chandler, 1977; Fama & Jensen, 1983, Arruñada, 1990). Existe pues un debate académico abierto sobre el peso de la dimensión como factor de competitividad y sostenibilidad.

En cualquier caso, a nivel microeconómico, el estudio diferenciado de la sostenibilidad de las empresas según su tamaño está vinculado con otros puntos esenciales para explicar la competencia y la estructura en los mercados, las características del proceso estratégico, el diseño organizativo y los resultados. Las distintas teorías de la empresa esconden hipótesis dispares sobre la naturaleza de la empresa, las razones que explican su comportamiento y su estrategia, y las causas de la competitividad, que pueden servir de fundamento conceptual para la reflexión sobre los problemas ligados a la dimensión empresarial.

La competitividad de las empresas de un país determina la competitividad del mismo y finalmente el dinamismo de la actividad empresarial, el crecimiento, el empleo y el bienestar. Por tanto, la sostenibilidad microeconómica de las empresas es determinante para la competitividad global de la economía en su conjunto. En consecuencia, el juicio microeconómico a la gran empresa debe estar ligado a los efectos de la dimensión sobre la competitividad, o dicho en otros términos, a la competitividad de la pyme frente a la gran empresa.

La competitividad de la empresa tiene sus primeros factores determinantes en su propia dinámica de adaptación a la evolución del mundo de los negocios. La globalización configura un nuevo marco para la competitividad (Camisón & de Lucio, 2010; Audretsch, ed., 2003) del cual se deducen una serie de ventajas y desventajas competitivas para afrontar la competencia nacional e internacional (OECD, 2009), las cuáles nacen de una dotación relativa de recursos y capacidades que está condicionada en cierta medida por las fortalezas y debilidades intrínsecas al tamaño.

Tabla 5. Vectores competitivos: principales fortalezas y debilidades de la pyme española.

	Factores clave del entorno												Efecto	
	1	2	3	4	5	6	7	8	9	10	11	12	+	–
Potencial de crecimiento en el mercado nacional	–1	–1	–1	0	0	–1	0	0	–1	–1	–1	0	0	7
Capacidad para el crecimiento internacional	0	–1	–1	0	0	0	–1	–1	0	–1	0	0	0	5
Capacidad de crecimiento financieramente sostenible	–1	–1	–1	0	–1	–1	–1	0	–1	–1	–1	–1	0	10
Posición en precios frente a los competidores de países emergentes	–1	–1	–1	–1	–1	1	1	–1	0	0	–1	–1	2	8
Rentabilidad del capital en comparación con la competencia	–1	–1	–1	–1	–1	–1	–1	–1	0	0	–1	0	0	9
Productividad y eficiencia en costes en relación con la competencia	–1	–1	–1	–1	–1	–1	–1	–1	–1	0	1	–1	1	10
Tendencia dominante hacia estrategias defensivas	0	–1	–1	–1	–1	–1	–1	–1	0	0	0	–1	0	8
Tendencia dominante hacia estrategias confusas o híbridas	0	–1	–1	–1	–1	–1	–1	–1	0	0	0	–1	0	8
Estrategias de precios pasivas o mercado-aceptantes	–1	–1	–1	–1	–1	–1	0	–1	0	–1	–1	0	0	9
Dominio de estrategias de especialización y de focalización	1	–1	1	1	1	1	–1	–1	–1	1	1	0	7	4
Economías de escala y experiencia	–1	–1	–1	0	0	0	0	1	–1	1	1	0	3	4
Flexibilidad productiva	1	1	1	1	1	1	1	1	1	1	0	0	10	0
Orientación hacia la cooperación y las alianzas estratégicas	0	–1	–1	–1	–1	–1	–1	–1	–1	0	0	–1	0	9
Potencial de diferenciación tecnológica basado en la innovación	–1	–1	–1	–1	–1	–1	–1	–1	0	–1	–1	0	0	10
Habilidad para absorber el conocimiento externo	–1	0	–1	–1	–1	–1	–1	–1	–1	0	–1	0	0	9
Distancia de la frontera tecnológica del negocio	–1	1	1	–1	–1	–1	–1	–1	0	0	1	0	3	6
Implantación de tecnologías de la información	0	0	–1	–1	–1	–1	–1	–1	0	–1	–1	0	0	8
Acumulación de activos comerciales intangibles	–1	–1	–1	–1	0	0	–1	–1	0	–1	–1	0	0	8
Capacidad de fabricar productos de calidad	0	0	–1	1	–1	–1	–1	–1	1	–1	–1	0	2	7
Cooperación, compromiso y participación basados en la satisfacción del trabajador	0	0	–1	–1	–1	–1	–1	–1	0	0	–1	0	0	7
Liderazgo directivo	–1	–1	–1	–1	1	–1	–1	–1	–1	–1	–1	0	1	10
Percepción directiva de la necesidad de desaprender	–1	–1	–1	1	1	–1	–1	–1	0	–1	0	0	2	7
Desarrollo de las competencias del capital humano y del aprendizaje	–1	0	–1	–1	–1	–1	–1	–1	0	0	0	0	0	7
Restricciones al crecimiento en la empresa familiar	0	–1	–1	–1	0	0	0	–1	0	0	0	0	0	4
Posición financiera	–1	–1	–1	0	0	–1	–1	–1	–1	–1	–1	–1	0	10
Fortalezas (+)	**2**	**2**	**3**	**4**	**4**	**3**	**2**	**2**	**2**	**3**	**4**	**0**	**31**	
Debilidades (–)	**15**	**18**	**22**	**16**	**15**	**18**	**19**	**21**	**9**	**11**	**13**	**7**		**184**

Fuente: Camisón, C. (2012), *Estudio sobre la competitividad de la empresa española 1984-2012*. Trabajo inédito. Tomado de Camisón y Camisón-Haba (2017: 112).

Figura 5. Evolución de las principales fortalezas y debilidades de la pyme española 2010-2012.

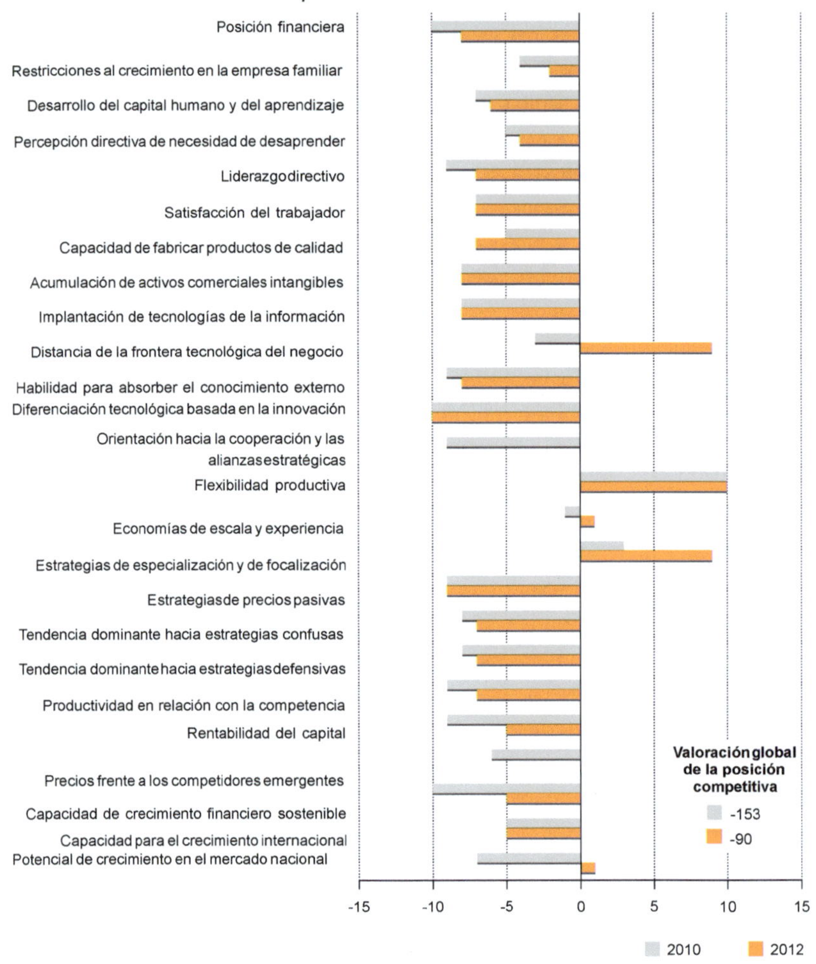

Fuente: Camisón, C. (2012), *Estudio sobre la competitividad de la empresa española 1984-2012*. Trabajo inédito. Tomado de Camisón y Camisón-Haba (2017: 113).

Los cambios estructurales en la economía moderna han creado algunas condiciones favorables para la pyme, por su naturaleza dinámica, sus modelos de negocio más flexibles y con periodos de maduración más cortos. La pyme puede aprovechar estas ventajas para explotar la mayor dimensión de mercado que proporciona la internacionalización, sobre todo con el nacimiento de nichos de mercados y la demanda de productos especializados en un mundo no tan plano y con significativos pliegues en su estructura comercial. La coexistencia de procesos de globalización con una tendencia a que lo local recupere fuerza inyecta nuevas oportunidades para explotar el acento en la especialización. Asimismo, los paradigmas tradicionales ligados a los conceptos de tamaño óptimo y costes hundidos se están difuminando.

Por el contrario, algunas de las ventajas consustanciales a una dimensión reducida han sido laminadas, o cuanto menos carcomidas, por la incertidumbre y la turbulencia de un mundo cada vez más globalizado. La evolución de fuerzas como la globalización de los mercados y el ascendente cambio tecnológico, así como su mayor vulnerabilidad ante la turbulencia del entorno, la sitúan en una posición de fuerte exposición al riesgo competitivo y con obstáculos serios para explotar sus fortalezas. Además, varias de sus debilidades se han hecho más palmarias bajo el empuje de los mismos vectores de cambio. En general, la pyme española sufre un amplio espectro de debilidades entre las que se incluyen su déficit de capacidades empresariales, su baja productividad, sus deficiencias en producción, su escaso control de la distribución o sus dificultades de obtención de capital o crédito, de acceso a las nuevas tecnologías, de innovación o de captación de talento *(tabla 5)*.

La finalización del ciclo expansivo de la economía española no ha hecho sino acentuar las amenazas a la supervivencia de este segmento del tejido industrial, en el que la recesión se está cebando especialmente. El análisis de la dinámica competitiva de la pyme española durante el periodo 2010-2012 *(figura 5)* constata un retroceso generalizado en prácticamente todos los vectores estratégicos esenciales, con la excepción de la flexibilidad productiva. Es importante resaltar que incluso fortalezas exhibidas poco tiempo atrás por la pyme, como eran la proximidad a la frontera tecnológica del negocio o el potencial de crecimiento en el mercado nacional, han sido laminadas por la crisis durante el último bienio. La capacidad de la pyme española para afrontar la economía globalizada del conocimiento y para superar la negativa coyuntura actual puede estar entonces seriamente cuestionada a la luz de este diagnóstico.

Figura 6. Evolución del conocimiento y de la integración de la RSE en sus actividades en la empresa española según el tamaño, 2008-2010.

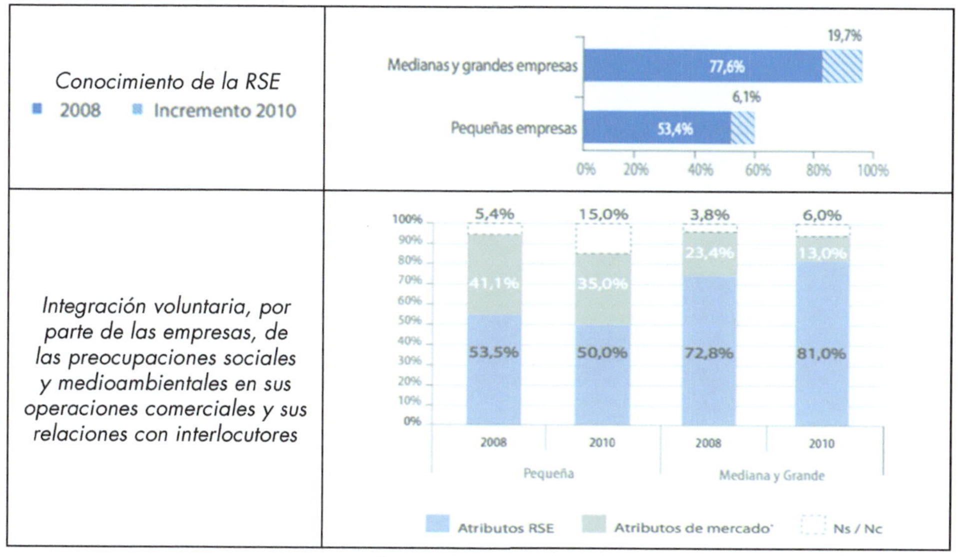

Fuente: Forética (2011).

Igualmente, abierta está la cuestión del valor social de la gran empresa y su contribución a promover prácticas social y medioambientalmente positivas para el bien común en comparación con la pyme. Es habitual escuchar alabanzas a la aportación de los pequeños negocios a la convivencia y arraigo en comunidades pequeñas, a la integración social, al mantenimiento de productos y costumbres locales, a la supervivencia de una trama urbana más densa comercialmente, al empleo e incluso a una mayor calidad de vida. Sin embargo, este balance no es siempre tan positivo, pues algunos estudios han constatado un mayor conocimiento y permeabilidad al concepto de responsabilidad social, así como una mayor implantación de prácticas social y medioambientalmente responsables en las empresas de mayor tamaño (Camisón, 2012c: 103-104).

El estudio de Forética (2011) constata que el conocimiento del concepto es significativamente menor en la pyme que en la mediana y gran empresa, y que la distancia se ha estado ampliando con el paso del tiempo *(figura 6)*. La misma fuente señala el menor grado de integración voluntaria de las preocupaciones sociales y medioambientales en las actividades del negocio por la pyme, así como el retroceso en esta práctica frente a la muy mayoritaria asunción de la nueva función por las compañías medianas y grandes. En el fondo de este diferencial late ante todo el escepticismo de los empresarios de pequeño tamaño hacia el mensaje de la responsabilidad social empresarial, por creer que es un problema de imagen que incumbe únicamente a la gran compañía (51,3%), por poseer una misión de la empresa enfocada hacia fines más prácticos –se entiende que referidos a los propietarios- (47,8%) o por no verle su utilidad (32,3%) *(figura 7)*.

Figura 7. Actitud de la empresa española hacia la responsabilidad social por tamaño (porcentaje de acuerdo con cada frase).

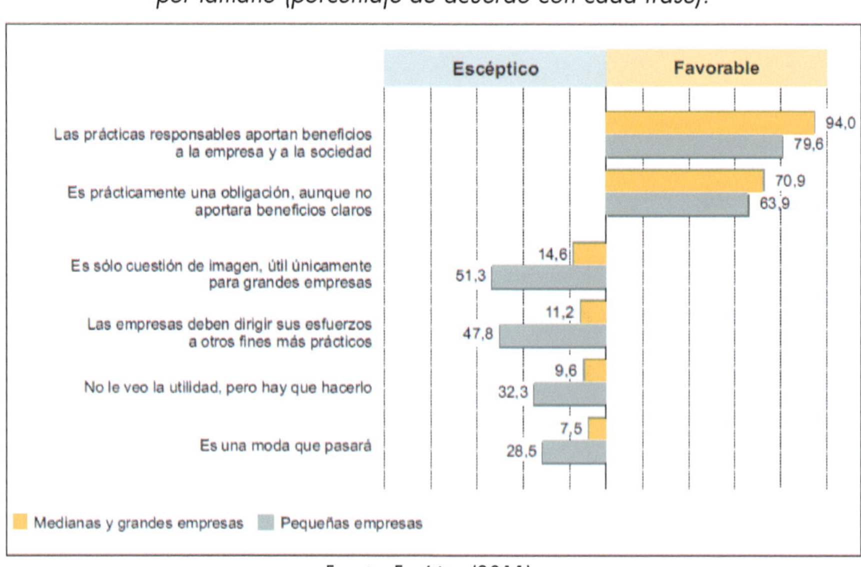

Fuente: Forética (2011).

Aunque es indudable que por su número las pymes constituyen un grupo decisivo para cualquier economía avanzada y que el comportamiento emprendedor español descansa en términos absolutos en las empresas de auto-empleo y micro, lo cierto es que en términos relativos el crecimiento más rápido se produce en las grandes compañías con una plantilla de 1.000 ó más asalariados, siendo las pequeñas empresas el colectivo que parece encontrar más barreras para crecer, acentuándose esta pauta en las épocas de crisis. Las dudas sobre la capacidad de la pyme para convertirse en el agente principal que contribuya a sacar a la economía española de la crisis vuelven a surgir cuando se analiza su conocimiento y permeabilidad al concepto de responsabilidad social, nítidamente inferiores al de la mediana y gran empresa. El mismo tinte de preocupación se entresaca al estudiar la contribución de las empresas españolas al empleo.

2. ¿Cómo enjuicia las acusaciones contra las empresas que obtienen beneficios extraordinarios? ¿Cree que son el resultado de la conducta despiadada y avariciosa de sus gestores? ¿A qué factores atribuye las diferencias en el crecimiento de los precios de venta y de los márgenes de beneficios entre las empresas? Apóyese en los datos ofrecidos en el Anexo del caso para cuantificar los márgenes.

La acusación de conducta despiadada, avariciosa y usurera cuadra mal con las acciones desplegadas por estas empresas en favor de sus trabajadores y consumidores y de la sociedad. Tanto Inditex como Mercadona son las empresas de sus respectivos sectores con mayores salarios. Ambas han sido también empresas que durante los años de crisis han concedido alzas salariales por encima de la tasa de inflación.

Tales calificativos son además difícilmente aceptables cuando se toman en cuenta la enorme cantidad de recursos que han destinado a proyectos sociales, después de cumplir escrupulosamente sus obligaciones tributarias y aportar a las arcas públicas todos los impuestos exigidos son reparos hasta el momento. La retórica inquisitorial que duda de sus aportaciones fiscales o que exige que los más ricos paguen más soslaya sin rubor las cifras millonarias que aportan ambas compañías a la hacienda pública, que son además directamente proporcionales a sus ingresos.

Otro punto gordiano de la acusación ha sido la tesis de que los beneficios extraordinarios obtenidos proceden de un comportamiento "injusto" o "insolidario" en su fijación de precios, por el cual aprovechando la coyuntura inflacionaria habrían inflado precios para alcanzar mayores márgenes.

El caso de las empresas de distribución, y en concreto de Mercadona, constituye una base excelente para la discusión sobre las causas, consecuencias y justificaciones de los beneficios extraordinarios de ciertas empresas. El caso contra Mercadona estalló cuando ciertos políticos atribuyeron al incremento de precios de esta cadena, que le habría permitido obtener unos beneficios extraordinarios, una responsabilidad crucial en la inusitada espiral inflacionista que España vivió entre 2021 y 2023. Anteriormente, el *casus belli* por los precios se dirigió hacia los bancos por sus presuntos intereses usureros; y hacia los propietarios de pisos por aplicar alquileres que juzgan excesivos a un bien que, según cierta visión, constituye un derecho y por ello no debería ser objeto de especulación comercial.

La inflación es un grave problema social con perniciosos efectos para la actividad económica. El encarecimiento de los costes de los procesos y los recursos acaba redundando en el crecimiento de los precios de los productos, que suele derivar en la caída del consumo la cual, a su vez, a la larga se traducirá en el retroceso de la producción, la reducción de la inversión y finalmente el empleo. Adicionalmente, la inflación inyecta una presión sobre la negociación colectiva que puede despertar una peligrosa espiral autoalimentada de aumentos de salarios y precios, que termina castigando la productividad y la competitividad empresarial al reducir su atractivo en los mercados. La inflación es pues un escenario poco deseado por las empresas, que difícilmente pueden beneficiarse de mayores costes de producción salvo que tengan un extraordinario poder de mercado en la fijación de precios. Otra derivada nociva de la inflación es que amenaza el poder adquisitivo de los ciudadanos, sobre todo los de menor renta, hasta el punto de ser calificada como el "impuesto a los pobres". El aumento desbocado de los precios se ceba en la población con menores ingresos por ser los que destinan una mayor parte de sus rentas a la cesta de la compra, dañando así su calidad de vida.

Este último efecto es lo que lo hace un arma perfecta para el populismo político, que ofrece a ciudadanos agobiados por la disminución de su renta real una explicación simple, aunque errónea, y unos remedios directos totalmente contraproducentes, pero que calan en la opinión pública. La campaña contra Mercadona se hizo viral por estos motivos.

Para dilucidar la "culpa" de Mercadona, vamos a repasar algunos de los datos que el caso ofrece para enmarcar el problema del crecimiento de la inflación vivió en España entre 2021 y 2023:

1. Aunque la posición oficial del gobierno español atribuyó la subida de los precios durante 2022 y 2023 al estallido de la guerra de Ucrania, que tuvo lugar el 24 de febrero de 2022, realmente el proceso inflacionario arrancó un año antes. La evolución de la inflación en España empezó a mostrar una tendencia continua al alza desde principios de 2021, tras los moderados niveles de los años anteriores. Entre enero y diciembre de 2021 la tasa de aumento interanual del IPC saltó del 0% al 6,5%, su valor más elevado en décadas.
2. La explicación oficial de este brote inflacionario previo al conflicto bélico era que se trataba de un fenómeno transitorio provocado por el ajuste de los precios relativos inducido por los cambios en la oferta y la demanda agregadas asociados a la pandemia. Las políticas monetarias y fiscales expansivas implantadas para mantener el nivel de ingresos de las familias derivaron en una recuperación del consumo que indujo el alza de precios de determinados productos, sobre todo alimentos, bienes duraderos y energía.

3. La extensión del aumento de precios a todos los bienes y servicios a finales de 2021 ocasionó la modificación de la explicación oficial del proceso inflacionario, que pasó a ser atribuido a la presión ejercida por la guerra sobre el coste de los inputs alimentarios (como los cereales) y en los costes de la energía y del transporte. El índice general de precios alcanzó los niveles máximos entre junio y agosto de 2022 iniciando entonces una tendencia descendente gracias a las medidas fiscales y a las actuaciones sobre el precio de la energía.
4. En cambio, el IPC subyacente (que excluye los bienes más volátiles como los alimentos no elaborados y la energía) creció de forma casi ininterrumpida durante 2022, hasta alcanzar en enero de 2023 el diferencial respecto al IPC general más alto desde hacía 37 años. La evolución del índice subyacente apuntaba una tendencia estructural que desmentía la tesis oficial de un origen coyuntural logado a la guerra.
5. Especialmente indómito se demostró el crecimiento del precio al consumidor de los alimentos y bebidas no alcohólicas, que empezó a ser significativamente mayor al del índice general desde abril de 2022, doblándolo en noviembre y situándose en diciembre en el 15,7%. La trayectoria al alza de estos bienes se intensificó en 2023, mucho más que el contexto europeo, de manera que a lo largo de ese año pasó del decimoséptimo al tercer lugar en el ranking de inflación alimentaria. Entre 2020 y 2023, los precios de los alimentos para el consumidor se encarecieron en promedio un 38%.
6. Este rally inflacionario se desarrolló bajo la presión del crecimiento del coste de las materias primas (que en casos como los cereales llegó a tasas de tres dígitos) y de otros inputs como los fertilizantes, la energía y el transporte. La fuerte subida de los precios industriales para la industria alimentaria, que sólo en 2022 fue del 21%, había tensionado pues al límite los costes de toda la cadena de valor, conduciendo de forma inevitable al alza de los precios de la distribución.
7. A pesar de las evidencias que avisaban de problemas estructurales en la génesis del crecimiento de los precios de los productos alimentarios, especialmente en los mercados agrarios y del transporte, desde el gobierno no se emprendió ninguna política seria para mejorar su funcionamiento, más allá de la ley de la cadena alimentaria cuya aplicación ha permanecido empantanada en el mero control de precios. Los pobres rendimientos de los productores agrarios vieron una oportunidad de mejora en la reorganización de las estructuras de costes, que había sido frenada en el pasado por su bajo poder negociador que ahora se veía potenciado por la presión de una demanda disparada y una oferta insuficiente. Sólo en 2022 la subida de los precios percibidos en origen por agricultores y ganaderos fue en promedio de un 38,7%. Sin embargo, las protestas y huelgas de agricultores, ganaderos y transportistas acallaron la necesidad de reformas profundas del sistema de producción primario, colocando en cambio el centro de atención en los distribuidores y en su poder de mercado.

8. Los nervios en el gobierno se dispararon en paralelo a los precios de los alimentos y al auge de los paros de productores y transportistas, que ocasionaron problemas de desabastecimiento, de modo que, aun manteniendo la tesis oficial de un origen coyuntural, surgió una polémica sobre cuáles eran los factores estructurales que estaban nutriendo el encarecimiento del capítulo alimentario. El crecimiento del coste salarial por trabajador, que fue del 5% anual durante 2022 y 2023 y elevó su nivel absoluto a 2.359 euros a finales de este último año, fue descargado políticamente de cualquier responsabilidad en la persistencia de la inflación.
9. En cambio, durante 2023 fue ganando acólitos la tesis de que el aumento del precio de la cesta de la compra se debía a razones ajenas a los mercados, colocándose en el punto de mira las políticas de precios de las grandes cadenas de distribución a las que se imputaron comportamientos abusivos con incrementos superiores a sus costes a fin de engordar sus beneficios. Los márgenes de beneficio y los niveles de beneficios extraordinarios se convirtieron así en los culpables de la inflación. La casus belli contra las cadenas de distribución, y contra Mercadona en particular, se había iniciado.

La campaña política contra las cadenas de distribución y en especial contra Mercadona ha bebido de fuertes dosis de demagogia y de pocos datos fiables. Se hicieron oídos sordos a hechos como que en 2022 el alza media de precios del sector de gran consumo fue del 9,9% y los alimentos del 6,8%, mientras que los precios percibidos en origen por agricultores y ganaderos llegó al 38,7% (Nielsen IQ); o que entre 2021 y 2023 los precios de venta de las principales empresas de distribución subiesen en promedio un 38% cuando las subidas de los costes de materias primas y energía superaron con amplitud esta cifra (OCU, 2024).

En el caso específico de Mercadona, los informes disponibles hablan de subidas de precio claramente inferiores a las que le habrían trasladado sus proveedores. Un estudio de la OCU de abril de 2022 las cifró en el 16,2%. En el periodo 2020-2023, el alza de precios de Mercadona fue del 38%, en la media de las grandes cadenas, y apenas cuatro puntos porcentuales por encima de la cooperativa Eroski.

Figura 8. Evolución del margen bruto de las grandes cadenas de distribución alimentaria en España, 2009-2023.

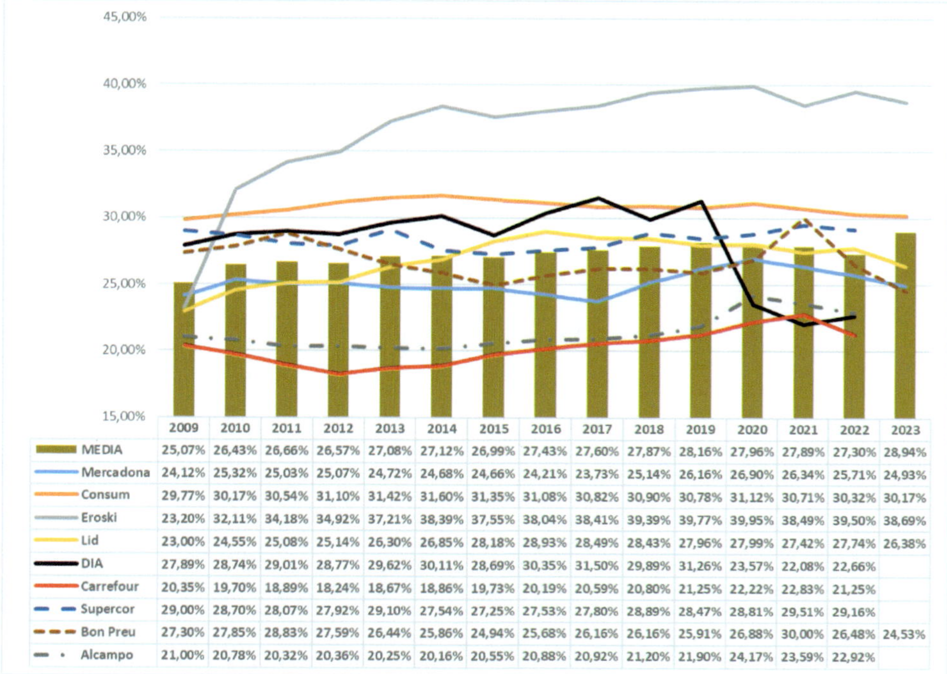

	2009	2010	2011	2012	2013	2014	2015	2016	2017	2018	2019	2020	2021	2022	2023
MEDIA	25,07%	26,43%	26,66%	26,57%	27,08%	27,12%	26,99%	27,43%	27,60%	27,87%	28,16%	27,96%	27,89%	27,30%	28,94%
Mercadona	24,12%	25,32%	25,03%	25,07%	24,72%	24,68%	24,66%	24,21%	23,73%	25,14%	26,16%	26,90%	26,34%	25,71%	24,93%
Consum	29,77%	30,17%	30,54%	31,10%	31,42%	31,60%	31,35%	31,08%	30,82%	30,90%	30,78%	31,12%	30,71%	30,32%	30,17%
Eroski	23,20%	32,11%	34,18%	34,92%	37,21%	38,39%	37,55%	38,04%	38,41%	39,39%	39,77%	39,95%	38,49%	39,50%	38,69%
Lid	23,00%	24,55%	25,08%	25,14%	26,30%	26,85%	28,18%	28,93%	28,49%	28,43%	27,96%	27,99%	27,42%	27,74%	26,38%
DIA	27,89%	28,74%	29,01%	28,77%	29,62%	30,11%	28,69%	30,35%	31,50%	29,89%	31,26%	23,57%	22,08%	22,66%	
Carrefour	20,35%	19,70%	18,89%	18,24%	18,67%	18,86%	19,73%	20,19%	20,59%	20,80%	21,25%	22,22%	22,83%	21,25%	
Supercor	29,00%	28,70%	28,07%	27,92%	29,10%	27,54%	27,25%	27,53%	27,80%	28,89%	28,47%	28,81%	29,51%	29,16%	
Bon Preu	27,30%	27,85%	28,83%	27,59%	26,44%	25,86%	24,94%	25,68%	26,16%	26,16%	25,91%	26,88%	30,00%	26,48%	24,53%
Alcampo	21,00%	20,78%	20,32%	20,36%	20,25%	20,16%	20,55%	20,88%	20,92%	21,20%	21,90%	24,17%	23,59%	22,92%	

Fuente: elaboración propia a partir de datos de SABI.

La falta de fundamento de la acusación por alzas desmesuradas de precios por encima del incremento de los costes de compra de los alimentos se constata al observar el nivel y la evolución del margen bruto de las grandes cadenas de distribución *(figura 8)*. La media de las nueve principales redes se ha mantenido relativamente estable entre 2020 y 2022 e incluso siguió una suave tendencia descendente desde cerca del 28% al 27,3%, evolucionando pues dentro de los niveles históricos que desde 2013 han oscilado entre el 27% y el 28%. Ha sido en 2023 cuando el margen bruto ha subido hasta el 28,9%, pero el crecimiento ha sido de apenas un 6% y el nivel parece un retorno al rango previo a la pandemia de 2009.

A destacar que el margen bruto de Mercadona se ha mantenido por debajo de media del grupo de referencia durante todo el periodo estudiado y que incluso entre 2020 y 2023 lo ha rebajado un 7,3%. La disminución se ha mantenido en los tres años de crisis y se situaba a finales de 2023 en el 24,9%. Por tanto, frente a la crítica demagógica, la evidencia estadística indica que la gran distribución, y Mercadona en particular, han hecho un ejercicio de responsabilidad durante la crisis conteniendo sus precios a costa incluso de sacrificar margen bruto.

Figura 9. Evolución del margen neto de beneficio de las grandes cadenas de distribución alimentaria en España, 1999-2023.

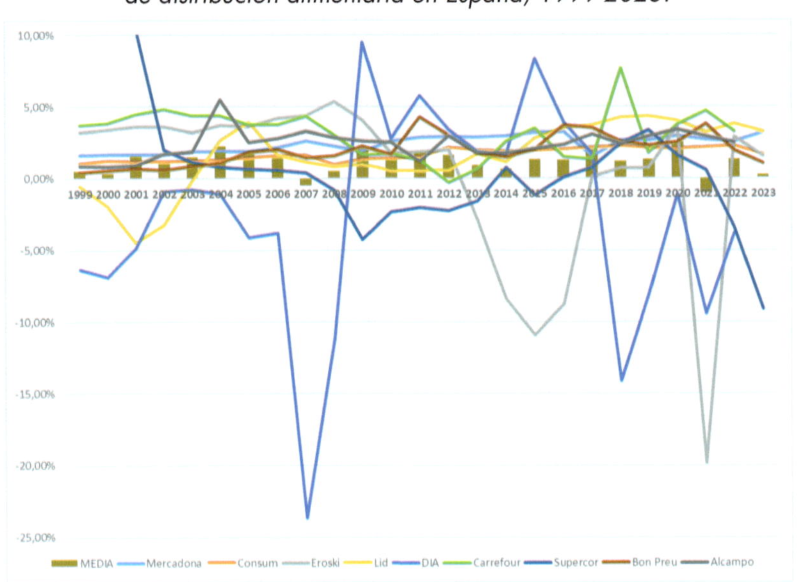

Fuente: elaboración propia a partir de datos de SABI.

La acusación a las grandes cadenas por hinchar sus márgenes y conseguir resultados extraordinarios aprovechando la coyuntura inflacionaria tampoco tiene recorrido *(figura 9)*. Las grandes cadenas de distribución alimentaria han trabajado durante las tres últimas décadas con estrechos márgenes de beneficio, que se han mantenido en promedio por debajo del 2% prácticamente todos los años desde 1999, llegando incluso en seis ejercicios a caer por debajo del 1% y a situarse en valores negativos en otros dos. El relativo buen resultado de 2020, cuando se alcanzó el mejor margen neto promedio de las dos últimas décadas, era de apenas un 2,5%, y necesitó del fuerte crecimiento de la demanda doméstica de alimentos inducido por la pandemia.

Los dos periodos de margen neto medio negativo (2007 y 2021) han sido precisamente años de entrada en sendas crisis, lo que indica que el poder de mercado de estas empresas, pese a su tamaño, es relativo y acusan sensiblemente las caídas de ventas cuando la demanda se retrae y los costes se disparan. En el último periodo de tensión inflacionaria, el margen neto de beneficio promedio de los grandes distribuidores disminuyó fuertemente, cayendo del 2,5% en 2020 al -1,1% en 2021, el 1,3% en 2022 y el 0,2% en 2023. Por tanto, en general, de beneficios extraordinarios nada. El margen neto varía significativamente entre las grandes cadenas de distribución alimentaria, pero en ningún caso se aprecian trazas de beneficios extraordinarios entre 2021 y 2023.

Mercadona es la única cadena de supermercados que ha logrado acrecentar su margen neto desde 2019, cuando era del 2,7%, llegando al 3,2% en 2023, tras mantenerlo sustancialmente estable en 2021 y 2022. Su aumento de rendimiento neto (respecto a 2019) se acercó al 20% en 2023, siendo este ejercicio el único en el que podrían ser objeto de acusación por lograr beneficios extraordinarios. Sin embargo, profundizando en los datos disponibles puede comprobarse que este aumento del margen neto se concilió con la caída del margen bruto (del 3% respecto a 2022 y del 5% respecto a 2019), por lo que la mejora del primero no procede de un encarecimiento de precios desproporcionado en relación al aumento del coste de las compras, sino de un esfuerzo extraordinario de gestión que ha logrado rentabilizar el crecimiento en Portugal y en el canal digital, encontrar nuevas fuentes de ingresos con la remodelación del modelo de tienda y la ampliación del surtido de alimentos listos para consumir, y reducir costes.

Evidentemente, analizar los resultados de una empresa en términos absolutos (en euros) puede conducir a crasos errores, porque estos datos están sesgados por la dimensión de la compañía. La reflexión debe realizarse en términos relativos. La incompetencia y la demagogia se combinan cuando se proclaman resultados extraordinarios de centenares o miles de millones de euros, sin referir su valor relativo a la facturación, pues se obvia la creación real de valor en relación al volumen de la inversión y de las operaciones.

El análisis de los datos de forma estática para cierto momento del tiempo es otro defecto habitual que, normalmente, se realiza con mala intención para enfatizar beneficios elevados en un periodo haciendo tabla rasa de su evolución en el tiempo y de otros ejercicios no tan boyantes en los que la empresa puede incluso haber perdido dinero.

Por último, la petición de rebajar los beneficios solo cabe atribuirla a la ignorancia de cómo se toman las decisiones empresariales y de dónde surgen los beneficios extraordinarios. Evidentemente, una empresa solo puede encajar un crecimiento de costes de los suministros mayor al de los precios con mejoras en la gestión que consigan una mayor productividad o una minoración de costes en otras partidas. Todo el incremento de costes de inputs no compensado en precios, en ahorros en costes indirectos o con una mayor eficiencia, acabará menguando el margen y castigando la cuenta de resultados. Pero en vez de reducir simplemente los beneficios (se supone que rebajando precios o elevando proporcionalmente los salarios), lo que no haría sino deteriorar la solidez financiera de la empresa y su futuro, empresas como Mercadona se enfrentan a los retos que suponen un crecimiento de los costes que soportan, diseñando estrategias que mejoren su eficiencia y les permitan mantener su competitividad. La cadena puede así asumir el importante aumento de los costes salariales sin rechistar, pero acompañándolo de iniciativas para mejorar la digitalización de sus procesos y acrecentar el compromiso y la concienciación de todos los empleados para analizar los costes. Mas la crítica radical hace caso omiso de tales hechos y menosprecia sin más las aportaciones positivas de la buena gestión.

Cuando el crecimiento del margen neto y de los beneficios después de impuestos se producen en un contexto de margen bruto a la baja y de competencia abierta (sin un *mark-up* alto), se está indicando que su origen no procede de alzas de precios sobredimensionadas en relación al crecimiento de los costes de las compras, sino de una dirección competente que es capaz de crear ventajas competitivas de las que deriva una aportación de valor superior al consumidor y que justificaría eventualmente un incremento de precios.

3. ¿Cree que los beneficios extraordinarios de las grandes empresas son la causa de la desigualdad? ¿Cree que la desigualdad podría reducirse quitando a los más ricos su riqueza y distribuyéndola entre el resto de la población?

La actitud negativa frente a los beneficios, tanto mayor cuanto más extraordinarios son, se ha alimentado al achacarles que redundan en un aumento de la desigualdad. El quid de esta crítica se apoya en la comparación de la evolución de los beneficios con los salarios. El argumento se apoya en una explicación de la evolución comparativa de los beneficios con los salarios que no parece tener mucho fundamento estadístico. Se presume por Oxfam que los beneficios siempre evolucionarán a mejor que los salarios, tanto en épocas de crisis como de prosperidad. Durante las crisis, los beneficios de las empresas se reducirían menos que los salarios, al aplicar las empresas rebajas salariales importantes para sobrevivir. En cambio, durante las fases de recuperación el crecimiento de los beneficios sería más acentuado que las mejoras salariales y, dado "*los beneficios de las empresas se reparten como dividendos o rentas de capital, y estas están muy concentradas en las familias y hogares con mayores niveles de renta*", la desigualdad aumentaría.

Este análisis vuelve a caer en el error, ya señalado anteriormente, de entremezclar patrimonio y renta. Pero además incurre en otras deficiencias:

1. Olvida que los beneficios son mucho más elásticos a las crisis que los salarios. Es decir, en una situación de declive económico, los salarios siguen protegidos por pactos y convenios y para que las empresas puedan reducirlos deberían renegociarlos o sustituir empleados de mayor coste por nuevos contratados con menores remuneraciones, procesos nada fáciles en organizaciones sindicalizadas. En cambio, los beneficios siguen una evolución libre de ataduras que lleva a caídas extraordinarias, frecuentemente mucho mayores que la contracción de las cargas salariales, que van íntegramente a cargo de reservas, es decir, del patrimonio de las empresas.
2. Presupone que las fases de recuperación son rápidas e intensas, y que se trasladan directamente a los beneficios, mientras que la subida de salarios se vería frenada por los convenios en vigor. Esta tónica no siempre tiene lugar de este modo. Es habitual que haya un decalaje entre el inicio de la recuperación de las ventas y el alza de los beneficios, al cargarse a los últimos los costes del necesario proceso de saneamiento. En cambio, en una coyuntura económica favorable, es usual que las presiones sindicales para la renegociación de convenios aparezcan pronto. Además, la tasa de crecimiento de los beneficios puede verse refrenada por el encarecimiento de otros factores.
3. Fijándonos ya en los beneficios obtenidos y en su distribución, resulta irreal afirmar que los beneficios se reparten como dividendos, pues el destino de los beneficios

conseguidos (una vez deducido el oportuno impuesto sobre sociedades) se decide en junta de accionistas y puede ser variable: saneamiento de pérdidas de ejercicios anteriores, retención y destino a reservas y distribución como rentas del capital. Es más, en empresas como Mercadona el principal destino de los beneficios es la remuneración extraordinaria del trabajo; y en otras como Vicky Foods o Druni la práctica ancestral es no distribuir beneficios y destinarlos íntegramente a autofinanciar el crecimiento de la firma. En la medida que en sociedades no cotizadas la retribución del capital procede principalmente de la distribución vía dividendos (dejando de lado devoluciones de capital en forma de reducciones del capital social), la renta de los más ricos podría verse penalizada.

Por otro lado, la propuesta de reducir la desigualdad quitando a los más ricos su riqueza y distribuyéndola entre el resto de la población peca igualmente de simplismo. Como decía Albert Einstein, "intentar redistribuir la riqueza eliminando las fortunas privadas es tan absurdo como eliminar a los genios para que el pueblo sea más inteligente". Una parte importante de la riqueza que los empresarios acumulan en las empresas que controlan y en sus propios patrimonios personales ya les es capturada a través de los impuestos. Las propuestas más radicales consisten en ir más allá de los niveles impositivos actuales mediante nuevos impuestos o aumentos de las escalas de gravamen de los beneficios de las sociedades y el patrimonio y la renta de los empresarios.

Algunas voces incluso defienden que la eliminación de la desigualdad requiere quitar toda su riqueza a los más ricos y distribuirla entre el resto de la población, propugnando así de facto una economía comunista. Los delirios de políticos que parecen haber olvidado las lecciones de los fracasos de todas las economías comunistas hasta ahora conocidas siguen presentes en representantes como Héctor Illueca, quien no se olvide fue Vicepresidente de la Generalitat Valenciana y candidato de Podemos a la Presidencia de la Generalitat. Su ignorancia supina le ha llevado a afirmar que "podemos imaginar una sociedad sin empresarios, pero no podemos imaginar una sociedad sin los trabajadores".

Si Amancio Ortega y Juan Roig dejaran de existir como multimillonarios y su riqueza se evaporase por expropiárseles sus bienes, hay que reconocer que España sería un país más igualitario. Aunque nadie ha hecho un cálculo del "factor Amancio" o del factor "Roig", es obvio que el cálculo de la riqueza media por ciudadano mejoraría dado el volumen de su riqueza por ser un mero cálculo matemático. Otra cosa sería que los españoles pasaran a ser un solo euro más ricos. Incluso aunque la propiedad de Inditex y Mercadona pasase a manos públicas, y admitiendo que el Estado somos todos, nadie tendría ni recibiría en su bolsillo un euro más de los que percibía antes, si se desea que ambas empresas sigan existiendo igual de competitivas. Sería una pura ganancia nominal de riqueza per cápita, que además tendría una sostenibilidad dudosa al perder ambos negocios a los líderes que la construyeron de forma abrupta. Por supuesto, el Estado podría venderlas (en todo o en parte) y repartir de forma alícuota los ingresos obtenidos entre los ciudadanos. Si la riqueza de estos dos personajes fuese de unos 101.000 millones de euros (datos de Forbes de 2023), el reparto saldría a unos 2.074 euros per cápita. La pérdida de dos de los buques insignia del empresariado español nos daría para unas vacaciones módicas un año.

Si Amancio Ortega y Juan Roig no hubiesen existido nunca, España sería igualmente un país más igualitario y mucho más pobre. Los más de 150.000 empleados que ambos grupos emplean directamente (a los que deberían añadirse otros muchos cientos de miles de empleos directos de sus proveedores) no habrían tenido su empleo y por tanto su bienestar personal casi con toda seguridad caería al no disponer de puesto de trabajo o ser de peor calidad. El nivel de renta real podría igualmente caer por la inexistencia de la oferta de ropa, alimentos u otros enseres de Inditex y Mercadona, y por la obligación de satisfacer la necesidad de vestido, alimentación y otros bienes de consumo en comercios más caros y/o de peor calidad. Este segundo efecto sería más intenso en la población con menores ingresos, que ahora pueden conseguir prendas, alimentos y otros bienes con excelentes relaciones calidad-precio, pero que probablemente no podrían hacerlo tan fácilmente si las ofertas de Inditex y Mercadona no existiesen. El erario público se vería igualmente perjudicado al perder unos ingresos de unos 4.100 millones de euros, que supone el 1,5% del total recaudado en 2024.

4. ¿Cuál es su opinión sobre el papel que juegan los fundadores de los grandes imperios empresariales y los altos directivos de los mismos? ¿Cree que las percepciones económicas que consiguen están justificadas?

El empresario vinculado a una gran empresa ha sido una de las dianas preferidas de todas las teorías económicas desde el nacimiento del capitalismo. La crítica al gran empresario ha crecido al ritmo que progresaba la economía de las organizaciones y se consolidaban grandes corporaciones, al frente de las cuales hay personajes fáciles de descubrir por su protagonismo y su impacto mediático. Los ataques a estos grandes empresarios, constituidos ya en personajes públicos, han arreciado cada vez que uno de ellos demostraba una sensibilidad excesiva con problemas sociales que ciertos sectores creen deben ser privativos del Estado, desmintiendo así la tópica imagen de egoístas irredentos que gustan de cultivar. El riesgo de convertirse en el blanco de estas acusaciones no disminuye ni cuando los grandes empresarios siguen políticas prudentes para mantenerse al máximo en el anonimato o no participan de forma activa en los debates más controvertidos de la vida pública del momento. Le sucedió al fundador y mayor propietario de Inditex, Amancio Ortega, y le sucede ahora a Juan Roig, fundador y principal propietario de Mercadona.

La atención política y pública recibida por los fundadores de grandes imperios empresariales y por las figuras que les han sucedido, los altos directivos, contrasta con el nulo o pobre papel que todas ellas les conceden. Las reticencias nacieron ya en la génesis de la Economía clásica y neoclásica, que sospechaba de la predisposición empresarial a actuar al margen del mercado mediante acuerdos de colusión que arrumbaban la libre competencia. El equilibrio económico y el óptimo social se vinculaban a una economía de mercados perfectos, con empresas de pequeño tamaño sin poder sobre los mismos, en las que no destacaban ni empresarios ni directivos por suponerse que la toma de decisiones empresariales venía determinada decisivamente por la "mano invisible del mercado" al que los agentes venían obligados a ajustarse. Curiosa paradoja la de predecir una economía de libre empresa sin empresarios.

El incontenible protagonismo que las grandes empresas tomaron desde el mercantilismo no hizo sino crecer con el desarrollo del capitalismo y la conversión de grandes empresarios y banqueros en personajes públicos que jugaban ya papeles críticos. La Economía Industrial estudió la realidad de entonces como economías de mercados imperfectos, dominadas por grandes empresas con un poder de mercado significativo, pero poco dijeron inicialmente del gran empresario que las alentaba ni del ascenso de un estrato de profesionales conocidos como altos directivos y que asumían progresivamente funciones económicas reservadas hasta entonces a los propietarios del capital que gestionaban los propios negocios que habían fundado. Cuando la Economía quiso interesarse por los agentes que tomaban realmente las decisiones en los mercados, estudiándolos pero actuando con autonomía, el concepto clásico de empresario tradicional, donde se solapan la propiedad y la dirección, sólo pervivía ya en día en las en los negocios artesanales, en las microempresas y en las empresas familiares.

El empresario de la pyme mantiene aún la unicidad de las figuras de empresario-riesgo y empresario-director e innovador, en líneas generales. El pequeño empresario se corresponde mucho más que el gran empresario con el empresario propio de la economía capitalista decimonónica, quien conjuntaba en sí el riesgo y el control. Lo que distingue a este empresario del típico de las grandes empresas es que conjuga en su persona todas las funciones reseñadas, mientras que en las corporaciones se produce una división de funciones entre los accionistas y el empresario; no obstante, este último (el empresario-control) asume también las funciones de anticipo del producto social, ostentación de la autoridad en la empresa e innovación.

Los ideólogos que postulan un sistema económico de planificación central donde la "mano visible del Estado" sea el mecanismo de coordinación básico, han visto en el empresario, especialmente los fundadores de grandes empresas, la personificación de la explotación del trabajo por el capital y la principal barrera para transformar el capitalismo. A estos ideólogos les pone de los nervios la existencia de personas que han construido imperios y acumulan inmensos patrimonios entendiendo que ello alarga la transición a su idolatrado paraíso comunista y, mientras tanto, prolonga la explotación de la clase obrera.

Más extendida es la hostilidad hacia el empresario-directivo. La alta dirección se enjuicia asiduamente con dureza por las remuneraciones juzgadas como desmesuradas que percibirían sus directivos, a espaldas no sólo de las necesidades del resto de stakeholders sino también de su aportación a la creación de valor.

La caricaturización del gran empresario y del empresario-alto directivo no es solo una desgracia del debate político, sino también un reflejo de la dificultad que doctrinas aparentemente antagónicas tienen a la hora de explicar el comportamiento real de las empresas y los mercados. Su ignorancia de la "mano visible de la dirección" plasmada en estrategias imaginativas y del papel insustituible que empresarios y directivos hacen para desarrollar empresas exitosas que mejoren el bienestar con nuevos productos es un peligro para asentar compañías competitivas, para diseñar acciones inteligentes de mejora de los mercados y para construir economías innovadoras y prósperas.

¿Realmente los fundadores de imperios y sagas empresariales y los altos directivos crean estrategias de valor que justifican las cuantiosas rentas que perciben? La observación desapasionada de la realidad de las organizaciones y los mercados aporta una evidencia incontestable de la frecuencia con que la "mano invisible del mercado" entorpecida por la "mano visible del Estado" se rinde a la "mano visible de la dirección".

Retemos a cualquier persona que discrepe del enorme talento que se requiere para crear empresas competitivas de primera fila en los mercados internacionales modernos, a que lo intente él mismo o a que presente formas alternativas de satisfacer las necesidades sociales y económicas de los consumidores con la misma eficiencia. Las capacidades requeridas para este empeño son múltiples, diversas y sobresalientes; y por ello tienen un precio de mercado que responde a su oferta y demanda en el mercado de talento emprendedor y directivo.

Que habrá abusos por empresarios y gestores que gocen de impunidad y de falta de control por los órganos representativos del capital es innegable, pues eso forma parte de la naturaleza humana y de la infalibilidad de los sistemas que hemos desarrollado para competir, de la misma manera que nunca podrán descartarse actuaciones deshonestas o ilegítimas por trabajadores poco fieles a su contrato. Pero lo que no puede aceptarse es que la figura del empresario y del alto directivo sea nociva en sí misma. Al contrario, es la responsable de la gran creación de riqueza de las economías modernas. Por supuesto, con la colaboración inestimable de los trabajadores. Sin empresarios no hay libertad económica, ni incentivos para el emprendimiento, ni acicates para la innovación. Y sin directivos excepcionalmente dotados para dirigir equipos de personas y activos capaces de descollar en mercados altamente competitivos, solo tendremos masas carentes de liderazgo que los catapulte hacia una visión retadora. ¿Cuánto vale esto? Tanto cuanto estén dispuestos a pagar los que arriesgan su riqueza en ello.

5. ¿Cuál cree que es el modelo de asignación de recursos y de coordinación económica que podría ser la solución a los problemas del encarecimiento del coste de los alimentos, la elevación del nivel de renta de los ciudadanos, la mejora de la calidad de vida en el trabajo o el suministro de productos a los consumidores con la mejor relación calidad-precio? ¿Cuálés cree que son los principales problemas de la intervención pública y la iniciativa privada?

Se pueden distinguir diversas formas de asignar recursos en condiciones de escasez:

1. La violencia y las guerras.
2. Colas de espera.

3. Sorteo (como suele suceder con las entradas a un torneo cuando la demanda es excedentaria).
4. La **mano visible del Estado**:
   a. El enfoque administrativo (decretos, órdenes, regulación).
   b. Licitaciones
   c. La distribución pública y centralizada por el Estado (socialismo).
5. La **mano invisible del mercado**: consiste en la asignación de recursos por medio de las decisiones descentralizadas de múltiples empresas y compradores que concurren libremente en los mercados coordinados por un sistema de precios.

El modelo basado en el mercado ha demostrado ser el mecanismo más eficaz para organizar la actividad económica de forma que promueva la mejora del bienestar general. Como escribía Milton Friedman, "el mundo funciona con individuos que persiguen sus propios intereses. Los grandes logros de la civilización no han llegado de las oficinas del gobierno. Henry Ford no revolucionó la industria del automóvil así".

No obstante, como diseño humano tiene sus limitaciones y por ello las economías modernas suelen ser modelos mixtos donde el mercado y el Estado conviven con roles complementarios. En cualquier caso, la eficiencia del sistema está ligado a la potenciación de la iniciativa privada y a la restricción de la intervención pública al mínimo necesario para corregir los fallos del mercado. La mano invisible del mercado es un excelente método de asignación de recursos y de coordinación económica, pero ocasionalmente sufre de los llamados **fallos del mercado**. Estos fallos surgen de dos tipos de riesgos:

— El riesgo del monopolio contrario al interés general.

— El riesgo de la desviación del interés privado y el interés general

La intervención pública suele estar justificada cuando estos fallos de mercado son de una magnitud que impiden la asignación eficiente de los recursos. No obstante, como dice Thomas Sowell, "el hecho de que el mercado no haga lo que queremos no es razón para suponer que el gobierno lo hará mejor". La mano visible del Estado adolece también de **fallos del Estado**, que se manifiestan en problemas de una regulación excesiva que desaliente la iniciativa privada y la innovación emprendedora, corrupción y favoritismo, e incapacidad gestora de los políticos y funcionarios públicos responsables de la gestión pública.

Para identificar el principal problema que pende sobre la intervención pública de la economía, sea cual sea su alcance, hay que discutir sobre la capacidad actual de los dirigentes políticos, en comparación con los líderes empresariales, para resolver los problemas citados. La intervención pública debería restringirse en todos aquellos asuntos donde carezca de capacidades de gestión, pues suelen conducir al derroche de recursos públicos y a una deficiente prestación de servicios al ciudadano. El caso de las empresas públicas ha sido paradigmático en la historia de la economía española.

6. ¿Cree que las acciones filantrópicas de las grandes empresas y/o de sus propietarios pueden cambiar la imagen negativa que pudiesen tener entre ciertos stakeholders? ¿Qué opinión tiene de estas iniciativas de responsabilidad social? ¿Cree que las empresas y los empresarios deben inmiscuirse en los asuntos en principio competencia de los poderes públicos?

En una economía mixta donde conviven la iniciativa privada y la intervención pública, parece innecesario tener que justificar por qué las empresas y los empresarios despliegan actividades en ciertas áreas. No hay ninguna economía de mercado en un país desarrollado que obstaculice la penetración privada en todos los asuntos donde pueda aportar valor, incluso en ámbitos en principio restringidos al Estado, como defensa y justicia.

La entrada de empresas y empresarios en principio competencia de los poderes públicos está especialmente justificada cuando la "mano visible del Estado" no llega y aparece la **mano invisible de la dirección** para socorrerla. La historia de la pandemia es un caso de libro de este escenario, pues el Estado demostró su incapacidad e inoperancia para conseguir medios críticos para luchar contra el mal. La dotación a los hospitales públicos de equipos por parte de Amancio Ortega es otro ejemplo de cómo la iniciativa privada puede complementar la gestión pública en juegos de suma positiva. Lo mismo cabe decir de Juan Roig y su loable proyecto de promoción deportiva y regeneración cultural de la ciudad de Valencia. Hay que recordar que estas aportaciones se hacen por los empresarios citados desde su patrimonio personal y tras cumplir con las obligaciones tributarias establecidas, por lo que suponen para ellos una detracción de riqueza adicional a la surgida de sus pagos de impuestos.

Pretender que el poder público acapare toda la iniciativa en todos los frentes, acrecentando si fuese necesario la carga fiscal sobre empresas y ciudadanos para tener el pulmón presupuestario preciso, es un ejercicio de ilusionismo. Está harto demostrada la incapacidad política para satisfacer desde lo público todas las necesidades sociales y económicas al nivel deseado por una ciudadanía madura. El rechazo de la voluntad de estos empresarios de destinar una parte importante de sus rentas a la mejora de la sanidad pública solo puede obedecer pues a la obcecación de unos políticos que digieren mal el éxito de sus respectivas empresas.

Las acciones filantrópicas del tipo de las ejercitadas por Amancio Ortega y Juan Roig responden al deseo de la empresa de colaborar en la mejora del bienestar social, de la calidad del medioambiente o en cualquier otro asunto de interés general con un esfuerzo más allá de las obligaciones legales y éticas. En este enfoque discrecional, la empresa extiende sus obligaciones a parcelas o problemas que no necesariamente estarán conectados con ella misma, como pueden ser la lucha contra la pobreza, la atención a damnificados por desastres naturales, el fomento de las artes o de la investigación científica y técnica, o la ayuda para la conservación y restauración del patrimonio y del entorno natural (aunque no despliegue actividades sobre este territorio).

La figura tradicional del filántropo es la de un benefactor que reparte sus ganancias con sus semejantes sin un criterio preconcebido, de forma totalmente altruista, es decir, sin esperar un retorno. Si la distribución de rentas que la empresa responsable realiza es importante y no consigue un retorno satisfactorio sea tangible o intangible, una corriente importante de pensamiento sostiene que debería ponderarse su utilidad global porque probablemente la organización verá deteriorada su rentabilidad, y con una competitividad en declive su supervivencia puede verse amenazada, trasladando entonces pérdidas privadas a costes sociales potencialmente mayores que los que pretendía subsanar. Inyectar la lógica económica o de mercado en todas las actividades de responsabilidad social sería la forma de prevenir este riesgo.

El reto de conciliar competitividad y responsabilidad es la piedra angular que determinará el futuro de la empresa durante este siglo. La misma Estrategia Española de RSE de 2014 ya abundaba en esta línea en su primer principio de competitividad, el cual dice que "*la puesta en marcha de actuaciones en materia de responsabilidad social se puede identificar también como una apuesta por la excelencia en la gestión de las empresas que redunda en la mejora de su posicionamiento en el mercado, en su productividad, rentabilidad y sostenibilidad*".

El **enfoque de la responsabilidad estratégica** da entonces a la empresa un criterio para escoger entre las infinitas oportunidades de manifestar su sensibilidad social: escogiendo proyectos donde el deseo de ayudar a los demás rinda también resultados positivos para ella misma. La empresa que sigue este enfoque considera la RSE como una fuerza del entorno empresarial que comporta oportunidades para lograr ventajas competitivas. Esta perspectiva postula pues un efecto positivo de una adecuada RSE para el crecimiento de la productividad, la rentabilidad y la competitividad de la empresa. Pero ya no se trata solamente de pensar que el medio ambiente o la sociedad pueden ser fuentes de oportunidades en vez de meras fuentes de costes, sino en asumir una nueva estrategia que evalúe las necesidades sociales y medioambientales e identifique aquellas en que las empresas pueden colaborar constructivamente con doble ganancia.

Es decir, la gestión de expectativas deberá estar enfocada en la búsqueda de juegos de suma positiva que permitan aunar la resolución de problemas sociales o medioambientales con el legítimo derecho a rentabilizar el capital. La orientación en la gestión de expectativas encauzada según este principio sólo puede estar presidida por la **búsqueda de juegos win-to-win o de suma positiva** donde al tiempo que se colabora en resolver problemas sociales y medioambientales la empresa gane en términos económico-financieros (Florida, 1996: 81). Hay incluso quien habla de **soluciones win-win-win**, indicando que ganan tanto la empresa y el medio ambiente como los consumidores (Elkington, 1994: 90). Este cambio de mentalidad está alineado con la corriente de pensamiento que Martin Seligman (2011) denominó *optimismo inteligente*, capaz de ver la realidad, reconocer lo que no funciona y tomar conciencia de su capacidad para cambiarla a favor de sus intereses.

En el reto de arbitrar estrategias para enfrentar los retos categorizados, la empresa del siglo XXI puede inspirarse en experiencias win-to-win encuadradas en las ideas de filantropía estratégica y creación de valor compartido.

Un enfoque totalmente distinto de la filantropía es que se ha dado en llamar ***filantropía estratégica*** (Porter & Kramer, 2002, 2003). Clark & Lee (2011) han aportado un análisis clarividente de la moral que impregna esta filantropía estratégica, con su distinción entre la moral magnánima y la moral mundana. La moral magnánima consiste en ayudar a los demás *ex abundantia cortis*, por generosidad y solidaridad con quienes necesitan ayuda. Sus tres características distintivas son: (1) es intencionada, (2) se dirige a objetivos concretos; (3) comporta un sacrificio personal al donante. En cambio, la moral mundana responde a un patrón de conducta consistente en decir la verdad, no dañar intencionadamente, cumplir los pactos y contratos, y respetar los derechos de propiedad. Sus rasgos diferenciales son: (1) es interesada porque se buscan beneficios, (2) beneficios que se distribuyen entre las dos partes, (3) y se dispersa en multitud de transacciones anónimas. Mientras las acciones filantrópicas altruistas dependen de la voluntad y del criterio con el que el filántropo distribuye su generosidad, las acciones filantrópicas estratégicas no son finalistas y su distribución se confía a las fuerzas del mercado. Esta moral mundana resulta entonces menos discrecional y caprichosa, más plural y equitativa, y por supuesto más sostenible pues no depende de la discrecionalidad magnánima del donante sino de la utilidad de sus beneficios para las partes.

Mark Benioff ha sido un abanderado de esta visión en sus libros *Capitalismo compasivo* (Benioff & Southwick. 2004) y *El negocio de cambiar el mundo* (Benioff, 2006). Benioff acuña el concepto de "venture philanthropy" e introduce criterios de empresa y de capital riesgo en las actividades filantrópicas practicando lo que llama "filantropía corporativa estratégica". Benioff afirma en el primero de ellos: "*creemos que la empresa debe, según crece, devolver recursos a la comunidad. Es importante que haya una conexión entre tu éxito y tu integración en la comunidad (...) La cultura que queremos desarrollar es la de una compañía que no sólo lo está haciendo bien, sino que está haciendo el bien*".

El enfoque de Benioff ha cambiado la manera de abordar la filantropía empresarial, acuñando ideas nuevas como son la de hablar de la inversión como ayuda, aplicar los criterios de gestión a las actividades filantrópicas, y por último incluir los criterios de capital riesgo midiendo la eficacia de sus donaciones (lo que introduce la competencia entre las ONG).

Es el caso de la Salesforce Foundation. Se trata de una institución sin ánimo de lucro, que Marc Benioff creó al mismo tiempo que fundaba la empresa tecnológica Salesforce.com en 1999. La idea era donar el 1% de sus recursos a organizaciones filantrópicas, siguiendo el que llamó modelo 1/1/1, que busca sacar provecho de la riqueza intelectual de sus empleados, la tecnología, sus productos y su capital financiero, para mejorar el mundo. El modelo consiste en asignar un 1% del tiempo de los empleados (6 días anuales) de Salesforce.com a voluntariado; facilitar el 1% de sus recursos tecnológicos mediante la donación y el descuento de licencias Salesforce CRM a ONG para aumentar su efectividad operativa; y utiliza el 1% de su capital para hacer donativos enfocados a la innovación tecnológica de ONG y programas de desarrollo juvenil. Sólo en sus 10 primeros años de vida, esto ha supuesto 178.000 horas de voluntariado, beneficiar con licencias gratuitas a 8.000 ONG de 70 países, y donar más de 520 millones de dólares a organizaciones certificadas. Benioff afirma que la aplicación de este modelo ha modelado una empresa diferente, que se ha convertido en un excelente lugar en el que trabajar y en una organización más comprometida con el éxito de sus empleados y clientes.

Benioff y su empresa actúan en la bahía de San Francisco, un hervidero de ideas donde han nacido muchas ideas de filantropía corporativa. El ejemplo de Salesforce.com ha sido seguido ya por otras compañías. En el libro, Benioff y otros 19 líderes excepcionales han inspirado a sus compañías para hacer acciones filantrópicas de un modo muy distinto a lo propugnado por los movimientos activistas, y que consisten en integrar dichas acciones en las fases iniciales del ciclo de vida de su modelo de negocio, es decir, en aquellos temas en los que las compañías actúan directamente. Lo natural para Repsol sería entonces trabajar en proyectos de protección del entorno natural; mientras que Carrefour sería mucho más eficaz comercializando productos elaborados por comunidades campesinas. Así, Alan Hassenfeld (*chairman* de la multinacional juguetera Hasbro) cree que debe pagar una "deuda" con los niños del mundo por haberla llevado a su posición de liderazgo, y trabaja para extender su

Si este enfoque se generalizase, podría llevar a lo que el analista de *Fortune*, David Kirkpatrick, ha llamado "el final de la filantropía".[1] Pensemos en un enfoque filantrópico de esta naturaleza movilizado por la decisión de algunos multimillonarios de legar sus enormes fortunas a esta causa. Warren Buffet y Bill y Melinda Gates son sólo algunos de ellos. Esta nueva perspectiva no sólo alterará el equilibrio entre lo público y lo privado, sino que obligará a las ONG a modificar sus estrategias.

Las tesis de Mark Benioff y Richard Branson acaban aceptando que el compromiso que piden no es sólo una cuestión ética, sino de rentabilidad. Si para hacer el bien las empresas deben renunciar a ofrecer utilidades a sus accionistas, el recorrido va a ser corto pues el sistema estallará por todos los costados. Cercenar la creación de valor o privar a sus legítimos propietarios del derecho a maximizar el retorno de su inversión es un error equivalente a cegar los afluentes de un río. Puede ser que así se consiga detener su caudal (el capital) y por tanto no llegue su flujo al gran beneficiado, el mar (los accionistas). Pero es igualmente probable que la acción agoste todas las comunidades que vivían a su paso o sobre su corriente (empleados, clientes, proveedores, administraciones públicas, ONG). Y como el agua acaba siempre encontrando su camino, resultará que los manantiales (inversores) acabarán encontrando otra ruta al mismo destino, de modo que al final los que más pierden son los más desfavorecidos o capacitados que no pueden trasladarse a nuevas ubicaciones.

El tercer principio de la Estrategia Española de RSE de 2014 habla sobre creación de valor añadido y valor compartido. En su literalidad dice: "*La aplicación de los criterios y valores de la RSE, en colaboración efectiva con los grupos de interés, contribuye a generar y reforzar el impacto positivo. Debe, al mismo tiempo, contribuir a identificar, prevenir y*

---

1 Citado por Fernández, T. (2007), "¿Pueden las empresas salvar el mundo?". *Expansión*, 11 de junio de 2007.

eliminar los impactos negativos y crear más valor no sólo para la propia organización que los aplica, sino también para aquellos con los que lo comparte que son los principales grupos de interés involucrados en su actividad y la sociedad en general. El objetivo de dicha aplicación debe ser maximizar la creación de valor compartido para sus propietarios y/o accionistas y para las demás partes interesadas y la sociedad en sentido amplio, con el fin de identificar, prevenir y atenuar sus posibles consecuencias adversas".

La idea de maximizar la creación de valor compartido (*Corporate Shared Value*) toma fuerza con el par de artículos publicados por Michael Porter y Mark Kramer en 2006 y 2011, que pretende ir más allá de la responsabilidad filantrópica altruista. La tesis principal de estos trabajos es que las empresas y la sociedad debían unir sus esfuerzos para obtener un beneficio común, es decir, un valor compartido. Los caminos para generar valor compartido son la reinvención de productos y procesos, la redefinición de la productividad en la cadena de valor y el desarrollo de clusters de empresas locales. Abogan para que la ***creación de valor compartido*** conduzca a la próxima ola de innovación y de crecimiento de la economía mundial.

Figura 10. El enfoque de creación de valor compartido.

PHILANTHROPY
- Donations to worthy social causes
- Volunteering

CORPORATE SOCIAL RESPONSABILITY (CSR)
- Compliance with community standards
- Good corporate citizenship
- "Sustainability"
- Mitigating risk and harm
- Improving trust and reputation

CREATING SHARED VALUE (CSV)
- Addressing societal needs and challenges with a **business model**

Sin embargo, para Porter & Kramer, la forma en que las empresas se han involucrado en los problemas meta-organizativos en el pasado no conseguirá mover el péndulo y provocar un cambio real. De la filantropía dicen que, pese a dar dinero para buenas causas y a mover lo mejor del voluntariado, no será nunca suficiente. Y de la RSE dicen que minimizar los efectos negativos de la acción empresarial, pero se trata de una táctica más defensiva que transformadora. El enfoque del valor compartido va más allá (*figura*

10) y se distingue de los programas clásicos de RSE en tres aspectos relativos al retorno de la acción, el grado de compromiso de la estructura directiva y la medición del éxito:

a) En lo que atañe al retorno de la acción social, los enfoques éticos y filantrópicos no persiguen una contraprestación para la empresa (en todo caso, una difusa mejora de imagen) mientras que el enfoque del valor compartido persigue acciones que deriven en ventajas competitivas. En concreto, identifican tres fuentes de oportunidades:

   ✓ Carencias sociales en la comunidad que crean costo económico para tu empresa. Amplificando la perspectiva de a quién se apunta como cliente, se puede remodelar el negocio para incluir a aquellos realmente con necesidades. "¿Cómo podemos servir a los clientes que han sido pasados por alto y desestimados? Hacernos esta pregunta nos da una gran oportunidad de expandir el negocio.

   ✓ Los impactos externos derivados de tirar la basura enfrente del negocio, batallar los precios altos de energía con complacencia, o no entender la huella ambiental y sus efectos en los ecosistemas, tendrán efectos negativos en el negocio porque dañan la productividad de la compañía.

   ✓ Las necesidades sociales representan las oportunidades de mercado más grandes sobre la faz de la tierra. Estos serán los productos del futuro.

b) En cuanto al grado de compromiso de la estructura directiva, la perspectiva filantrópica reducía la implicación directiva a un grado marginal, delegando la acción a un departamento o especializado, en tanto que cuando se busca crear valor compartido las acciones requieren un liderazgo explícito de la alta dirección por su mayor contenido estratégico y horizontal para toda la organización.

c) Ambos enfoques también se separan en los criterios de medida del éxito, relativos a las ayudas monetarias concedidas cuando lo preside la visión filantrópica y caso contrario al valor económico y social creado.

Otro desarrollo espléndido de este concepto de responsabilidad estratégica es el que late tras el fenómeno de las ***cadenas híbridas de valor***, lanzadas por Bill Drayton desde Ashoka.[2] Esta organización es una fundación filantrópica internacional creada en Estados Unidos en 1980 y que se ha extendido ya por más de 70 países. En España está presente desde 2003 aunque su actividad real se inició en 2005. Su penetración ha sido lenta, lo que PwC y Ashoka (2015: 68-74) han atribuido a un contexto con obstáculos como son la falta de conocimiento y trabajo conjunto, que dificulta la colaboración, la ausencia de legislación específica y la reducida implicación del sector público. Sin embargo, el programa *Compartiendo Oportunidades* impulsado por Ashoka y la Fundación Seres ha logrado sumar a 40 de las principales empresas que trabajaron junto con ocho empren-

2 Veáse http://elpais.com/elpais/2015/05/04/planeta_futuro/1430752062_634753.html. Una presentación académica del concepto se encuentra en Drayton & Budinich (2010).

dedores sociales europeos para crear alianzas rentables y de alto impacto. La repercusión de la iniciativa es tal que su fundador obtuvo en 2011 el Premio Príncipe de Asturias de Cooperación Internacional.

Su filosofía es la de aunar esfuerzos, recogida en uno de sus lemas: "todos podemos cambiar el mundo". Estas cadenas son alianzas entre empresas del sector privado y organizaciones del tercer sector –sobre todo, emprendedores sociales- para desarrollar proyectos económica y socialmente rentables, además de generar capacidades estratégicas para ambas partes. Como escribe María calvo, directora de Ashoka para España, "el potencial de estas asociaciones se basa en la complementariedad de las fuerzas de ambos sectores: el mundo de los negocios puede aportar escala, conocimiento y experiencia de operaciones y financiación; los emprendedores sociales y organizaciones ciudadanas pueden ofrecer modelos de bajo coste, fuertes redes sociales y un mejor conocimiento y comprensión de los potenciales clientes y usuarios". La ambición de la iniciativa la dio Drayton cuando afirmó: "*La colaboración entre las empresas y los emprendedores sociales puede crear y ampliar los mercados a una escala no vista desde la Revolución Industrial. Estos mercados alcanzarían a todos, pero especialmente a los cuatro mil millones de personas que todavía no forman parte de la economía formal del mundo*", y que son la llamada base de la pirámide.

Desde su creación han implicado a más de 3.000 emprendedores también llamados *fellows* (de ellos 24 localizados en España) sociales, que cobran de Ashoka un sueldo durante tres años, son seleccionados de forma rigurosa por sus dotes de liderazgo y habilidades sociales y que trabajan en sus propios proyectos sociales de base "para que cristalicen en un cambio social tangible y duradero". Todos ellos quedan ligados de por vida a la *Red mundial de emprendedores sociales de Ashoka*. Esta red se mantiene viva y coordinada por Ashoka, que fomenta la cooperación entre los miembros que la forman. En un segundo escalón hay otro ejército de colaboradores que Ashoka denomina *Changemakers*. Sus funciones son las de postulación, selección, asesoramiento, intercambio de información, etc., normalmente a través de Internet. Los *Changemakers* seleccionados reciben una cantidad económica que generalmente oscila entre cinco mil y cincuenta mil dólares *"como apoyo para la ejecución de sus proyectos"*. Por último, la cantera de emprendedores sociales se fomenta a través del programa *Ashoka Jóvenes Changemakers*. La envergadura del proyecto es tal que Drayton afirma que "si no estás pensando (como empresa) en colaborar en cadenas híbridas de valor, serás pronto acusado de negligencia estratégica".

La misión de las cadenas híbridas de valor es muy similar a la de las empresas sociales que promueve el Premio Nobel de la Paz Muhammad Yunus, fundador del gran banco del microcrédito Grameen Bank. Ahora, con sus empresas sociales busca constituir organizaciones para reducir o eliminar un problema social y que no presentan ni resultados financieros ni distribuyen dividendos, cooperando con grandes compañías que aporten sus recursos. Entre sus logros se cuentan la alianza con la compañía de aguas francesa Veolia, para resolver el problema de la potabilización del agua en aldeas pobres; y su asociación con la multinacional Danone para fabricar un yogur a muy bajo coste, con los micronutrientes básicos para los niños, que además ayudó a Danone a revisar sus procesos y hace sus envases biodegradables así como a pensar en un nuevo consumidor que en lugar de refrigerar el producto lo consuma en el momento o poco después de la compra.

Pese las duras críticas recibidas desde el enfoque ético-radical, Ashoka ha seguido creciendo y la filosofía de las cadenas híbridas de valor llegando a más países, dado el convencimiento general de la necesidad de innovación social y de que son un método promisorio para resolver problemas sociales que la intervención pública y la ayuda humanitaria no han logrado afrontar, aunque demandarán un cambio de la cultura organizativa de los partners de las alianzas que aseguren su honestidad. En España está presente desde 2003 aunque su actividad real se inició en 2005. Su penetración ha sido lenta, lo que PwC y Ashoka (2015: 68-74) han atribuido a un contexto con obstáculos como son la falta de conocimiento y trabajo conjunto, que dificulta la colaboración, la ausencia de legislación específica y la reducida implicación del sector público. Sin embargo, el programa *Compartiendo Oportunidades* impulsado por Ashoka y la Fundación Seres ha logrado sumar a 40 de las principales empresas que trabajaron junto con ocho emprendedores sociales europeos para crear alianzas rentables y de alto impacto.

Otra iniciativa que está trabajando en la misma dirección de crear valor compartido es el movimiento de certificación B Corp. En su página web[3] se define como la comunidad de las mejores empresas para el mundo. Se trata de un movimiento de más de 2.000 empresas extendido por 50 países y 130 sectores, con un único fin: "que un día todas las compañías compitan por ser las mejores para el mundo y, como resultado, la sociedad camine hacia estadios de bienestar compartido y durable superiores." La certificación B Corp consiste justamente en confirmar que hay acciones en las empresas que aspiran a convertirse en fuerzas positivas de cambio, completándose y pasando de aspirar a ser sólo las mejores empresas del mundo para pretender también ser las mejores para el mundo.

Su visión se plasma en la llamada "The B Corp Declaration" redactada del siguiente modo:

- "Visionamos una economía global que usa los negocios como una fuerza para el bien.
- Esta economía está compuesta de un nuevo tipo de corporación -la B corporation- que está dirigida para crear beneficios para todos los stakeholders.
- Coo B Corporations y líderes de esta economía emergente, creemos que:
  - o Debemos ser el cambio que buscamos en el mundo.
  - o Todos los negocios deberían ser conducidos como si las personas y los territorios importan.
  - o A través de sus productos, prácticas y beneficios, los negocios deberían aspirar a no dañar y a beneficiar a todos.

3 *Véase* http://bcorporation.eu/spain.

- o Hacer esto requiere que actuemos con la comprensión de que todos somos dependientes unos de otros, y por tanto responsables de los demás y de las generaciones futuras".

Su filosofía se condensa en el siguiente principio de qué entienden por **empresas B Corp**: "*las B Corp van más allá del objetivo de generar ganancias económicas e innovan para maximizar su impacto positivo en los empleados, en las comunidades que sirven y en el medio ambiente. De esta manera, la empresa se convierte en una fuerza regeneradora para la sociedad y para el planeta. Junto con todos nuestros socios europeos y globales, estamos dinamizando una comunidad empresarial capaz de construir una sociedad mejor, en la que las empresas contribuyan a generar un beneficio global*".

Los resultados que este movimiento ha impulsado se aprecian en la *figura 11*, donde se compara el desempeño de las B Corporations con otros negocios sostenibles.

Figura 11. Desempeño comparado de las B Corporations.

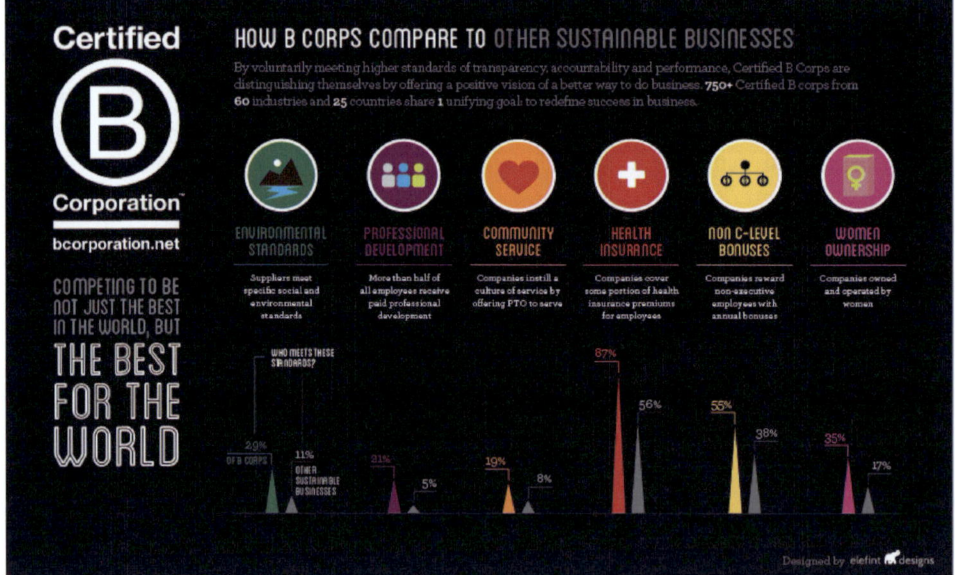

Fuente: https://singlebrook.com/2013/07/17/b-corps-congratulate-delaware-on-signing-benefit-corporation-legislation-into-law/

Referencias bibliográficas[4]

Benioff, M., Southwick, K. (2004), *Compassionate capitalism: How corporations can make doing good an integral part of doing well.* Career Press, Pompton Plains NJ.

Benioff, M. (2006), *The Business of Changing the World.* McGraw-Hill, Nueva York.

Camisón, C. (1999), *El espíritu emprendedor: reflexiones básicas sobre el empresario y la creación de empresas.* Foro Jovellanos de Fomento Empresarial y Fundación Generalitat Valenciana-Iberdrola, Castellón.

Camisón, C. (2008), Los desafíos de la empresa del siglo XXI y las respuestas de las teorías de la gestión. En Granda, G., Camisón, C. (dirs.), *El modelo de empresa del siglo XXI: hacia una estrategia competitiva y sostenible.* Ediciones Cinca / Fonética, Madrid, pp. 17-31.

Camisón, C., Dalmau, J.I. (coord., 2008), *Introducción a los negocios y su gestión.* Prentice Hall / Pearson, Madrid, caps. 1, 2, 3, 6, 7, 16.

Camisón, C. (2012), La empresa y el emprendedor como actores clave para la salida de la crisis. En Fundación Encuentro (2012), *Informe España 2012. Una interpretación de su realidad social.* Fundación Encuentro, Madrid, pp. 39-114.

Camisón, C. (2022), Los costes y las estricciones de la burocracia para crear y desarrollar empresas. *Documento de Investigación EST-022-001*, GRECO Grupo de Investigación en Estrategia, Competitividad e Innovación, Universitat de València, Valencia

Clark, J.R., Lee, D.R. (2011), "Markets and morality". *Cato Journal*, 31(1).

Drayton, B., Budinich, V. (2010), A new alliance for global change. *Harvard Business Review*, 88(8), pp. 52-63.

Elkington, J. (1994), "Towards the sustainable corporation: Win-win-win business strategies for sustainable development". *California Management Review*, 36(winter), pp. 90-100.

Florida, R. (1996), "Lean and green: The move to environmentally conscious manufacturing". *California Management Review*, 39(1), pp. 80-105.

Porter, M.E., Kramer, M.R. (2002), The competitive advantage of corporate philanthropy. *Harvard Business Review*, 80(12), pp. 56-68.

Porter, M.E., Kramer, M.R. (2003), "The competitive advantage of corporate philanthropy". En School, H.B., *Harbard Business Review on corporate social responsibility.* Harvard Business School Press, Boston.

Porter, M.E., Kramer, M.R. (2006), Strategy and society: The link between competitive advantage and corporate social responsibility. *Harvard Business Review*, 84(12), pp. 78-85.

Porter, M.E., Kramer, M.R. (2011), Creating shared value: How to reinvent capitalism and unleash a wave of innovation and growth. *Harvard Business Review,* 89(1-2), pp. 62-77.

PwC y Ashoka (2015), *¿Cómo podemos dar solución a los grandes problemas sociales globales?* Fundación PricewaterhouseCoopers, Madrid.

Seligman, M. (2011), *Flourish: A Visionary New Understanding of Happiness and Well-being.* The Free Press, Nueva York.

[4] Las referencias citadas en esta nota y no incluidas en esta lista son accesibles en Camisón (2008, 2012).

CASO 3. NOTA PEDAGÓGICA
Closca y el consumidor consciente

Sergio Camisón-Haba
(Universitat de València)

Melanie Grueso Gala
(Universitat de València)

Cuestiones para el debate

1. Identifica el papel que juega la sostenibilidad en el modelo de negocio de Closca y en la definición de su estrategia competitiva.
2. Identifica las que consideres como las mayores fuentes de ventaja competitiva de Closca y analiza tanto su valor como su sostenibilidad. Utiliza para ello herramientas de análisis interno estudiadas en clase.
3. Piensa en alguna empresa de tu entorno en la que la sostenibilidad juegue un papel similar al de Closca. Señala en qué se parece y cuáles son sus diferencias.
4. Identifica la dirección y la modalidad de crecimiento seguida por Closca con el desarrollo de su Water App. Razona tu respuesta.
5. Indica cuál crees que podría ser una estrategia corporativa acertada para el futuro de Closca en lo referente al desarrollo de productos, mercados o su diversificación. Razona tu respuesta.
6. Identifica qué otras ventajas, no necesariamente ligadas a la sostenibilidad, pueden extraer estas empresas de su colaboración con Closca.
7. Identifica la modalidad de crecimiento empleada con Closca en sus colaboraciones con otras empresas. Razona si este tipo de crecimiento da soporte a la estrategia competitiva de la compañía.

1. Identifica el papel que juega la sostenibilidad en el modelo de negocio de Closca y en la definición de su estrategia competitiva.

La sostenibilidad es la base del modelo de negocio de Closca y alrededor de ella orbitan sus estrategias de desarrollo y competitivas. La empresa incorpora la solución de problemas ambientales a la totalidad de su cartera de productos, buscando convertirse en una marca de referencia en lo que respecta al consumidor preocupado por el medio ambiente, que constituye su mercado relevante. Enlazando con la pregunta 2, este es un recurso intangible distintivo que facilita la percepción de Closca por parte del consumidor como un producto altamente diferenciado. Closca podría pues clasificarse como una empresa que compite en todos los mercados en los que está presente por diferenciación (según las estratégicas genéricas de Porter) o que sigue una Ruta Competitiva de diferenciación pura (ruta 4 [N], según el Reloj Estratégico de Bowman).

2. Identifica la que consideres como la mayor ventaja competitiva de Closca y analiza tanto su valor como su sostenibilidad. Utiliza para ello herramientas de análisis interno estudiadas en clase.

El alumno podría identificar otros recursos o capacidades menos relevantes, por lo que resultará imprescindible en la resolución del caso el repaso del funcionamiento de la herramienta VRIO, cuya síntesis es la que sigue:

Valioso	Raro	Inimitable	Explotable por la organización	Fortaleza o Debilidad	Implicaciones competitivas	Performance
NO	--	--	--	Debilidad	Desventaja competitiva	Menor del normal
SI	NO	--	--	Fortaleza	Paridad competitiva	Normal
SI	SI	NO	--	Fortaleza	Ventaja competitiva temporal	Por encima del normal
SI	SI	SI	SI	Fortaleza	Ventaja competitiva sostenible	Por encima del normal

La identificación de recursos comunes conducirá al alumno a la señalización de recursos o capacidades umbral que conducen en última instancia a la paridad competitiva. La identificación de recursos valiosos y raros conducirá a la identificación de recursos con una ventaja competitiva temporal. Los recursos y capacidades señalados deben ser aquellos que conduzcan a una ventaja competitiva sostenible. Closca presenta un conjunto de recursos y capacidades relevantes y distintivos que conducen a ventajas competitivas sostenibles en el tiempo:

1. Una reputación corporativa vinculada a su imagen de marca responsable de impacto que busca la solución a problemas medioambientales.

2. Una capacidad innovadora para el desarrollo de nuevos productos diferenciados desde el punto de vista tecnológico y de diseño, implicando patentes y premios distintivos.
3. Precisamente derivado de lo anterior, un conjunto de patentes para sus productos que los hacen inimitables en un periodo razonable de tiempo.

3. Piensa en alguna empresa de tu entorno en la que la sostenibilidad juegue un papel similar al de Closca. Señala en qué se parece y cuáles son sus diferencias.

Existen multitud de empresas en el ecosistema valenciano, español y mundial que centran sus modelos de negocio en el fomento de la sostenibilidad o la economía circular. Algunos ejemplos son: Jeanología, Aquaservice, Vinted, Wallapop, Tuvalum o Gravity Wave.

La clave en este apartado es que el alumno identifique si las empresas nacen como empresas de impacto (p.e., Gravity Wave) o reconvierten su imagen de marca hacía una empresa vinculada a la sostenibilidad (p.e., Wallapop). Las primeras mostrarán muchas más similitudes con Closca que las segundas y podrán ser clasificadas como empresas de impacto.

4. Identifica la dirección y la modalidad de crecimiento seguida por Closca con el desarrollo de su Water App. Razona tu respuesta.

Se trata de una diversificación relacionada. Concretamente por el desarrollo de un producto potencialmente complementario que implica la entrada en una industria nueva y modifica el ámbito de actividad de la empresa.

5. Indica cuál crees que podría ser una estrategia corporativa acertada para el futuro de Closca en lo referente al desarrollo de productos, mercados o su diversificación. Razona tu respuesta.

Closca podría sostener su crecimiento en el desarrollo de productos complementarios a su cartera de productos actual o vía diversificación relacionada, tal como se ha hecho con la Water App. También podría estudiar la integración vertical de sus actividades, por ejemplo, mediante el desarrollo de sus propias fuentes o la apertura de puntos físicos de distribución. Otra alternativa viable sería el desarrollo de productos no complementarios pero que compartan con sus predecesores el interés por la solución de un problema ambiental con aportaciones directas (p.e. botellas) o indirectas (p.e. cascos) a su resolución.

Una vez desarrollado el proceso de internacionalización, el desarrollo de mercados por segmentación parece ser la alternativa menos atractiva, pues precisamente los recursos distintivos de Closca se enfocan a un segmento de mercado concreto, pero amplio, que es el del consumidor consciente de los problemas ambientales y comprometido con su solución.

6. Identifica qué otras ventajas, no necesariamente ligadas a la sostenibilidad, pueden extraer estas empresas de su colaboración con Closca.

Las empresas ganan, además de reputación corporativa por su contribución al mantenimiento del medio ambiente por la reducción de plásticos, tráfico de clientes y mejora de la experiencia de compra de estos. Los potenciales consumidores acudirán con más frecuencia a la tienda y se quedarán más tiempo. Las empresas se benefician igualmente de la segmentación de clientes para llevar a cabo una mejor acción comercial y conseguir un mejor *engagement* apalancado en la comunidad construida alrededor de la marca Closca.

7. Identifica la modalidad de crecimiento empleada con Closca en sus colaboraciones con otras empresas. Razona si este tipo de crecimiento da soporte a la estrategia competitiva de la compañía.

Se trata de una alianza estratégica y por tanto de un crecimiento híbrido. Closca se beneficia claramente de estas alianzas pues suponen, por una parte, un incremento de sus ventas, y por otra, la asociación de su imagen de marca a la de grandes corporaciones internacionales con una fuerte reputación corporativa que además exteriorizan su preocupación por el medio ambiente. Esta alianza se puede clasificad como vertical según la relación con los socios, actividad única por las actividades implicadas y de acuerdo contractual según la estructura del acuerdo. Entre las ventajas destacan la mejora de la posición competitiva y el acceso y aprendizaje de recursos y capacidades de los socios. Esta alianza también ayuda a Closca en su proceso de internacionalización.

CASO 4. NOTA PEDAGÓGICA
Grefusa: la apuesta por un modelo sostenible basado en la innovación

Sergio Camisón-Haba
(Universitat de Valéncia)

María López-Trigo
(EDEM y Universitat Jaume I)

Cuestiones para el debate

Comunicación No Financiera y Estándares GRI

1. Identifica tanta información no financiera como te sea posible en referencia a las políticas de sostenibilidad de Grefusa e indica qué contenidos de los estándares GRI utilizarías para comunicar cada aspecto en una Memoria de Sostenibilidad.

Estrategia Competitiva y Sostenibilidad

2. Grefusa ha modificado su estrategia varias veces a lo largo de su historia. Identifica estos cambios e indica en qué medida consideras que han contribuido positiva o negativamente a su supervivencia y éxito a lo largo de los años. Utiliza para ello tantas herramientas de análisis estratégico como consideres oportunas.

Recursos Humanos y Compromiso Organizativo

3. Identifica las políticas de Recursos Humanos de Grefusa contenidas en el texto y relaciónalas con las funciones objetivo de Recursos Humanos.
4. ¿Crees que las políticas de Recursos Humanos de Grefusa están enfocadas a mantener un alto nivel de compromiso organizativo en su plantilla? Desarrolla el concepto de Compromiso Organizativo, sus componentes y señala sobre cuál de debería trabajar una empresa en general y Grefusa en particular en el desarrollo de una relación sostenible, duradera y satisfactoria con sus empleados.

1. Identifica tanta información no financiera como te sea posible en referencia a las políticas de sostenibilidad de Grefusa e indica qué contenidos de los estándares GRI utilizarías para comunicar cada aspecto en una Memoria de Sostenibilidad.

El caso muestra un abanico importante de políticas de sostenibilidad, cuya clasificación por contenidos GRI se muestra en la tabla adjunta. Conviene destacar que en este apartado prima la familiarización del uso de los modelos frente a la identificación de todas y cada una de las políticas de sostenibilidad llevadas a cabo por la empresa. Igualmente, algunas de las clasificaciones propuestas son discutibles y pueden ser objeto de debate en clase.

POLÍTICA DE SOSTENIBILIDAD	CONTENIDO GRI
Política de Gestión y Supervisión de Riesgos	102-18 Governance structure
Grefuvalores	102-16 Values, principles, standards, and norms of behavior
Dirección de Riesgos y Compliance	102-18 Governance structure
Modelo de Cumplimiento y Prevención de Riesgos Penales	102-18 Governance structure
Comité de Dirección	102-18 Governance structure
Consejo de Administración	102-18 Governance structure
En 2020, el consumo de materias primas en forma de semilla, cereales, aceites, frutos secos y otros ingredientes fue de 32.006 toneladas. El consumo de film y de cartón fue de 890 y 3.292 toneladas respectivamente.	301-1 Materials used by weight or volume
La empresa emplea un 91% de cartón procedente de fibra reciclada y se asegura de que todas las cajas de cartón adquiridas poseen la etiqueta 100% FSC.	301-2 Recycled input materials used
Reducción de un 5,9% del material de packaging en el periodo 2018-2022.	301-3 Reclaimed products and their packaging materials
Para el año 2025, el objetivo es que el 100% de los embalajes de los embalajes empleados sean reciclables.	301-3 Reclaimed products and their packaging materials 301-2 Recycled input materials used
En cuanto al uso de energía, Grefusa tiene como objetivo reducir su consumo en un 20% para 2023.	302-4 Reduction of energy consumption
Las principales fuentes primarias de energía son el gas natural, el gas propano y la electricidad (el 13% de la cual proviene de fuentes renovables en las instalaciones de España, y el 55% en Portugal).	302-1 Energy consumption within the organization
El impacto del consumo energético en 2020 ha ascendido a 4.318 y 2.078 toneladas de CO2 equivalente de gases de alcance 1 y 2 respectivamente.	305-2 Energy indirect (Scope 2) GHG emissions

El plan de reducción de consumo energético de la empresa para 2023 pasa por la instalación de una planta fotovoltaica para autoconsumo que ahorrará 584 toneladas de CO2 equivalente al año.	302-4 Reduction of energy consumption
Además, la empresa lleva a cabo diversas medidas de eficiencia energética enfocadas a reducir el consumo de energía y por tanto las emisiones de CO2.	302-4 Reduction of energy consumption
En cuanto al consumo de agua, Grefusa devuelve al colector municipal el 100% del agua empleada en Alzira, y el 95% de la consumida en Portugal tras aplicar un tratamiento fisicoquímico y un tratamiento biológico aerobio.	303-1 Interactions with water as a shared resource 303-2 Management of water discharge-related impacts 306-1 Water discharge by quality and destination
Los residuos, por su parte, se someten a un tratamiento preventivo, buscando generar la menor cantidad y mejorando su gestión, que se lleva a cabo por gestores autorizados.	306-1 Waste generation and significant waste-related impacts 306-2 Management of significant waste-related impacts
Código de Conducta de Grefusa.	102-16 Values, principles, standards, and norms of behavior 414-1 New suppliers that were screened using social criteria
Plan de igualdad 2020-2025	405-1 Diversity of governance bodies and employees
Desconexión digital	No clasificable conforme a GRI, debería incorporarse en algún punto del GRI-400.
Teletrabajo del 50%	No clasificable conforme a GRI, debería incorporarse en algún punto del GRI-400.
GrefuCatálogo	404-2 Programs for upgrading employee skills and transition assistance programs
Chat médico y videollamadas gratuitas con cualquier especialista del seguro médico para todos los empleados asegurados	403-3 Occupational health services
GrefuOlimpiadas Online	403-6 Promotion of worker health
Mil Maneras de Confinarte	No clasificable conforme a GRI, debería incorporarse en algún punto del GRI-400.
Reto eHealth Challenge	403-6 Promotion of worker health
Grefututores	404-2 Programs for upgrading employee skills and transition assistance programs
A cierre de 2020, Grefusa cuenta con 700 empleados, de los que el 53% son mujeres, y el 90% indefinidos.	102-8 Information on employees and other workers

El modelo de retribución busca el respeto de la equidad interna y la ruptura de la equidad interna con una mayor competitividad.	No clasificable conforme a GRI, debería incorporarse en algún punto del GRI-400.
La empresa ofrece igualmente flexibilidad horaria y jornada intensiva en verano.	No clasificable conforme a GRI, debería incorporarse en algún punto del GRI-400.
GrefuAterrizaje	404-2 Programs for upgrading employee skills and transition assistance programs
Grefutalento	404-2 Programs for upgrading employee skills and transition assistance programs
Grefurunners, Grefupadel o Grefuliga	403-6 Promotion of worker health
Mejora continua y prevención de riesgos laborales	403-6 Promotion of worker health 403-5 Worker training on occupational health and safety 403-7 Prevention and mitigation of occupational health and safety impacts directly linked by business relationships
Programa Progresa	404-2 Programs for upgrading employee skills and transition assistance programs
En 2020, se han llevado a cabo 6.586 horas de formación.	404-1 Average hours of training per year per employee
Trece personas con capacidades diferentes integradas perfectamente en la organización, que goza de plena accesibilidad en la sede corporativa.	405-1 Diversity of governance bodies and employees
Código Ético de Proveedores	414-1 New suppliers that were screened using social criteria
Su Política de Calidad la responsabilidad de ofrecer productos 100% seguros y "hacer las cosas bien a la primera".	416-1 Assessment of the health and safety impacts of producto and service categories
Eliminación del aceite de palma.	416-1 Assessment of the health and safety impacts of producto and service categories
Reducción del 15% de la sal.	416-1 Assessment of the health and safety impacts of producto and service categories
Adhesión al código PAOS de autorregulación de la publicidad en alimentos y bebidas dirigido a menores.	417-1 Requirements for product and service information and labeling
Colabora con entidades como Unicef, el Banco de Alimentos, la Fundación Alimentum o la Asociación Española Contra el Cáncer, así como con determinadas organizaciones deportivas. Grefusa colabora también con la Cruz Roja.	413-1 Operations with local community engagement, impact assessments, and development programs

2. Grefusa ha modificado su estrategia varias veces a lo largo de su historia. Identifica estos cambios e indica en qué medida consideras que han contribuido positiva o negativamente a su supervivencia y éxito a lo largo de los años. Utiliza para ello tantas herramientas de análisis estratégico como consideres oportunas.

El primer cambio relevante en la estrategia de la empresa se produce al empezar a tostar el cacahuete para su posterior venta. En este momento, Grefusa operaba en una industria madura, fragmentada y caracterizada por la aparición de nuevos competidores con menores costes de producción. En este punto, la empresa opta por modificar su estrategia competitiva diferenciando su producto por la vía de su procesado/tueste. Así, Grefusa pasa de competir aparentemente por liderazgo en costes, a hacerlo por diferenciación (según las estrategias competitivas genéricas de Porter). En un modelo del Reloj estratégico de Bowman, la empresa se mueve de una Ruta 2(E) a una Ruta 4(N), esto es, de líder en costes puro a diferenciación pura[1]. Esto permite a Grefusa alejarse de sus competidores, ofreciendo un producto con un precio mayor en cierta manera justificado. Sin embargo, resulta evidente que la diferenciación contenida en un proceso de tueste resulta fácil de imitar y por tano se ve limitada en el tiempo, lo cual conduce al segundo momento relevante de estudio del caso.

En el año 1986 Grefusa se introduce en el negocio de la producción y distribución de snacks, entrando pues en una industria distinta a la que originalmente operaba, que se caracterizaba ya en este momento por un creciente poder negociador de los clientes (la distribución, en este caso), dada la presencia de multitud de productores con un producto homogéneo y por tanto poco diferenciado, y la concentración de la industria *retail* con la aparición de grandes cadenas. En este caso, el viraje estratégico no se sostiene en la modificación de la estrategia competitiva, sino que, por el contrario, se trata de una estrategia corporativa o de desarrollo permite a la empresa introducirse en un mercado desatendido en forma de Océano Azul. La entrada en un nuevo mercado obliga a la empresa a reformular una estrategia de negocio adaptada al mismo que, en este caso, sin embargo, implica seguir compitiendo por diferenciación. En este momento, esta diferenciación viene caracterizada por el desarrollo inteligente de marcas que acompañan a cada innovación introducida en nuevos productos, el acceso a canales de distribución exclusivos y una fuerte inversión inicial, de forma que Grefusa es capaz de construir importantes barreras de entrada, algunas de las cuales persisten en la actualidad y que, esta vez sí, le permiten ofrecer un producto diferenciado de forma sostenida en el tiempo.

1 También sería correcto si el alumno identificase la nueva ruta competitiva como la Ruta 3(NE), pues puede entenderse que el proceso de tostado no conduce a una estrategia de diferenciación pura, sino a una estrategia de relación calidad precio.

En conjunto, ambas estrategias han permitido a la empresa seguir creciendo a lo largo del tiempo y (1) diferenciarse en una industria madura y saturada y (2) acceder a un mercado desatendido, garantizando su supervivencia y mejorando su desempeño a lo largo del tiempo respectivamente.

3. Identifica las políticas de Recursos Humanos de Grefusa contenidas en el texto y relaciónalas con las funciones objetivo de Recursos Humanos.

Las políticas de RRHH de Grefusa se llevan a cabo en las tres funciones objetivo de Captación, Capacitación y Motivación.

En cuanto a la captación, el caso ofrece poca información respecto al proceso de reclutamiento, aunque el programa GrefuTalento nos da algunas pinceladas del proceso de búsqueda de talento en recién graduados. Lo que sí aparece claramente en el caso el esfuerzo por la socialización de los empleados con el GrefuAterrizaje y el programa Grefututores.

En lo referente a la capacitación, encontramos multitud de acciones. En primer lugar, el programa Grefutalento puede enmarcarse como una acción formativa con rotación por áreas funcionales buscando tanto el desarrollo de conocimientos específicos como de habilidades transversales. El GrefuAterrizaje y el Grefututores, además de poderse clasificar como la última etapa dentro de la función de captación, pueden enmarcarse como parte de orientación de los empleados en la función de captación. Además, la empresa ha invertido más de 6.000 horas en la formación de sus empleados en 2020 (aunque no se puede determinar a la luz del caso de qué tipo de formación se trata). Parte de esta formación nace de las opciones online ofrecida en el GrefuCatálogo. Por último, la empresa cuenta con el programa Progresa.

La función de motivación viene representada en el caso fundamentalmente por la presencia de políticas de retribución y el fomento de la calidad de vida laboral. En cuanto a la retribución, se aprecia como la empresa busca la equidad interna (que evite la conflictividad intra-empresa) y la competitividad salarial externa (lo que puede interpretarse como la ruptura de la equidad externa con salarios generalmente mejores que sus competidores). La retribución monetaria se complementa con retribución no monetaria en forma de asistencia médica o formación. En cuanto a la mejora de la calidad de vida laboral, se llevan a cabo políticas de desconexión digital y teletrabajo, que fomentan la conciliación trabajo-familia, así como de flexibilidad laboral. Se pueden apreciar en este sentido además multitud de actividades de ocio y deportivas como las GrefuOlimpiadas, el Reto eHealth Challenge y Grefurunners, Grefupadel o Grefuliga

4. ¿Crees que las políticas de Recursos Humanos de Grefusa están enfocadas a mantener un alto nivel de compromiso organizativo en su plantilla? Desarrolla el concepto de Compromiso Organizativo, sus componentes y señala sobre cuál de debería trabajar una empresa en general y Grefusa en particular en el desarrollo de una relación sostenible, duradera y satisfactoria con sus empleados.

Efectivamente, tal como se indica en el caso, las políticas de RRHH de Grefusa apuestan por "la flexibilidad y la conciliación, obteniendo de vuelta un mayor nivel de satisfacción y 'GrefuCompromiso'. Como compañía socialmente responsable y comprometida, queremos que exista equilibrio personal y profesional que facilite a nuestro equipo de personas el disfrute de una vida más plena y feliz". Esto es, la empresa busca claramente un nivel de compromiso organizativo que no puede obtenerse simplemente por la vía de la retribución monetaria.

El compromiso organizativo se define como el grado en que el trabajador se identifica con la organización y desea seguir participando en ella de forma activa. El compromiso organizativo tiene tres componentes:

1. El compromiso normativo es aquel vinculado a la necesidad percibida del empleado por responder recíprocamente a lo que la empresa le ofrece. Este componente del compromiso se sustenta fundamentalmente en la relación contractual.
2. El compromiso de continuación, ligado a la predisposición del empleado para mantenerse en su puesto de trabajo, pues de otra forma bien perdería derechos adquiridos (p.e. prestaciones financieras por despido), bien tendría que invertir tiempo, dinero o esfuerzo en la adaptación a un nuevo empleo (p.e., mediante su reciclaje formativo o la adaptación a una nueva estructura organizativa).
3. Por último, el compromiso afectivo se define como una identificación emocional del empleado con la organización, que redunda en su implicación con la misma, en su permanencia porque sienten que quieren hacerlo. El compromiso actitudinal se puede entender a partir de tres conceptos
    a. El conocimiento, la aceptación y la interiorización por los miembros de la organización de su estrategia, su misión, sus valores y objetivos.
    b. La predisposición de invertir un esfuerzo personal como miembro de la organización, un fuerte deseo de ser miembro de esta.
    c. La lealtad con la empresa, descartando comportamientos oportunistas.

El compromiso organizativo se traduce en la capacidad competitiva de una organización propiciada por (a) la conservación de recursos humanos valiosos por su identificación con la estrategia de la empresa, minorando el riesgo de emigración de conocimiento valioso al acrecentar el compromiso el carácter estratégico de tales activos por acentuar su durabilidad, su movilidad imperfecta y su inimitabilidad; (b) propiciando el desarrollo de competencias colectivas que harán la organización más eficaz y eficiente.

Por su propia naturaleza, los compromisos normativos y de continuidad tienen un componente retributivo que puede sortearse o imitarse parcialmente por la competencia con recursos financieros. El compromiso afectivo, tiene una naturaleza puramente intangible e imposible de imitar o apropiar por la competencia, por lo que las empresas en general y Grefusa en particular deberían poner sus esfuerzos en su desarrollo.

En términos generales, el conjunto de políticas de sostenibilidad de la empresa puede asociarse también a la mejora de las relaciones con el talento actual y futuro, vía el amoldamiento de la estrategia general de la organización al cambio de factores socioculturales del entorno general que exigen una empresa más responsable y más sostenible.

CASO 5. NOTA PEDAGÓGICA

DAM: innovación y colaboración al servicio de la protección de los recursos hídricos

José María Fernández Yáñez

Beatriz Forés Julián
Universitat Jaume I

Silvia Doñate Hernández
Responsable Departamento de Innovación en DAM

Cuestiones para el debate

1. En el caso descrito de DAM se reseñan ciertos ODS a los que el desarrollo de su actividad contribuye. ¿Qué otros ODS, de los explícitamente declarados, considera que podrían verse afectados? ¿Cuáles considera que deberían ser prioritarios para la acción estratégica de la empresa? Justifique sus respuestas.
2. DAM es una empresa especializada en la gestión de proyectos de innovación colaborativa en favor de la mejora medioambiental junto con otros agentes del sistema científico y/o tecnológico. En este sentido, ¿qué otros agentes del sistema científico y tecnológico nacional o internacional considera que podrían ser *partners* interesantes susceptibles de ser incorporados a su red de colaboradores? ¿Qué tecnologías concretas podrían ayudar a avanzar en la gestión circular de los materiales recuperados de las EDAR? Justifique sus respuestas.
3. Debido al cambio en el ordenamiento legal respecto al tratamiento del fósforo como un residuo, ¿debería la empresa mantener su política de gestión actual del elemento o continuar investigando proactivamente soluciones para su aplicación quizás a otros propósitos internos? ¿Qué otras aplicaciones se te ocurren para los subproductos de la depuración de las aguas?
4. En caso de optarse por la búsqueda de nuevos usos internos del elemento, ¿convendría recurrir a *partners* externos para descubrir nuevas aplicaciones? ¿qué tipo de socio sería el más adecuado? ¿Cuál sería la modalidad de colaboración más apropiada para este tipo de proyecto? Justifique sus respuestas.

1. En el caso descrito de DAM se reseñan ciertos ODS a los que el desarrollo de su actividad contribuye. ¿Qué otros ODS, de los explícitamente declarados, considera que podrían verse afectados? ¿Cuáles considera que deberían ser prioritarios para la acción estratégica de la empresa? Justifique sus respuestas.

Considerando el impacto de su actividad en la industria, por la circularidad del modelo económico que impulsa, claramente se ven afectados los ODS 7 y ODS 9.

ODS 7. ENERGÍA ASEQUIBLE Y NO CONTAMINANTE

ODS 9. INDUSTRIA, INNOVACIÓN E INFRAESTRUCTURA

Asimismo, fomentar un uso responsable del agua tendrá un impacto en las ciudades y comunidades locales. Cuidar las relaciones con estos agentes permitiría, a su vez, incrementar la reputación y legitimidad de las acciones de la empresa.

ODS 11. CIUDADES Y COMUNIDADES SOSTENIBLES

El tratamiento adecuado de las aguas residuales tendrá un importante impacto en la calidad del agua marina y en la protección de la vida acuática.

ODS 14. VIDA SUBMARINA

Finalmente, y tal como se ha explicado de forma transversal en el caso, la cooperación con otros agentes es fundamental para la actividad de DAM.

ODS 17. ALIANZAS PARA LOGRAR LOS OBJETIVOS

Considerando la importancia de la cooperación con agentes procedentes de la industria y con sus comunidades locales, los ODS que se pueden atisbar como fundamentales para la actividad de la empresa son los siguientes: ODS 17, ODS 7 Y ODS 11.

2. DAM es una empresa especializada en la gestión de proyectos de innovación colaborativa en favor de la mejora medioambiental junto con otros agentes del sistema científico y/o tecnológico. En este sentido, ¿qué otros agentes del sistema científico y tecnológico nacional o internacional considera que podrían ser *partners* interesantes susceptibles de ser incorporados a su red de colaboradores? ¿Qué tecnologías concretas podrían ayudar a avanzar en la gestión circular de los materiales recuperados de las EDAR? Justifique sus respuestas.

A pesar de que el elenco de socios con los que DAM ha trabajado en diferentes proyectos es amplio y muy variado, siempre se podría intentar dar cabida a nuevos *partners* cuyo *expertise* sea complementario a las capacidades con las que ya cuenta la organización. En este sentido, aprovechando la proximidad geográfica con otros agentes del sistema valenciano de innovación, se pueden sugerir las siguientes alternativas para generar sinergias en el aprovechamiento y nuevos usos de los materiales recuperados de las EDAR (no exclusivas ni excluyentes):

- Instituto de Tecnología Química (ITQ-UPV). Centro de investigación mixto creado en 1990 por la Universitat Politècnica de València y el Consejo Superior de Investigaciones Científicas (CSIC). Es un centro de investigación fundamental y orientada, dotado de los medios necesarios para desarrollar investigación de elevado impacto en el campo de las tecnologías químicas y materiales siguiendo líneas de trabajo a través de proyectos del Plan Nacional, europeos y/o cofinanciados con fondos propios.
- Instituto Tecnológico del Plástico (AIMPLAS). Este centro, especializado en la investigación y desarrollo tecnológico de polímeros ha desarrollado muy recientemente una membrana que permite eliminar de manera eficiente los microplásticos (partículas inferiores a 5 mm) y nanoplásticos (inferiores a 1 µm) de las aguas residuales y sus lodos para ser reutilizados en otros entornos.

Sin particularizar ahora en un socio concreto, quizás convendría mencionar en la posible discusión del alumnado el papel que las nuevas tecnologías digitales pueden tener en el proceso de control y seguimiento de la calidad de las aguas residuales, así como de los materiales recuperados.

3. Debido a cambio en el ordenamiento legal respecto al tratamiento del fósforo como un residuo, ¿debería la empresa mantener su política de gestión actual del elemento o continuar investigando proactivamente soluciones para su aplicación quizás a otros propósitos internos? ¿Qué otras aplicaciones se te ocurren para los subproductos de la depuración de las aguas?

Dado que DAM se ha caracterizado desde sus inicios por ser una empresa altamente proactiva en materia de protección medioambiental tal vez podrían tratar de averiguar si, dado que existen limitaciones legales para la incorporación del fósforo en cadenas de simbiosis industrial, utilizarlo en algún proceso interno. Una posible solución más factible de acuerdo a la nueva legalidad sería utilizarlo como fertilizante. En todo caso, es posible que dadas las propiedades de este elemento químico pueda el alumnado aportar soluciones diferentes.

4. En caso de optarse por la búsqueda de nuevos usos internos del elemento, ¿convendría recurrir a *partners* externos para descubrir nuevas aplicaciones? ¿Qué tipo de socio sería el más adecuado? ¿Cuál sería la modalidad de colaboración más apropiada para este tipo de proyecto? Justifique sus respuestas.

Siguiendo con la política de DAM, siempre que un *partner* externo pueda aportar recursos o capacidades nuevas y el proyecto sea ambicioso se debería recurrir al mismo. Dependiendo del alcance y expectativas de la iniciativa las vías de colaboración pueden pasar desde una contratación por obra o servicio, a un proyecto susceptible de formalizarse bajo un contrato de confidencialidad para proteger los intereses de la compañía, o recurrir a la fórmula de unión temporal de empresas ya utilizada previamente por DAM.

A. **Plan de enseñanza (sesión de 60 min)**

a. Introducción (5 min)

b. Conceptos de economía circular, gestión medioambiental, ODS (10 min)

c. Importancia de la colaboración para producir innovaciones que mejoren el desempeño en el ámbito medioambiental (5 min)

d. Discusión de las preguntas del caso en grupos de entre 4 y 6 personas (15 min)

e. Discusión de las preguntas del caso de la clase en su conjunto (15 min)

f. Extracción de conclusiones, lecciones aprendidas, aplicación a otros sectores (5 min)

g. Cierre del caso (5 min)

CASO 6. NOTA PEDAGÓGICA

Unión de Mutuas: un ejemplo de gestión ética y del talento

Beatriz Forés Julián

Montserrat Boronat Navarro

Alba Puig Denia

Universitat Jaume I

Cuestiones para el debate

1. *¿Considera que los sistemas de información son palancas clave del modelo de negocio desarrollado por Unión de Mutuas? ¿Por qué? ¿Qué ventajas considera que tiene su adopción para los ODS/sostenibilidad en Unión de Mutuas?*
2. *¿Cuáles cree que son las tres principales fortalezas de Unión de Mutuas en materia de sostenibilidad?*
3. *¿Cuáles considera que son los principales retos de Unión de Mutuas con respecto al desarrollo sostenible?*

1. ¿Considera que los sistemas de información son palancas clave del modelo de negocio desarrollado por Unión de Mutuas? ¿Por qué? ¿Qué ventajas considera que tiene su adopción para la política de sostenibilidad en Unión de Mutuas?

Los sistemas de información se han convertido en elementos fundamentales a nivel estratégico para muchas organizaciones. En el caso de Unión de Mutuas se han convertido en piezas clave para poder desarrollar su modelo de prestación de servicios.

Tal y como se deriva del propio caso, los sistemas de información han supuesto una palanca fundamental para mejorar diversos aspectos de la organización, especialmente aquellos relacionados con la gestión y la prestación de servicios al cliente.

Por una parte, la gestión, los procesos internos y los servicios se han visto mejorados a través de la implantación de herramientas de gestión de proyectos e indicadores, la puesta en marcha de un sistema de Business Intelligence o la implementación de un sistema de vigilancia tecnológica, que han permitido a Unión de Mutuas ganar en eficiencia, innovación y mejorar el proceso de toma de decisiones, entre otras.

Por otra parte, las mejoras en la prestación de servicios al cliente están muy vinculadas a la adopción de sistemas de información; en este sentido, se pueden identificar diferentes aspectos en los que los sistemas de información juegan un papel relevante en este área. Por ejemplo, la oferta de servicios online a través de las Oficinas virtuales o la apertura de nuevos canales de comunicación con los clientes a través de su página web son acciones que se han desarrollado gracias a los sistemas de información y que redundan en un mejor servicio a los clientes.

Igualmente, la transformación digital de los procesos redunda, también, en un mejor servicio a sus mutualistas al poder gestionar de manera más oportuna y eficiente toda la información originada en distintos puntos y procesos de la empresa, en los distintos canales de comunicación con clientes, y también en el entorno de la empresa. Por último, la utilización de su sistema de vigilancia tecnológica contribuirá a mejorar su servicio al cliente, renovando y enriqueciendo sus actuales servicios y posibilitando el desarrollo de nuevos servicios que se adapten a las necesidades de los clientes.

Con respecto a las ventajas para los ODS/sostenibilidad derivadas de la adopción de los sistemas de información, las principales ventajas están relacionadas con los siguientes aspectos:

en el ámbito económico:

- mejora de la eficiencia de los procesos
- mayor control de los procesos
- mayor coordinación y gestión del desempeño,
- innovación

en el ámbito social:

- reducción o eliminación de trabajos ineficientes
- mayor flexibilidad y agilidad en la toma de decisiones
- mejora condiciones laborales (p.e, la formación autoguiada y la mayor participación de la plantilla en la gestión y desarrollo de nuevos proyectos y mejores servicios)
- conexión más fácil y rápida con personas con dificultades de desplazamiento,
- mayor conocimiento y adaptación a las necesidades del mercado (en cuanto a servicios sanitarios y terapias especializadas)
- adopción de tecnologías de vanguardia para el diagnóstico y tratamiento de las enfermedades
- transparencia informativa (difusión de memorias de sostenibilidad y otros documentos a través de su página web corporativa)

en el ámbito medioambiental:

- reducción de la huella ecológica
- menor consumo de recursos
- menor generación de residuos
- menor necesidad de desplazamiento
- ahorro energético

2. ¿Cuáles cree que son las tres principales fortalezas de Unión de Mutuas en materia de sostenibilidad?

Teniendo en cuenta que la organización ha logrado integrar la sostenibilidad en su modelo de gestión, ésta puede ser la principal fortaleza. Unión de Mutuas ha sabido hacer de la sostenibilidad un tema transversal que impregna toda la entidad, desde su definición de misión, hasta su estrategia, planes y procesos, tal y como se establece en el caso:

En este sentido, la sostenibilidad, que está en el propio objeto social de la empresa al gestionar prestaciones de la Seguridad Social , está presente en todo el desarrollo de su Plan estratégico para el 2020-2022.

De este modo, la directora gerente adjunta remarca en la entrevista realizada que ambos planes, RSC y estratégico, se funden: "Ya no hay un plan de gestión de la RSC, si no que está integrado dentro del plan estratégico de la organización, que se lleva a cabo a través de los distintos planes de igualdad, digital, etc., por lo que todo se integra dentro del plan corporativo de la organización"."

La dilatada experiencia de la empresa en cuanto a la integración de la sostenibilidad en su modelo de gestión, le ha permitido ser pionera en la integración de diferentes mecanismos y procesos que ayudan a hacer tangibles y operativos los objetivos en esta materia. El proceso de aprendizaje y el conocimiento generado con respecto a cómo integrar la sostenibilidad en la entidad se refleja en las palabras de la directora adjunta y en los resultados que la entidad ha obtenido. Por ello, los valores, la cultura generada en Unión de Mutuas en favor de la sostenibilidad, y la capacidad de integrar todo ello en el modelo de gestión, son sus principales fortalezas.

Todo ello se ha traducido en resultados en términos de sostenibilidad y eficacia en la gestión.

3. ¿Cuáles considera que son los principales retos de Unión de Mutuas con respecto al desarrollo sostenible?

Algunos de los retos ya se plantean en el propio caso. El primero de ellos, avanzar en la gestión de riesgos: analizar, gestionar y prevenir los posibles riesgos que puedan poner en peligro la consecución de sus objetivos en términos de desempeño social, medioambiental y económico. Y el segundo, continuar siendo un referente para otras empresas en cuanto a ética y el buen gobierno. Para ello deben seguir a la vanguardia en cuanto a la integración en sus procesos de las distintas acciones necesarias para trabajar los diversos aspectos ligados a la sostenibilidad.

En cuanto a acciones medioambientales, el reto es seguir mejorar la eficiencia energética y su consumo energético y la huella de carbono, a través de la mejora de sus instalaciones y la implementación de herramientas tales como los sistemas de información. Con respecto a acciones sociales, su principal reto es mejorar la accesibilidad de los centros, de la web, vídeos y formatos audiovisuales, así como el resto de acciones definidas en el plan de diversidad 2021-2025, y continuar su apuesta por involucrar su plantilla en la toma de decisiones y la innovación continua de nuevos proyectos y servicios.

CASO 7. NOTA PEDAGÓGICA
Gourmet: un caso ejemplar de resiliencia basado en la sostenibilidad social y medioambiental

CARLES CAMISÓN-HABA

Cuestiones para el debate

1. Analizar cómo puede afectar el contexto socio-económico actual a las elecciones del consumidor en la cesta de la compra y más concretamente a los productos que se identifican como sostenibles.
2. La amplia extensión de gama de productos que tiene Gourmet supone un arma de doble filo; si bien aporta desarrollo comercial y múltiples oportunidades de crecimiento, al mismo tiempo puede suponer una generadora de complejidad y costes invisibles a todos los niveles, pudiendo además convertirse en una pérdida de foco en el core business de la empresa. ¿Consideras una fortaleza o más bien una debilidad disponer de una gama tan amplia?
3. El ataque mediático hacia los productos cárnicos y ultraprocesados afecta a la percepción del consumidor y por tanto puede poner en jaque los esfuerzos de sostenibilidad de empresas como Gourmet. ¿Cómo abordarías esta problemática?
4. En los últimos años se está dando un proceso de concentración en la industria, con múltiples fusiones y adquisiciones, con el objetivo de generar economías de escala. Identifica como afectan estos movimientos al diagrama de fuerzas competitivas de Porter y define que acciones podría llevar a cabo un fabricante de nicho como Gourmet en un sector que tiende a la concentración de actores.
5. Las grandes superficies están apostando decididamente por impulsar la marca de distribución, en detrimento de la marca del fabricante. ¿Qué efecto puede tener esto sobre la sostenibilidad y como debería posicionarse Gourmet ante esta apuesta?

1. Analizar cómo puede afectar el contexto socio-económico actual a las elecciones del consumidor en la cesta de la compra y más concretamente a los productos que se identifican como sostenibles.

El alumno debe descomponer todos los factores que afectan a la toma de decisiones de los consumidores y hacer un ejercicio de ponderación y escala de prioridades para valorar cual puede ser la evolución futura. Algunos ejemplos de factores a considerar son:

- Inflación: supone una menor capacidad adquisitiva del consumidor, lo que obliga a priorizar los bienes básicos. En este entorno sufren servicios como el ocio o bienes de mayor precio, dentro de los cuales podríamos incluir a aquellos productos de valor añadido que incluyen cualquier forma de sostenibilidad bajo sus atributos.
- Política monetaria restrictiva: la subida de los tipos de interés añade presión sobre la renta disponible, más aún considerando el elevado endeudamiento de las familias.
- Recesión: todavía es una incógnita, aunque todos los datos apuntan a que entraremos en una nueva recesión. Los efectos en forma de pérdida de empleo tendrían un impacto directo sobre el consumo.
- Conciencia medioambiental y de sostenibilidad: esta tendencia es reciente y solo ha podido testarse en entornos de crecimiento económico.
- Apoyo legislativo a la sostenibilidad: el fuerte apoyo de los gobiernos puede verse comprometido ante otras disyuntivas. Ejemplos de ello son el replanteamiento de la política energética ante los elevados precios del petróleo, el gas y la electricidad.

2. La amplia extensión de gama de productos que tiene Gourmet supone un arma de doble filo; si bien aporta desarrollo comercial y múltiples oportunidades de crecimiento, al mismo tiempo puede suponer una generadora de complejidad y costes invisibles a todos los niveles, pudiendo además convertirse en una pérdida de foco en el core business de la empresa. ¿Consideras una fortaleza o más bien una debilidad disponer de una gama tan amplia?

La amplitud de surtido, si está bien estructurada, es sin duda una ventaja para impulsar el desarrollo de negocio pues aumenta las posibilidades de encontrar vías de colaboración.

No obstante, al igual que un exceso de información puede provocar parálisis por análisis, un exceso de surtido puede tener como resultado una pérdida de foco y de cuales son las prioridades de la empresa.

En el ámbito industrial del sector de alimentación la complejidad de contar con muchos productos y tiradas cortas tiene un impacto notable sobre la eficiencia y la productividad, reduciendo las económicas de escala tan necesarias en un sector donde los precios se miden en céntimos, perdiendo competitividad en un afán por querer abarcar más de lo deseable.

Resultan notorios ejemplos como Danone, una de las empresas con mayor amplitud de surtido del mercado. Su política de producto define un número máximo de referencias activas, lo que le obliga cada año a dar de baja numerosos productos que funcionan para dar acomodo a su política de innovación manteniendo a raya el número total de referencias. Detrás de esta decisión se encuentra la evidencia de que más no siempre es mejor.

Considerando los recursos de Gourmet y sin perder de vista el objetivo de diversificar clientes y canales, puede resultar más conveniente para ello apostar por concentrar surtido y ganar competitividad en las referencias donde realmente existe una ventaja competitiva frente al mercado.

3. El ataque mediático hacia los productos cárnicos y ultraprocesados afecta a la percepción del consumidor y por tanto puede poner en jaque los esfuerzos de sostenibilidad de empresas como Gourmet. ¿Cómo abordarías esta problemática?

Las categorías de producto que trabaja Gourmet están en el ojo del huracán, siendo ampliamente discutido su efecto negativo sobre la salud; por un lado debido a la base cárnica de la mayoría de sus recetas y por otro lado el ultraprocesado al que son sometidos sus productos.

Gourmet ya está haciendo esfuerzos en diferentes frentes para dar respuesta a esta problemática, trabajando el componente nutricional (menos grasa y/o sal), innovando en el segmento vegetariano y/o vegano y dirigiendo la comunicación hacia la promoción de un estilo de vida saludable (patrocinios equipos deportivos, reseñas blog).

4. En los últimos años se está dando un proceso de concentración en la industria, con múltiples fusiones y adquisiciones, con el objetivo de generar economías de escala. Identifica como afectan estos movimientos al diagrama de fuerzas competitivas de Porter y define que acciones podría llevar a cabo un fabricante de nicho como Gourmet en un sector que tiende a la concentración de actores.

Las operaciones de concentración que se están dando en alimentación son la consecuencia lógica del desequilibrio existente entre todas las fuerzas competitivas:

- Alto poder de negociación de clientes debido a su dimensión.
- Elevada rivalidad entre los competidores existentes debido a su gran número, promovido además por políticas públicas destinadas a sostener tejido productivo no competitivo a cualquier precio.
- Amenaza de nuevos competidores por las reducidas barreras de entrada y la imperiosa necesidad de ganar volumen en un sector de elevada rotación y márgenes estrechos.

- Amplitud de productos sustitutivos y comoditización a los ojos del comprador, lo que hacen fácilmente prescindibles a gran parte de los actores y centra la negociación sobre el factor precio.

En este escenario hay espacio para un niche player como Gourmet, que puede especializarse en segmentos donde los grandes no desean entrar por su reducido tamaño.

Otra vía de crecimiento para Gourmet puede ser el factor regional y km 0, haciéndose fuerte en el entorno más cercano y capitalizando la tendencia del consumidor de buscar proveedores regionales. Para fortalecer este mensaje puede ayudar acciones de colaboración o alianzas con entidades u otros proveedores regionales.

5. Las grandes superficies están apostando decididamente por impulsar la marca de distribución, en detrimento de la marca del fabricante. ¿Qué efecto puede tener esto sobre la sostenibilidad y como debería posicionarse Gourmet ante esta apuesta?

Históricamente los esfuerzos de innovación los ha liderado la marca de fabricante, si bien este paradigma ha cambiado en los últimos años. La marca de distribución ha ganado en reputación y calidad, y ya no solo busca ser la opción más competitiva en precio sino que se abre a otros segmentos; ejemplos de ellos son opciones premium como Deluxe (Lidl) o Special (Aldi), gamas ecológicas como GutBio (Aldi) o Carrefour ECO-BIO y surtidos que se apalancan sobre el origen de los productos como "Calidad y Origen" (Carrefour) y "Origen y Tradición" (Lidl).

Algunas de estas iniciativas están estrechamente vinculadas a la sostenibilidad y representan una oportunidad para las empresas que apuesten por estar a la vanguardia en este ámbito. Una vez más, el ser un fabricante de nicho como Gourmet puede resultar una ventaja a la hora de abordar estos segmentos de menor volumen.

CASO 8. NOTA PEDAGÓGICA

Happÿdonia: tecnología al servicio del bienestar laboral

Olga Broto Ruiz

José María Fernández Yáñez
Universitat Jaume I

Mª Carmen Lacuesta Sobrino
ÿPeople & Culture Manager de Happÿdonia

Cuestiones para el debate

1. *¿Qué nuevas funcionalidades podrían incorporarse a la herramienta de Happÿdonia teniendo en cuenta no solo sus competencias y capacidades sino aquellas que pueden considerarse un elemento diferenciador respecto a sus competidores?*
2. *¿Cómo puede una herramienta como la de Happÿdonia ayudar a un CHO en el desempeño de sus tareas y funciones?*
3. *¿Puede Happÿdonia contribuir aún más al desarrollo de los ODS? ¿Cómo?*

1. ¿Qué nuevas funcionalidades podrían incorporarse a la herramienta de Happÿdonia teniendo en cuenta no solo sus competencias y capacidades sino aquellas que pueden considerarse un elemento diferenciador respecto a sus competidores?

En un momento en el que los departamentos de dirección de recursos humanos velan más que nunca por la salud, la felicidad y el bienestar general de la fuerza laboral de la empresa, parece razonable contar con un adecuado diagnóstico de la felicidad global del empleado. Esto puede ayudar a clarificar las políticas de cuidado de las personas y a trazar objetivos que puedan respaldarse posteriormente por métricas apropiadas.

Pero debe tenerse en cuenta que, la felicidad de una persona, depende de factores y aspectos que trascienden las barreras organizativas. Por ello, es recomendable el uso de herramientas o modelos que permitan la conceptualización y gestión de la felicidad desde una perspectiva más holística.

En ese sentido, ya existen aplicaciones como "Track Your Happiness", desarrollada por un equipo de investigadores de la prestigiosa Universidad de Harvard. Esta aplicación permite diagnosticar qué actividades y momentos hacen más felices a las personas, controlando además el grado de atención que ponen en la actividad que están desarrollando. Cuando la aplicación dispone de 50 respuestas genera un Informe de la Felicidad que se envía automáticamente a la persona, y que proporciona información valiosa sobre los elementos que debe corregir o tener en cuenta para alcanzar ese estado de bonanza. El proyecto ha sido un rotundo éxito en los años que lleva en activo y ha contribuido enormemente a avanzar en la investigación académica sobre la felicidad. La recolección de datos, a nivel agregado, también puede ser de utilidad.

Por otra parte, otra posible alternativa, especialmente para la gestión de la felicidad, podría discurrir por la inclusión de algún modelo de respaldo teórico que facilite las actuaciones destinadas a mejorar la gestión de la fuerza laboral. Para ello, proponemos algunos de los modelos más conocidos sobre la motivación y la gestión de la conducta humana, así como de su satisfacción en el ámbito laboral. Estos pueden ser incorporados de alguna forma a Happÿdona de forma que puedan diagnosticarse mejor las necesidades de la fuerza laboral de la organización, los factores que motivan su conducta y, en definitiva, los aspectos que contribuyen más a su bienestar general, también desde la empresa.

La Pirámide de Maslow

La Pirámide de Maslow[1] es una teoría de la psicología formulada en 1943 por el filósofo estadounidense Abraham Maslow en su obra "Una teoría sobre la motivación humana". En dicho trabajo, Maslow propone que todas las acciones del ser humano están dirigidas a satisfacer una serie de necesidades. Según el psicólogo, dichas necesidades están estructuradas en diferentes niveles, con orden jerárquico delimitado para cada una de ellas. A fin de explicar didácticamente los niveles de necesidades y relación, Maslow propone el dibujo de una pirámide como la recogida en la siguiente figura 1.

Figura 1. *Pirámide de Maslow*

Fuente: Elaboración propia basada Maslow (1943)[2].

La pirámide de Maslow se divide en 5 niveles o peldaños, uno para cada tipo de necesidad:

- Fisiológicas: que implican las cuestiones básicas para garantizar la supervivencia, como la comida, una fuente de ingresos estable o un hogar.
- Seguridad: son necesarias para vivir, pero a un nivel mayor a las anteriores. Están orientadas hacia la seguridad en el plano de la seguridad personal: disponer de un lugar de trabajo seguro, pensiones o seguro médico, podrían ser algunos ejemplos.

1 Sección preparada a partir de Randstad (2022) La Pirámide de Maslow en el ámbito laboral. Disponible para su consulta online en: https://www.randstad.es/tendencias360/la-piramide-de-maslow-en-el-ambito-laboral/, consultado el 28 de septiembre de 2024.

2 Maslow, A. H. (1943). A theory of human motivation. Psychological Review google schola, 2, 21-28

- Afiliación: guardan relación con las relaciones interpersonales, es decir, con los aspectos emocionales y sociales. El ser humano busca estar integrado en la sociedad, mantener buenas relaciones con las personas que le rodean y sentirse parte de un grupo.
- Reconocimiento: las personas buscan el reconocimiento tanto de ellas mismas como de los demás. La amistad, la familia o la pareja son esos elementos indispensables para sentirse aceptado socialmente y poder avanzar, con confianza, hacia la autorrealización.
- Autorrealización: es la cúspide de la pirámide y, por tanto, el máximo objetivo a alcanzar. Está relacionado directamente con el crecimiento personal. Una persona encontrará un sentido a su vida desarrollando su actividad, en tanto en cuanto las necesidades previas estén cubiertas.

Al igual que en cualquier otro aspecto de la vida, la teoría de Maslow puede aplicarse de manera sencilla en el entorno laboral. Para un empleado, todo comienza cuando las necesidades de orden inferior (es decir, fisiológicas y de seguridad) están cubiertas. Así las primeras preocupaciones de la fuerza laboral contemplan la percepción de un salario digno de acuerdo al trabajo realizado y unas condiciones de trabajo óptimas (necesidades fisiológicas). Cumplidas las necesidades del primer escalafón de la pirámide el trabajador también se preocupará por disponer de una serie de recursos que garanticen su seguridad y prevengan riesgos (por ejemplo, disponer de un plan de protección de la salud laboral, higiene y ergonomía).

Alcanzados los dos niveles más básicos, el empleado querrá satisfacer necesidades de un orden superior. La primera de estas necesidades guarda relación con la afiliación o pertenencia. Las relaciones interpersonales en el entorno laboral son necesarias y esenciales para el buen funcionamiento de la empresa. Si la organización es capaz de fomentar la colaboración entre trabajadores, se aumentará la productividad y se propiciará un buen clima laboral. Posteriormente, el empleado tendrá nuevas motivaciones y luchará por el reconocimiento de su labor. El reconocimiento de su labor por parte de sus superiores y compañeros incrementará la confianza, la satisfacción y la motivación de este trabajador hacia miras más altas. En el último peldaño, se encuentra el nivel de autorrealización, donde el trabajador querrá prosperar a nivel personal, y para ello deberá convertirse en un experto y ejemplo en lo que hace. Puede que necesite un trabajo más difícil o especialmente estimulante, tal vez un entorno menos supervisado en el que pueda dar rienda suelta a su creatividad y liberar su potencial.

Teoría de la motivación-higiene de Herzberg

Frederick Herzberg fue un reconocido psicólogo laboral autor de la teoría de motivación-higiene o teoría de los dos factores. Sus postulados consideran que la motivación es el factor que impulsa y compromete a la fuerza laboral en las organizaciones. En su obra de 1968, Herzberg establece que las personas están influenciadas por dos factores: los de motivación, relacionados con la satisfacción, y los de higiene, vinculados con la insatisfacción. Según el autor, los factores son completamente independientes; es decir, un factor motivador solo puede causar satisfacción laboral o no hacerlo, pero no puede causar insatisfacción. Tampoco tienen efectos compensatorios.

Factores de higiene

Se relacionan con el entorno en el que se desarrolla el trabajo. Estos factores, por sí mismos, no pueden causar satisfacción, pero si están ausentes en el ambiente laboral, son una causa de insatisfacción en los trabajadores y, consecuentemente, podrían afectar a su rendimiento. Entre los factores de higiene se encuentran:

- Factores económicos, como los salarios u otros beneficios económicos que los empleados perciben por su trabajo.
- Condiciones laborales, comprende aspectos como instalaciones limpias y seguras, con calidad suficiente para desempeñar adecuadamente el trabajo.
- Seguridad laboral, incluyendo todas las políticas administrativas, reglas y procedimientos para garantizar la salud e integridad de la fuerza laboral.
- Factores sociales, que se refieren a la manera en la que conviven e interactúan las personas en la organización, sea con compañeros o sea con superiores.
- Beneficios adicionales, tales como servicios médicos, seguros de familia o programas de ayuda, entre otros.

Factores de motivación

Estos factores comprenden aspectos cuya presencia en la organización tienen un efecto positivo en el aumento de los niveles de productividad, la excelencia en el desempeño del cargo y, de manera genérica, de la satisfacción laboral de las personas. Los factores de motivación más importantes son:

- Trabajo estimulante, que mantenga motivada a la fuerza laboral en la medida de lo posible.
- Logro y autorrealización, cuando las personas sienten y consideran que lo que hacen es interesante y que contribuye a un fin mayor, se generan sentimientos de logro que influyen en su rendimiento y satisfacción.
- Reconocimiento, pues la satisfacción de la fuerza laboral dependerá en buena medida del reconocimiento que reciba por los logros alcanzados en su labor.
- Responsabilidad, guarda relación con la minimización de los controles por parte de los superiores, quienes delegan autoridad a los trabajadores, asumiendo estos un mayor control y responsabilidad.

Por supuesto, existe una estrecha relación entre la teoría de los factores Herzberg y la pirámide de Maslow. Así, los factores de higiene se refieren en general a las necesidades primarias que se identifican con la pirámide de Maslow, vinculadas con la satisfacción de las necesidades fisiológicas y de seguridad. Asimismo, los factores de motivación se relacionan con las necesidades secundarias del modelo de Maslow, incluyendo, pues, las necesidades de afiliación, reconocimiento y autorrealización.

Teoría de las necesidades de McClelland

Esta teoría, también conocida como la Teoría de las 3 necesidades o Teoría de las necesidades aprendidas, considera que la satisfacción de las necesidades de logro, poder y afiliación, afectan directamente al desempeño y motivación de las personas en la empresa y, por ende, en la competitividad de la organización. David McClelland, basándose en trabajos previos como el de Abraham Maslow, creó su propia teoría de las necesidades.

De acuerdo con el psicólogo estadounidense, la motivación humana dentro de la empresa y los grupos de trabajo se va desarrollando en función de las experiencias del trabajador en su día a día y de su propia personalidad. Por ello, la dirección de la empresa debe observar y analizar el perfil de cada empleado con la finalidad de identificar su factor motivador dominante, así como ayudarle a aprender el resto de motivadores que conforman la triada. A continuación, se explica cada uno de estos tres motivadores con un mayor grado de detalle:

- Necesidad de logro. La fuerza laboral tiene como prioridad el logro, y se fijan objetivos retadores, que supongan la asunción de riesgos, aunque esto conlleve como contrapartida un gran trabajo, dedicación, sacrificio y altas dosis de riesgo. A fin de incentivar esta necesidad, a los trabajadores les gusta recibir retroalimentación sobre su trabajo, su evolución y los resultados en la empresa. El psicólogo americano también indica que entre la disyuntiva a trabajar solo o en equipo, el trabajador siempre se decantará por trabajar de manera individual.
- Necesidad de afiliación. Otra de las principales prioridades de la fuerza laboral es formar un grupo y trabajar de manera cooperativa en lugar de competitiva. Por lo general, las personas suelen ser complacientes con el equipo; es decir, prevalece la necesidad de continuar perteneciendo al grupo por encima de que sus opiniones sean tenidas en cuenta.
- Necesidad de poder. Las personas se caracterizan por ser dominantes y querer tener todo aquello que está en su entorno bajo control. Son personas competitivas que ansían poder, y que creen obtenerlo venciendo a la competencia. Consideran que el poder les proporcionará reconocimiento dentro del equipo y es una forma de alcanzar un estatus en el seno de la empresa.

2. ¿Cómo puede una herramienta como la de Happÿdonia ayudar a un CHO en el desempeño de sus tareas y funciones?

En este caso, se trata de vincular las funcionalidades existentes y algunas otras que pueda incorporar la empresa, y que pueden sugerirse por parte de los estudiantes que participen en la resolución del caso, para incrementar las posibilidades de éstas en torno a diversos temas. Proponemos abordar algunos de los siguientes:

- La escucha del empleado. Ésta puede puede realizarse a través de diversos medios gracias a Happÿdonia. Sobre la misma puede abordarse qué escuchar y cómo escuchar.

  Qué escuchar

  Teniendo en cuenta tanto la complejidad de los retos que aborda la empresa, como el cambio de estructura que esta complejidad requiere, las posibilidades en torno a la escucha/participación del empleado son muy diversas.

  En relación con la complejidad de los retos que aborda la empresa, fenómenos como el "intraemprendedurismo innovador" pueden encontrar apoyo en este tipo de herramientas que no solo incorporan el contenido (las ideas), sino que también pueden introducir un proceso para convertirlas en una auténtica innovación, con el correspondiente acompañamiento para lograrlo. En relación con el cambio de estructura, pueden analizarse algunas de las nuevas formas organizativas y ver los cambios no solo en la jerarquía sino también en el modelo de toma de decisiones que muchos incorporan, así como los retos que suponen para determinado tipo de empresas.

  En ambos supuestos, se puede establecer si deben existir límites a la escucha al empleado o si fenómenos como la inteligencia colectiva siempre son recomendables. La inteligencia colectiva es aquella que aflora cuando un grupo de individuos actúan de forma colectiva. Para ello, debe haber interacción entre las personas que forman parte del grupo y también debe haber un mecanismo que agregue (no solo sume) y combine dichas interacciones para obtener un resultado colectivo.

  Para ayudar a la discusión puede utilizarse el podcast: El futuro del Trabajo. Episodio 51 – Sobre la inteligencia colectiva. En https://www.futureforwork.com/sobre-la-inteligencia-colectiva/, consultado el 28 de septiembre de 2024.

  También se recomienda la lectura de artículos como ¿Inteligencia Artificial vs. Inteligencia Colectiva? que puede plantear una excelente discusión en torno a si las personas hacemos más inteligente a la tecnología, pero a la vez, ésta puede hacer más inteligente a las personas: https://www.amaliorey.com/2018/05/01/inteligencia-artificial-vs-inteligencia-colectiva-post-570/, consultado el 28 de septiembre de 2024.

  Cómo escuchar

  Happÿdonia ha venido realizando, hasta el momento una escucha basada en la lectura de los textos incorporados, la participación activa en encuestas o en otro tipo de iniciativas que incorporan respuesta (incluida la emocional a través de emoticonos), etc. Pero ¿sería recomendable la utilización de otro tipo de herramientas tecnológicas que permitan un conocimiento, más allá del expresado, de aquello que opinan y/o sienten los profesionales de la empresa?

Los alumnos podrán conocer algunas herramientas como las tecnologías semánticas, esto es, software que analizan texto y es capaz de asociar palabras con significados y valorar su utilización, así como la utilización de indicadores y modelos asociados a estas herramientas tecnológicas que pueden no solo utilizarse en el marketing (pensemos en las sugerencias de Google durante la navegación) sino también en el ámbito de la empresa, así como valorar sus ventajas e inconvenientes en su uso.

- El desarrollo del *Life Long Learning*. Gracias a este tipo de herramientas quizá pueda trabajarse para que no existan analfabetos en el siglo XXI que, en palabras de Alvin Tofler, serán aquellos que no sean capaces de aprender, desaprender y reaprender.

  En ese sentido, Happÿdonia puede ser una herramienta esencial para mejorar las competencias personales, cívicas, sociales y de empleabilidad de cualquier profesional, con un claro objetivo: la mejora continua.

  Uniendo Happÿdonia a la curación de contenidos, a la elaboración de itinerarios formativos y a otras posibilidades podría mejorarse la productividad y la eficiencia, pero también, la satisfacción, la motivación, la creatividad y la adaptación tanto de la empresa como de sus miembros, pudiendo llegarse no solo al plano profesional, sino también al personal.

  Los estudiantes podrán sugerir qué tipo de contenidos serían interesantes para su desarrollo.

- El reto de la información o el clásico problema de la gestión del conocimiento que cobran más importancia en la nueva sociedad del conocimiento.

  El reto de los datos y la información en las empresas y de su canalización es esencial en el siglo XXI. Durante el caso puede plantearse cuántos datos se generan en un minuto en internet, utilizándose infografías o imágenes como ésta y comparándolo con la información existente en una empresa, la necesidad de no reinventar aquello que se ha inventado si va a hacerse de igual o peor forma, y las posibilidades que el conocimiento de la información relevante (no toda) y el desarrollo de criterio, personal u organizativo, ofrecen.

Figura 7. *Cuántos datos se generan por minuto*

DOMO

Data Never Sleeps 9.0

How much data is generated *every minute*?

The 2020 pandemic upended everything, from how we engage with each other to how we engage with brands and the digital world. At the same time, it transformed how we eat, how we work and how we entertain ourselves. Data never sleeps and it shows no signs of slowing down. In our 9th edition of the "Data Never Sleeps" infographic, we bring you a glimpse of how much data is created every digital minute in our increasingly data-driven world.

TWITTER USERS POSTS 575k TWEETS

TIKTOK USERS WATCH 167M VIDEOS

GOOGLE CONDUCTS 5.7M SEARCHES

DISCORD USERS SEND 668k MESSAGES

12M PEOPLE SEND AN IMESSAGE

CLUBHOUSE CREATES 208 ROOMS

SNAPCHAT USERS SEND 2M SNAPCHATS

AMAZON CUSTOMERS SPEND $283k

6M PEOPLE SHOP ONLINE

STRAVA ATHLETES SHARE 1.5k ACTIVITIES

INSTACART USERS SPEND $67k

VENMO USERS SEND $304k

SLACK USERS SEND 148k MESSAGES

ZOOM HOSTS 856 MINUTES OF WEBINARS

TEAMS CONNECTS 100k USERS

NETFLIX USERS STREAM 452k HOURS

YOUTUBE USERS STREAM 694k HOURS

FACEBOOK LIVE RECEIVES 44M VIEWS

FACEBOOK USERS SHARE 240k PHOTOS

INSTAGRAM USERS SHARE 65k PHOTOS

EVERY 1 MINUTE OF THE DAY

PRESENTED BY DOMO

As of July 2021, the internet reaches 65% of the world's population and now represents 5.17 billion people—a 10% increase from January 2021. Of this total, 92.6 percent accessed the internet via mobile devices. According to Statista, the total amount of data consumed globally in 2021 was 79 zettabytes, an annual number projected to grow to over 180 zettabytes by 2025.

Global Internet Population Growth

(IN BILLIONS)

2016	2018	2020	2021
3.4	4.3	4.5	5.2

As the world changes, businesses need to change too—and that requires data. Domo gives you the power to make data-driven decisions at any moment, on any device, so that you can make smart choices in a rapidly changing world. Every click, swipe, share, or like tells you something about your customers and what they want, and Domo is here to help you and your business make sense of all of it.

Learn more at domo.com

SOURCES: LOCAL IQ, BUSINESS OF APPS, DUSTIN STOUT, HOOTSUITE, EXPANDED RAMBLINGS, INTERNET WORLD STATS, STATISTA, CNBC, BRANDWATCH, KILL THE CABLE BILL, YOUTUBE, KINSTA, THE VERGE, MANAGEMENT COMMUNICATION: A CASE ANALYSIS APPROACH, INTERNET LIVE STATS, SODA, STATISTA

DOMO

- La importancia del *engagement* con fenómenos como el teletrabajo. En este caso puede abrirse una discusión en torno a la diferencia entre la motivación y el compromiso. En este último caso hay que ir más allá, trabajando los valores de la empresa y las cuestiones relacionadas con el significado del trabajo que, como se ha visto, cada vez son más importantes. Se pueden valorar algunas de las recomendaciones habituales que se realizan en torno a este fenómeno y tratar de incorporar otras, si se considera pertinente. Entro otras puede aludirse a:
  - Comunicación fluida, frecuente y transparente y no solo de temas profesionales, sino también personales, con una preocupación real más allá de la tarea
  - Establecimiento de objetivos personales y colectivos y celebración de los logros
  - Trabajo en equipo
- La relevancia del propósito y los valores de la empresa, de cara a mostrar la importancia de este tipo de contenidos en Happÿdonia.

  De hecho, hace ya 25 años, dos reconocidos autores como Collins y Porras explicaban en su artículo "*Building Your Company's Vision*", que las empresas que disfrutan de un éxito duradero tienen unos valores y un propósito que permanecen fijos, mientras que sus estrategias y prácticas empresariales son las que se adaptan continuamente a un mundo cambiante. Esto fue corroborado por diversos estudios que concluían que las organizaciones que focalizan sus energías más allá del puro beneficio obtienen mejores resultados que las que no tienen una "cultura del propósito".

  En los últimos tiempos, hemos asistido a múltiples ejemplos de este tipo de planteamientos. Así en verano de 2019, la *Business Roundtable*, organización que reúne a los presidentes de las mayores compañías de EEUU, publicó una declaración acerca del propósito corporativo, dejando de lado la visión cortoplacista y afirmando que debían crear valor para todos los grupos de interés (puede consultarse en https://s3.amazonaws.com/brt.org/BRT-StatementonthePurposeofaCorporationOctober2020.pdf), consultado el 28 de septiembre de 2024.

Además de todo esto se pueden desarrollar algunas ideas sobre otros procesos o trámites que podrían ser simplificados gracias a la herramienta, adicionalmente a los que ya se recogen en el caso o respecto a otros indicadores o métricas que pudieran ser relevantes, así como su consecución.

También sería interesante, adaptar algún modelo teórico de felicidad, de cara a desarrollar otros contenidos y, en su caso, funcionalidades de la herramienta, tal y como se ha visto en la cuestión anterior.

3. ¿Puede Happÿdonia contribuir aún más al desarrollo de los ODS? ¿Cómo?

La Universidad de Cambridge en su documento "*Leading with a sustainable purpose*" (consultado en https://www.cisl.cam.ac.uk/system/files/documents/aligning-and-integrating.pdf, 28 de septiembre de 2024) puso de manifiesto las claves para alinear el propósito y la estrategia empresarial con una transición hacia una economía sostenible.

Además, algunos autores han demostrado la relación existente entre felicidad y sostenibilidad medioambiental, como demuestra el gráfico 6.

Gráfico 6. *Relación entre la felicidad y el desempeño medioambiental*

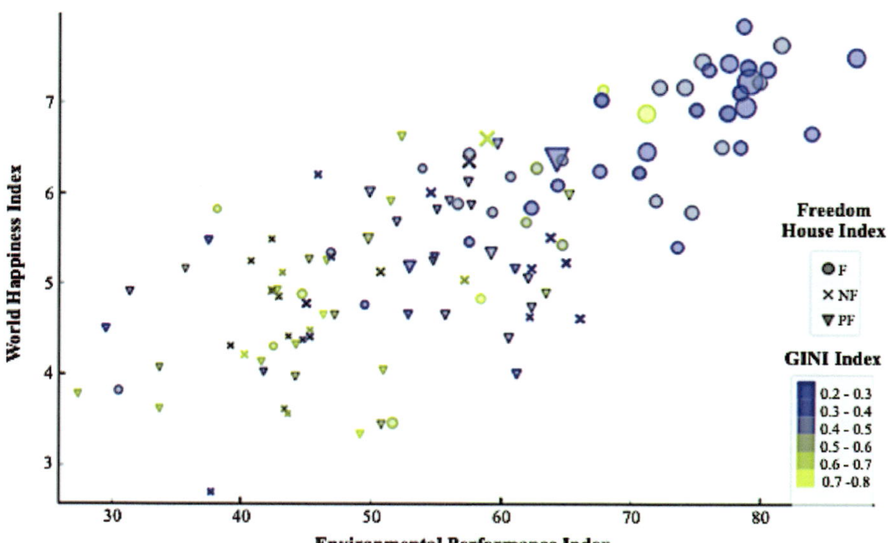

Fuente: Toigo & de Mattos (2021)

En ese mismo sentido, los estudiantes pueden analizar los diversos Objetivos de Desarrollo Sostenible e incorporar ideas que los potencien a través de Happÿdonia, teniendo en cuenta sus funcionalidades, para de este modo, mejorar los tres ejes de la sostenibilidad gracias también a la interacción que entre ellos se produce. El punto de partida podría ser aquellas que ya está preparando el equipo de Happÿdonia u otras que se consideren más relevantes.

CASO 9. NOTA PEDAGÓGICA

Robotnik: la apuesta tecnológica por la supervivencia humana

Olga Broto Ruiz
Universitat Jaume I

Cuestiones para el debate

1.- Ser conscientes del impacto que algunas de las actividades que realizamos tienen en la huella de carbono y, consecuentemente en el ODS 11 correspondiente a ciudades y comunidades sostenibles.

2.- Generar reflexión en torno a los cambios más realistas y viables en la logística de la última milla y la recogida de residuos y qué papel pueden y deben generar los robots y, en su caso, las empresas españolas como Robotnik.

3.- Discutir acerca de los retos que la tecnología robótica supone y el cambio social y económico que plantea, así como las medidas a implementar para generar crecimiento sostenible.

4.- Desarrollar un pensamiento disruptivo a la hora de innovar que genere productos y servicios que supongan un auténtico cambio respecto a la sostenibilidad y, consecuentemente mejoras exponenciales o auténticos elementos de diferenciación en el mercado.

1.- Ser conscientes del impacto que algunas de las actividades que realizamos tienen en la huella de carbono y, consecuentemente en el ODS 11 correspondiente a ciudades y comunidades sostenibles.

Se atribuyen al físico y matemático británico William Thomson Kelvin las frases, "Lo que no se define no se puede medir. Lo que no se mide no se puede mejorar. Lo que no se mejora, se degrada siempre." Y eso es precisamente lo que se persigue con esta primera cuestión, tomar consciencia del impacto de algunas actividades, en nuestro caso la logística de la última milla y/o la recogida de residuos urbanos, en la huella de carbono.

Con esa finalidad, y en función del nivel de conocimiento de los alumnos implicados en el caso, se podrá proponer una de estas dos alternativas. Si los alumnos no han utilizado herramientas de medición de huella de carbono, se utilizará alguna de ellas para medir dicha huella en una compra online de la que suelen hacer en alguna ocasión. Si los alumnos han utilizado alguna vez este tipo de herramientas, se propondrá estimar la huella de carbono en el proceso actual de compra online, con la entrega del producto incluída, y en un posible proceso de compra online que incluyera la utilización de robots.

En ambos casos, para que puedan llevar a cabo la actividad, se explicarán o despejarán dudas sobre los gases de efecto invernadero (GEI) y se abordará la existencia de herramientas de medición de GEI y la utilización de alguna de ellas.

a) Los gases de efecto invernadero y la huella de carbono

La huella de carbono se define como la cantidad de gases de efecto invernadero, expresada en CO2 equivalente, emitida a la atmósfera por un individuo, una organización, un proceso, una mercancía o un evento dentro de un límite temporal específico (Pandey, Agrawal, & Pandey, 2011). Es decir, es una forma de igualar y calcular toda emisión que genera cada decisión o cada conjunto de acciones.

Lo expresamos en CO2 equivalente porque hay muchos gases de efecto invernadero[1], cada uno con un efecto diferente, pero el más abundante es el dióxido de carbono, por eso se ha quedado como representante.

---

1 Se denomina gases de efecto invernadero (GEI) a aquellos que se acumulan en la atmósfera terrestre y son capaces de absorber la radiación infrarroja del sol, aumentando y reteniendo el calor en la atmósfera. La criticidad de los GEI se mide por su PCG (potencial de calentamiento global) o su capacidad de absorción de la radiación. Los gases de invernadero más importantes son: vapor de agua, dióxido de carbono (CO2) metano (CH4), óxido nitroso (N2O) clorofluorcarbonos (CFC) y ozono (O3), y el Hexafloruro de azufre (SF6). Éste es el GEI con mayor potencial de calentamiento: 22.000 frente al Co2 que es 1. Pero el más conocido es el CO2, porque su contribución en el efecto invernadero es mayor que la del resto cuando nos ceñimos a gases emitidos directamente por la actividad humana.

De acuerdo con los datos del banco Mundial, cada persona en España genera anualmente 5,5 toneladas de CO2[2]

b) La huella de carbono y su medición

Es importante precisar que la huella de carbono se puede aplicar a múltiples conceptos: una organización, un territorio, un bien o servicio, un evento, una persona, ... Las metodologías puedes estar especializadas en uno o más de estos conceptos o cubrir el espectro completo de todos ellos.

La huella de carbono se puede medir, además, en distintas escalas, perímetros o alcances. Se distinguen tres niveles o *scopes* (de su vocablo inglés):

- *Scope* 1: las emisiones directas, que ocurran físicamente en aquello que estamos analizando. El consumo de combustibles, la generación de deshechos, etc.
- *Scope* 2: las emisiones indirectas, vinculadas con el consumo de energía. Por ejemplo, el consumo de energía de redes interconectadas.
- *Scope* 3: el resto de las emisiones directas, como las vinculadas a los proveedores de materias primas y al uso y fin de la vida de los productos generados.

La huella de carbono es una medida tan utilizada en la actualidad que su cálculo y su comunicación están estandarizados a través de las siguientes normas:

- ISO 14067:2018
- Greenhouse Gas Protocol e ISO 14064.
- Modelo input-output.

En los últimos años se han desarrollado múltiples metodologías para la medición de GEI según tres lógicas:

- Software privado elaborado por consultoras o empresas que los necesitan.
- Herramientas puestas a disposición por Organismos No Gubernamentales
- Herramientas elaboradas o apoyadas por organismos estatales.

El cálculo de la huella de carbono es el primer paso para saber cuánto tienen que reducirse las emisiones y cómo puede hacerse. En este sentido, cada vez más países cuentan con registros que recogen los esfuerzos para calcular la huella de carbono de cada organización. Estos inventarios contribuyen también a definir las estrategias de reducción y de compensación de las emisiones. España cuenta con el Registro de huella, compensación y proyectos de absorción de CO2.

---

2 En: https://data.worldbank.org/indicator/EN.ATM.CO2E.PC?most_recent_value_desc=false, consultado el 14 de abril de 2022.

A la hora de realizar la medición los alumnos pueden:

- Utilizar la calculadora que el Ministerio para la Transición Ecológica y el Reto Demográfico tiene en su propia página web o al menos consultarla para ser conscientes del grado de sencillez o complejidad del cálculo: https://www.miteco.gob.es/es/cambio-climatico/temas/mitigacion-politicas-y-medidas/calculadoras.aspx, consultada el 28 de septiembre de 2024.
- Utilizar la herramienta de AECOC para el cálculo de huella de carbono de logística y transporte. Puede descargarse en: https://www.aecoc.es/recomendaciones/herramienta-para-el-calculo-de-la-huella-de-carbono/, consultada el 28 de septiembre de 2024.
- Examinar herramientas como la de Amazon, en https://aws.amazon.com/es/aws-cost-management/aws-customer-carbon-footprint-tool/, consultada el 28 de septiembre de 2024.
- O probar con herramientas más sencillas pensadas para personas físicas, elegidas por ellos mismos o tales como:
    - La calculadora de la ONU: https://offset.climateneutralnow.org/footprint-calc, consultada el 28 de septiembre de 2024.
    - Aplicaciones como The planet App o Gogreen, descargables en el móvil

Para ampliar información, puede consultarse: La huella de carbono y el desafío de las emisiones. Monográficos sostenibilidad BBVA, nº 1. Noviembre 2021. Puede descargarse gratuitamente en: https://www.bbva.com/es/es/sostenibilidad/como-se-calcula-la-huella-de-carbono/, consultado el 28 de septiembre de 2024.

2.- Generar reflexión en torno a los cambios más realistas y viables en la logística de la última milla y la recogida de residuos y qué papel pueden y deben generar los robots y, en su caso, las empresas españolas como Robotnik.

La tensión entre la mejora del desempeño medioambiental y la mejora de la eficiencia e, incluso, del desempeño es una cuestión que debe considerarse como caduca y este caso puede ser un buen ejemplo de ello.

Por ello en esta segunda actividad se propone analizar si existe una oportunidad para la empresa en estos mercados y si la propuesta de valor que puede realizar la empresa en ellos es suficientemente diferencial desde el punto de vista medioambiental.

Así, tal y como se pone de manifiesto a lo largo del caso, los robots de servicio son un negocio en crecimiento, ya detectado por Robotnik años atrás. En el ámbito de la última milla y de la recogida de residuos pueden reducir el impacto medioambiental y la congestión urbana provocada por el tráfico asociado a ambos y/o el impacto social que determinados tipos de trabajo tiene tanto en el ámbito de la seguridad como en el de otras condiciones de trabajo. Además puede mejorar la eficiencia gracias a la optimización de rutas, afectando a distintos ODS y, en particular al ODS 11 y 8.

En el supuesto de que el caso se realice por estudiantes de master o con un nivel de conocimientos de estrategia avanzados, se propone realizar un modelo Canvas de Triple Capa. Este modelo se presenta como una extensión del modelo Canvas tradicional, que estimula el desarrollo de modelos de negocio más sostenibles y capaces de contribuir de forma activa hacia la consecución de los ODS.

Se propone añadir la capa medioambiental, tras la realización del Canvas tradicional, que mostrará las posibilidades y necesidades del proyecto para que sea un negocio, y dejar la capa social para el apartado 3, tras la realización de una discusión previa en torno a algunos aspectos derivados del caso.

Figura 1. *Business Model Canvas*

Alianzas clave	Actividades clave	Propuesta de valor	Relación con clientes	Segmentos de mercado
	Recursos clave		Canales	
Estructura de costes		Fuentes de ingresos		

Fuente: Osterwalder y Pigneur (2011).

Figura 2. *Capa medioambiental del Canvas de triple capa*

Suministros y *outsourcing*	**Producción**	**Valor funcional Distribución**	**Fin de vida**	**Fase de uso**
	Materiales			
Impactos medioambientales			**Beneficios medioambientales**	

Fuente: Joyce y Paquin, 2016

Con relación al lienzo del Business Model Canvas, los alumnos podrán centrarse en la propuesta de Robotnik para la última milla o para la recogida de residuos, ya que la propuesta de valor de ambas situaciones es diferente y, consecuentemente, también el resto de las cuestiones a analizar. Dado que el caso no ofrece datos relevantes para calcular las fuentes de ingresos o la estructura de costes, estos se analizarán de forma cualitativa, esto es, teniendo en cuenta los elementos que la compondrán.

Se recogen a continuación los componentes de la capa medioambiental.

a) La capa medioambiental del modelo Canvas de Triple Capa

La capa medioambiental trata de conocer los impactos y beneficios en el medio ambiente del desarrollo de un modelo de negocio. El objetivo es que, tras el examen inicial, puedan generarse ideas para potenciar los beneficios y reducir los impactos.

La figura 2 muestra el detalle de esta capa. Como puede verse, consta de nueve cuestiones o aspectos a tomar en consideración que se detallan a continuación (Joyce y Paquin, 2016; Joyce, Paquin y Pigneur, 2015).

- Valor funcional. Describe el rendimiento de un producto o servicio desde una perspectiva medioambiental, emulando el análisis del ciclo de vida de un producto. Permite tanto aclarar su impacto como servir de base para explorar nuevas alternativas.
- Materiales. Este aspecto es una extensión del componente "recursos clave" de la capa económica del modelo Canvas original. Se refiere al conjunto de stocks biofísicos

utilizados para entregar el valor funcional (materias primas, equipamiento tecnológico, infraestructuras, ...). No es necesario enfocarse en todas los "materiales", sino en aquellos que son fundamentales y pueden tener un mayor impacto.

- Producción. Captura las acciones que la organización lleva a cabo para crear valor (transformación de materiales, transporte, ...). No es necesario enfocarse en todas las actividades, sino en aquellas que son fundamentales y pueden tener un mayor impacto.
- Suministro y outsourcing. Comprende las demás actividades de tratamiento de materiales y de producción necesarias para crear valor funcional, pero que no se consideran parte del *core business*. Las empresas suelen tener un menor control sobre estas actividades, salvo si se establecen acuerdos con sus proveedores.
- Distribución. Como en el modelo original, la distribución comprende el transporte de los bienes. En este bloque es relevante la combinación de medios de transporte para crear valor funcional, las distancias recorridas, el peso de los bienes, el embalaje, ...
- Fase de uso. En este bloque debe analizarse el impacto de la participación del cliente en el valor funcional de la organización, su producto o servicio. Incluye el mantenimiento o reparación de productos o las necesidades de energía del cliente para su uso y disfrute.
- Fin de vida. Es el momento en que el cliente termina el consumo del valor funcional del producto o servicio. Incluye cuestiones como la reutilización, reparación, reciclaje, incineración o eliminación responsable del producto.
- Impactos medioambientales. Se abordan los costes ecológicos de las acciones de la empresa (y no los financieros). Suelen utilizarse medidas biofísicas, como las emisiones de CO2, la salud humana, el consumo total de agua, etc.
- Beneficios medioambientales. De manera similar al anterior, va más allá de lo estrictamente financiero. Incluye, por tanto, el valor creado a través de la reducción del impacto medioambiental o, incluso, a través de la regeneración positiva. Puede incluir, porcentaje de residuos utilizados como materia prima, consumo de energía de fuentes renovables, etc.

3.- Discutir acerca de los retos que la tecnología robótica supone y el cambio social y económico que plantea, así como las medidas a implementar para generar crecimiento sostenible.

a) Reflexiones en torno al futuro del trabajo.

En este caso, se propone una discusión en dos fases. En una primera fase, reflexionando en torno al futuro del trabajo, planteando situaciones o alternativas que permitan a los estudiantes cuestionarse las ventajas e inconvenientes de éstas. En ese sentido, se sugiere comenzar la discusión utilizando materiales como éstos que permitan "darse cuenta" de la dificultad de dar una respuesta a la dicotomía que se plantea entre el denominado "progreso" y la sostenibilidad de todo tipo.

- La utilización de vídeos como el realizado por Acciona en su campaña sobre sostenibilidad, a principios de 2008, en una campaña televisiva, puede servir para ver que no hay una respuesta única. El video puede verse en: https://www.youtube.com/watch?v=esfM03HN0GA, consultado el 28 de septiembre de 2024.
- También la utilización de noticias en sentidos muy distintos, como las que se recogen a continuación, pueden ayudar a iniciar la conversación.
    - En España también están apareciendo otros "perfiles profesionales" en distintas ciudades, como los conductores de "*rickshaw* en bicicleta. Algunos plantean la duda de si son un "empleo esclavista" o un transporte alternativo y señalan que en Calcuta se prohibió el uso de carritos de tracción humana (los conocidos rikshaw) en 2006.

      Fuente: Conductora de rickshaw por un día. ¿Empleo esclavista o medio de transporte alternativo? Publicada el 10 de agosto de 2018 en Esquire[3].
    - Elon Musk argumenta que es inevitable que casi toda la humanidad se quede sin trabajo en el futuro y que los gobiernos, con impuestos a las empresas que utilicen máquinas de inteligencia artificial, deberán pagar un salario básico a todo el mundo.

      Fuente: Musk ve necesaria la renta básica universal en un futuro en el que los robots humanos harán el trabajo de los humanos. Publicada el 22 de agosto de 2021 en ElEconomista.es[4].

La robotización va a incidir en la eliminación de múltiples puestos de trabajo pero, tal y como reflejan los ODS, no se trata de que tengamos cualquier tipo de trabajo, sino trabajos decentes, seguros y sin riesgos. En este caso, la reducción de empleo en tareas repetitivas y de escasa cualificación irá acompañada de la necesidad de profesionales en sectores diversos que requerirán el desarrollo de nuevas habilidades y conocimientos.

El ejercicio puede terminar aquí o, en caso de que los alumnos tengan los conocimientos adecuados para su desarrollo, continuar con la elaboración de la capa social del modelo Canvas de Triple Capa o con algunos aspectos de ésta.

---

3 En: https://www.esquire.com/es/actualidad/a22857500/rickshaw-bicitaxi-barcelona-madrid/, consultada el 28 de septiembre de 2024.

4 En: https://www.eleconomista.es/empresas-finanzas/noticias/11365341/08/21/Musk-ve-necesaria-la-renta-basica-universal-en-un-futuro-en-el-que-los-robots-haran-el-trabajo-de-los-humanos.html, consultada el 28 de septiembre de 2024.

b) La capa social del modelo Canvas de Triple Capa

Esta capa tiene como objetivo extender el modelo del Canvas original hacia los *stakeholders* internos y externos, para explorar acerca de las nuevas formas de contribución a la creación de valor social por parte de la empresa. La figura 3 lo ilustra.

Figura 3. Capa social del Canvas de triple capa

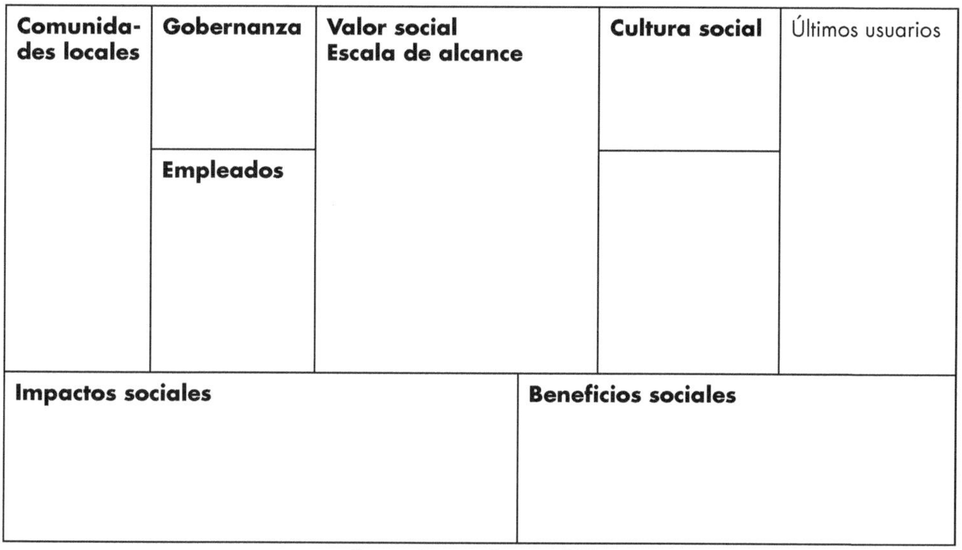

<table>
<tr><td rowspan="2">Comunidades locales</td><td>Gobernanza</td><td rowspan="2" colspan="2">Valor social
Escala de alcance</td><td>Cultura social</td><td rowspan="2">Últimos usuarios</td></tr>
<tr><td>Empleados</td><td></td></tr>
<tr><td colspan="3">Impactos sociales</td><td colspan="3">Beneficios sociales</td></tr>
</table>

Fuente: Joyce y Paquin, 2016

De nuevo esta capa, se compone de nueve bloques o aspectos, que se detallan a continuación (Joyce y Paquin, 2016; Joyce, Paquin y Pigneur, 2015):

- Valor social. Hace referencia al grado en que la organización se enfoca en la creación de beneficios para sus stakeholders y la sociedad.
- Empleados. Pueden incluirse en este apartado cuestiones como: la cantidad y cualificación de los empleados, características demográficas, contribución al éxito de la empresa, etc.
- Gobernanza. Captura aquellos aspectos relacionados con la estructura organizativa y la toma de decisiones en la empresa. Estas cuestiones pueden influir en la selección de *stakeholders* clave, su gestión y la creación de valor social compartido.
- Comunidades. Hace referencia a las relaciones que la empresa entabla con las comunidades que la integran En caso de tener delegaciones en distintos países cada una de ellas se considerará una comunidad con distintas necesidades y realidades.
- Cultura social. Reconoce el potencial de las organizaciones para impactar en la sociedad en su conjunto y las posibles vías que tienen para influir positivamente en la sociedad.

- Escala de alcance. Describe la amplitud y la profundidad en las relaciones de una organización con sus grupos de interés, a través de sus acciones y a lo largo del tiempo.
- Últimos usuarios. En este caso, el objetivo es determinar cómo la propuesta de valor de la organización aborda las necesidades del consumidor final y como contribuye a mejorar su calidad de vida.
- Impactos sociales. Aborda los costes sociales de la organización (horas de trabajo, brecha salarial de géneros, etc.)
- Beneficios sociales. Comprende los aspectos de creación de valor social positivo derivados de la actividad de la organización. De nuevo, pueden utilizarse diferentes cuestiones, tales como: proyectos sociales, participación en programas de integración laboral, ...

4.- Desarrollar un pensamiento disruptivo a la hora de innovar que genere productos y servicios que supongan un auténtico cambio respecto a la sostenibilidad y, consecuentemente mejoras exponenciales o auténticos elementos de diferenciación en el mercado.

A lo largo del caso se han puesto de manifiesto diversas innovaciones en torno a la logística de la última milla y de la recogida de residuos que está llevando a cabo Robotnik y otras empresas, pero ¿cómo van a evolucionar estas soluciones?

En muchos casos, nos resulta difícil pensar fuera de la caja y, por ello, planteamos proyectos innovadores por imitación o simplemente incorporando la nueva tecnología a la forma tradicional de hacer las cosas.

Como dicen que dijo Henry Ford, "si le hubieran preguntado a la gente qué quería, habrían dicho que caballos más rápidos".

Utilizando metodologías de creatividad por equipos, plantead alternativas a la utilización de robots en la logística de última milla o en la recogida de residuos a mostradas a lo largo del caso.

Los alumnos pueden completar la dinámica con una pequeña investigación en torno a la situación actual que complemente la información del caso y realizar una presentación sobre su solución.

CASO 10. NOTA PEDAGÓGICA
Itinerantur: traductores de paisajes

Beatriz Forés Julián

Alba Puig-Denia
Universitat Jaume I

Cuestiones para el debate

1. De la lectura del caso, ¿qué capacidades distintivas destacaría de Itinerantur? Razone su respuesta.
2. Atendiendo a la diversidad de servicios que ofrece, ¿considera que existe alguna oportunidad de negocio que la empresa debería aprovechar? ¿Por qué? ¿Qué acciones futuras le propondría para seguir con su estrategia de crecimiento?
3. Navegue por la página web de Itinerantur, ¿qué fortalezas y debilidades considera que esta tiene?

1. De la lectura del caso, ¿qué capacidades distintivas destacaría de Itinerantur? Razone su respuesta.

Las principales capacidades distintivas de Itinerantur se vinculan con la innovación, sobre todo, en el ámbito de la sostenibilidad. Desde su nacimiento, Itinerantur ha apostado por ofrecer un servicio de turismo responsable, de forma que toda su idea de negocio gira en torno a este concepto. La inquietud que caracteriza a sus fundadores les ha impulsado a buscar de forma constante la mejora de sus servicios, innovando constantemente y tratando siempre de alinear su oferta con el respeto al medio ambiente y a la sociedad en general, destacando en este ámbito, tal y como lo corroboran los numerosos premios y reconocimientos obtenidos al respecto.

2. Atendiendo a la diversidad de servicios que ofrece, ¿considera que existe alguna oportunidad de negocio que la empresa debería aprovechar? ¿Por qué? ¿Qué acciones futuras le propondría para seguir con su estrategia de crecimiento?

La oferta de Itinerantur es amplia y atractiva, por lo que la búsqueda de nuevas oportunidades de negocio no resulta sencilla. Sin embargo, algunas de las oportunidades de negocio que se podrían aprovechar serían las que a continuación se indican:

- Dentro del negocio de Experiencias:
    - ampliar la oferta de servicios e itinerarios específicos adaptados a personas con diferentes tipos de discapacidades/capacidades diferentes. Algunas de sus experiencias ya incluyen rutas inclusivas adaptadas a personas con diferentes discapacidades, como, por ejemplo, rutas guiadas con la colaboración de intérpretes con lenguas de signos para personas con discapacidades auditivas.
    - ampliar su oferta de rutas por las poblaciones del interior de la provincia, contribuyendo a paliar los efectos de la "España vaciada". Los negocios locales se verían beneficiados por este tipo de actividades.
- Dentro de los negocios de Consultoría y Formación:
    - ofrecer formación y asesoramiento específico para las empresas y negocios, sobre todo del sector turístico, para aprender a ser más sostenibles medioambientalmente, favoreciendo así la proliferación de negocios turísticos más responsables.
- Nuevos negocios:
    - desarrollar una app que ofrezca información sobre los servicios de Itinerantur. A través de la app, se podría facilitar la inscripción a cursos de formación y a las rutas, proporcionar información completa sobre los itinerarios, mejorar la accesibilidad a cierta información para personas con discapacidades, etc.

Por otro lado, para continuar con su estrategia de crecimiento, podría buscar nuevos socios con los que colaborar, tanto a nivel nacional como internacional. Además, se podría ampliar su plantilla, sobre todo con personal con contratos permanentes.

3. Navegue por la página web de Itinerantur, ¿qué fortalezas y debilidades considera que esta tiene?

Son muchas las fortalezas de la página web de Itinerantur. De entre ellas, se podría destacar su atractivo y poder visual, con imágenes que evocan de forma clara su negocio, y su facilidad para navegar, de forma que se puede acceder rápidamente a cada uno de los bloques que conforman los negocios de Itinerantur. La inclusión de testimonios sobre las experiencias de diferentes usuarios de sus servicios proyecta confianza en los servicios de la organización.

Con respecto a las debilidades, más que debilidades como tal se pueden considerar como acciones de posible mejora en un futuro. En este sentido, la página web de Itinerantur podría ofrecer información sobre su memoria de sostenibilidad, reporting no financiero o con la vinculación de la empresa con los diferentes ODS. De esta forma, comunicando sus acciones en el ámbito de la sostenibilidad y siendo totalmente transparente en este tema, serviría de ejemplo para muchas empresas. También como impulso a la transparencia informativa y la comunicación, se podría añadir la misión y los principales objetivos a largo plazo que se plantea Itinerantur. Por otra parte, se podrían incluir en la página web opciones de adaptabilidad para personas con limitadas capacidades visuales. Por último, se podría incluir un buscador en la propia página o en el blog de Itinerantur para poder buscar de forma más rápida información sobre temas concretos.

CASO 11. NOTA PEDAGÓGICA

Instituto de Tecnología Cerámica: innovar para crecer de un modo sostenible

Beatriz Forés

Alba Puig-Denia

José María Fernández Yáñez
Universitat Jaume I

Irina Celades López
Responsable del área de sostenibilidad del ITC - AICE

Cuestiones para el debate

1. *El ITC presenta grandes retos vinculados con la transición ecológica y digital. ¿Cuáles considera que deben ser las claves para su éxito? Razona la respuesta*
2. *Los responsables del área de transferencia tecnológica del ITC han comentado que, en ocasiones, cuesta trasladar al tejido empresarial el resultado de las innovaciones del centro y que estas los adopten integrándolas en sus negocios. ¿Qué estrategias se te ocurren para estimular la transferencia de nuevas tecnologías y procesos productivos al tejido empresarial y mejorar su tasa de adopción? Razona la respuesta*

1. El ITC presenta grandes retos vinculados con la transición ecológica y digital. ¿Cuáles considera que deben ser las claves para su éxito? Razona la respuesta

La atracción y desarrollo de recursos humanos especializados

Una de las principales bazas para estimular el desarrollo digital del sector e impulsar nuevos modelos de negocio basados en la innovación y sostenibilidad en un entorno VUCA, como el actual, es la dotación de recursos humanos especializados.

Solo la formación de los recursos humanos garantizará el salto cultural necesario para el cambio hacia la digitalización y la sostenibilidad; esto es, que la inversión en I+D se capitalice para crear una posición competitiva robusta.

La cooperación y presentación de proyectos de financiación

La cooperación con otras empresas en proyectos de ámbito tanto nacional como internacional es otra de las apuestas estratégicas que debe mantener el ITC. Para ello, el desarrollo y presentación de proyectos de financiación a nivel europeo se torna fundamental.

2. Los responsables del área de transferencia tecnológica del ITC han comentado que, en ocasiones, cuesta trasladar al tejido empresarial el resultado de las innovaciones del centro y que estas los adopten integrándolas en sus negocios. ¿Qué estrategias se te ocurren para estimular la transferencia de nuevas tecnologías y procesos productivos al tejido empresarial y mejorar su tasa de adopción? Razona la respuesta

Posible respuesta: En ocasiones, la mejor forma de ilustrar las posibilidades y las ventajas que ofrece una innovación para mejorar la competitividad de una empresa pasan por poner en práctica el denominado "efecto demostración" en un caso real. Para ello, el ITC podría disponer de un espacio en el que poder implementar las innovaciones e invitar a las empresas a comprobar y analizar sus bondades en un entorno simulado. Otra opción, más deseable incluso, sería implementar las innovaciones en una empresa del sector que pudiera hacer las veces el papel de "*early adopter*". Esto exigiría una colaboración estrecha entre el ITC y la empresa receptora de las innovaciones, así como el compromiso explícito de esta última para ofrecer información sobre las mismas al resto de agentes del sector cerámico interesados, por ejemplo, a través de visitas guiadas. Una forma de incentivar esta modalidad de colaboración sería recurrir a financiación pública de ámbito regional, estatal o europeo que coadyuve a sufragar los gastos de implementación e incentive a las empresas a actuar como prescriptores de las nuevas innovaciones.